别集·外集

王阳明全集

[明] 王守仁 著

陈恕 编校

中州古籍出版社
·郑州·

王阳明全集【二】别录·外集

目 录

卷十三　别录五

奏疏五 001
乞宽免税粮急救民困以弭灾变疏 十五年三月二十五日 001
计处地方疏 十五年五月十五日 003
水灾自劾疏 十五年五月十五日 005
重上江西捷音疏 十五年七月十七日遵奉大将军钧帖 006
四乞省葬疏 十五年闰八月二十日 009
开豁军前用过钱粮疏 十五年九月初四日 011
征收秋粮稽迟待罪疏 十五年十二月初十日 013
巡抚地方疏 十五年四月二十五日 016
剿平安义叛党疏 十六年五月十五日 017
乞便道归省疏 021
辞封爵普恩赏以彰国典疏 嘉靖元年正月初十日 022

再辞封爵普恩赏以彰国典疏 嘉靖元年 024

卷十四　别录六

奏疏六 029

辞免重任乞恩养病疏 嘉靖六年六月 029

赴任谢恩遂陈肤见疏 六年十二月初一日 030

辞巡抚兼任举能自代疏 七年正月初二日 034

奏报田州思恩平复疏 七年二月十三日 034

地方紧急用人疏 七年二月十五日 042

地方急缺官员疏 七年二月十八日 043

处置平复地方以图久安疏 七年四月初六日 044

卷十五　别录七

奏疏七 055

征剿稔恶瑶贼疏 七年四月十五日 055

举能抚治疏 七年五月二十五日 057

边方缺官荐才赞理疏 七年七月初六日 059

八寨断藤峡捷音疏 七年七月初十日 061

处置八寨断藤峡以图永安疏 嘉靖七年七月十二日 069

查明岑邦相疏 七年七月十九日 076

奖励赏赉谢恩疏 七年九月二十日 078

乞恩暂容回籍就医养病疏 七年十月初十日 078

卷十六　别录八

公移一 提督南赣军务征横水桶冈三浰 081

巡抚南赣钦奉敕谕通行各属 正德十二年正月 081
选拣民兵 082
十家牌法告谕各府父老子弟 084
案行各分巡道督编十家牌 085
告谕各府父老子弟 086
剿捕漳寇方略牌 正月 086
案行广东福建领兵官进剿事宜 087
案行漳南道守巡官戴罪督兵剿贼 088
案行领兵官搜剿余贼 090
奖励福建守巡漳南道广东守巡岭东道领兵官 091
告谕新民 091
钦奉敕谕切责失机官员通行各属 092
兵符节制 五月 093
预整操练 094
选募将领牌 095
批留岭北道杨璋给由呈 095
批广东韶州府留兵防守申 095
咨报湖广巡抚右副都御史秦防贼奔窜 八月 096
集钦奉敕谕提督军务新命通行各属 九月 096
咨报湖广巡抚右副都御史秦夹攻事宜 097
征剿横水桶冈分委统哨牌 099
案行分守岭北道官兵戴罪剿贼 104
搜剿余党牌 105
奖励湖广统兵参将史春牌 105

设立茶寮隘所 106

牌行招抚官 正德十三年二月 106

批留兵搜捕呈 107

批将士争功呈 108

告谕浰头巢贼 正德十二年五月 108

进剿浰贼方略 110

克期进剿牌 正德十三年正月 111

批汀州知府唐淳乞休申 112

告谕 112

仰南安赣州印行告谕牌 112

禁约榷商官吏 113

批赣州府赈济石城县申 113

议处河源余贼 114

告谕父老子弟 正德十四年二月 114

行龙川县抚谕新民 115

优奖致仕县丞龙韬牌 115

卷十七　别录九

公移二 巡抚江西征宁藩 117

牌行赣州府集兵策应 正德十四年六月十八日 117

咨两广总制都御史杨共勤国难 117

案行南安等十二府及奉新等县募兵策应 六月二十六日 119

宽恤禁约 119

奖瑞州府通判胡尧元擒斩叛党 六月二十七日 120

策应丰城牌......120

调取吉水县八九等都民兵牌......120

预备水战牌......121

咨都察院都御史颜权宜进剿 七月初五日......121

权处行粮牌......122

牌行吉安府敦请乡士夫共守城池 七月初八日......122

牌行各哨统兵官进攻屯守 七月十七日......123

告示在城官兵 七月十八日......124

示谕江西布按三司从逆官员......125

告示七门从逆军民 七月二十一日......125

牌行江西二司安葬宁府宫眷......125

手本南京内外守备追袭叛首 七月二十三日......126

咨两广总督都御史杨停止调集狼兵......126

牌行抚州知府陈槐等收复南康九江 七月二十四日......127

犒赏福建官军......128

释放投首牌......128

牌仰沿途各府州县卫所驿递巡司衙门慰谕军民......129

案行江西按察司停止献俘呈......129

咨兵部查验文移......130

案行浙江按察司交割逆犯暂留养病 十月初九日......131

告谕军民 十一月十五日......133

钦奉诏书宽宥胁从......133

批追征钱粮呈......134

再批追征钱粮呈......134

批南昌府追征钱粮呈 ... 135
褒崇陆氏子孙 正德十五年正月 ... 135
告谕安义等县渔户 ... 136
批按察使伍文定患病呈 ... 136
批临江府耆民建立生祠呈 ... 137
批吉安府救荒申 ... 137
批抚州府同知汪嵩乞休呈 ... 137
批提学佥事邵锐乞休呈 ... 138
礼取副提举舒芬牌 ... 138
南赣乡约 ... 138
旌奖节妇牌 ... 142
兴举社学牌 ... 142
颁定里甲杂办 ... 142
批江西布政司设县呈 ... 143
议处官吏廪俸 ... 144
咨六部伸理冀元亨 ... 144
奖励主簿于旺 ... 145
申谕十家牌法 ... 146
申谕十家牌法增立保长 ... 147
颁行社学教条 ... 147
清理永新田粮 ... 148
批宁都县祠祀知县王天与申 ... 148
晓谕安仁余干顽民牌 正德十五年二月 ... 148
告谕顽民 十二月十五日 ... 149

批江西都司掌管印信..................150
牌行崇义县查行十家牌法..................151
牌谕都指挥冯勋等振旅还师..................151
批瑞州知府告病申..................152
赈恤水灾牌..................152
仰湖广布按二司优恤冀元亨家属..................153
批江西按察司故官水手呈..................153
仰南康府劝留教授蔡宗兖..................153
批江西布政司礼送仕官呈..................154

卷十八　别录十

公移三 总督两广 平定思田 征剿八寨..................155
钦奉敕谕通行 嘉靖六年十月初三日..................155
湖兵进止事宜 十月..................157
牌谕安远县旧从征义官叶芳等 十一月..................158
批南康县生员张云霖复学词..................158
放回各处官军牌 十二月二十五日..................158
犒谕都康等州官男彭一等 十二月二十八日..................159
札付永顺宣慰司官舍彭宗舜冠带听调..................159
批广西布按二司请建讲堂呈..................160
批立社学师耆老名呈 嘉靖七年正月..................160
议处江古诸处瑶贼..................160
批岭西道立营防守呈 二月..................161
犒送湖兵..................161

批岭西道抚处盗贼呈 162

禁革轻委职官 162

分派思田土目办纳兵粮 四月 163

案行广西提学道兴举思田学校 163

揭阳县主簿季本乡约呈 四月 164

赈给思田二府 四月 164

牌行灵山县延师设教 六月 165

牌行委官陈逅设教灵山 165

牌行南宁府延师设教 166

牌行委官季本设教南宁 166

批岭东道额编民壮呈 六月 166

裁革文移 167

批右江道调和寨目呈 167

批南宁府表扬先哲申 168

批增城县改立忠孝祠申 168

批参政张怀奏留朝觐官呈 168

经理书院事宜 八月 168

牌行南宁府延师讲礼 八月 169

札付同知林宽经理田宁 169

札付同知桂鳌经理思恩 170

牌行南昌府保昌县礼送故官 171

调发土兵 十月 171

犒奖儒士岑伯高 172

征剿八寨断藤峡牌 七年三月。以下俱征八寨。 173

牌行领兵官 173

戒谕土目 五月 174

追捕逋贼 174

牌行委官林应骢督谕土目 五月 175

牌委指挥赵璇留剿余贼 六月 176

牌行副总兵张祐搜剿余巢 七月 177

犒劳从征土目 八月 177

绥柔流贼 五月 178

告谕村寨 180

议立县卫 180

抚恤来降 八月 181

批广东市舶司提举 故官水手呈 182

卷十九　外集一

赋诗 183

赋骚七首 183

太白楼赋 丙辰 183

九华山赋 壬戌 184

吊屈平赋 丙寅 186

思归轩赋 庚辰 186

答言 丙寅 187

守俭弟归曰仁歌楚声为别予亦和之 188

祈雨辞 正德丙子南赣作 188

归越诗三十五首 弘治壬戌年，以刑部主事告病归越并楚游作。......189

　　游牛峰寺四首 牛峰今改名浮峰..................................189

　　又四绝句..189

　　姑苏吴氏海天楼次邝尹韵....................................189

　　山中立秋日偶书..190

　　夜雨山翁家偶书..190

　　寻春..190

　　西湖醉中漫书二首..190

　　九华山下柯秀才家..190

　　夜宿无相寺..191

　　题四老围棋图..191

　　无相寺三首..191

　　化城寺六首..191

　　李白祠二首..192

　　双峰..192

　　莲花峰..192

　　列仙峰..192

　　云门峰..192

　　芙蓉阁二首..192

　　书梅竹小画..192

山东诗六首 弘治甲子年起复，主试山东时作。................193

　　登泰山五首..193

　　　一..193

　　　二..193

三 193

　　四 193

　　五 194

　泰山高次王内翰司献韵 194

京师诗八首 弘治乙丑年改除兵部主事时作 195

　忆龙泉山 195

　忆诸弟 195

　寄舅 195

　送人东归 195

　寄西湖友 195

　赠阳伯 195

　故山 196

　忆鉴湖友 196

狱中诗十四首 正德丙寅年十二月，以上疏忤逆瑾，下锦衣狱作。......196

　不寐 196

　有室七章 196

　读易 197

　岁暮 197

　见月 197

　天涯 197

　屋罅月 197

　别友狱中 198

赴谪诗五十五首 正德丁卯年赴谪贵阳龙场驿作 198

答汪抑之三首 198
阳明子之南也其友湛元明歌九章以赠崔子钟和之以
　　五诗于是阳明子作八咏以答之 198
　　其二 199
　　其三 199
　　其四 199
　　其五 199
　　其六 199
　　其七 199
　　其八 199

南游三首 元明与予有衡岳、罗浮之期，赋《南游》，申约也。 200
　　其二 200
　　其三 200
忆昔答乔白岩因寄储柴墟三首 200
　　其二 200
　　其三 201
一日怀抑之也抑之之赠既尝答以三诗意若有歉焉是以赋也 201
　　其二 201
　　其三 201
梦与抑之昆季语湛崔皆在焉觉而有感因记以诗三首 201
　　其二 201
　　其三 202
因雨和杜韵 202
赴谪次北新关喜见诸弟 202

南屏 ... 202

卧病静慈写怀 ... 202

移居胜果寺二首 ... 202

忆别 ... 203

泛海 ... 203

武夷次壁间韵 ... 203

草萍驿次林见素韵奉寄 ... 203

玉山东岳庙遇旧识严星士 ... 203

广信元夕蒋太守舟中夜话 ... 204

夜泊石亭寺用韵呈陈娄诸公因寄储柴墟都宪及
    乔白岩太常诸友 ... 204

过分宜望钤冈庙 ... 204

杂诗三首 ... 204

其二 ... 204

其三 ... 205

袁州府宜春台四绝 ... 205

夜宿宣风馆 ... 205

萍乡道中谒濂溪祠 ... 205

宿萍乡武云观 ... 206

醴陵道中风雨夜宿泗州寺次韵 ... 206

长沙答周生 ... 206

涉湘于迈岳麓是尊仰止先哲因怀友生丽泽兴感
    伐木寄言二首 ... 206

其二 ... 206

游岳麓书事 ... 207
次韵答赵太守王推官 ... 208
天心湖阻泊既济书事 ... 208

居夷诗 ... 208
去妇叹五首 ... 208
罗旧驿 ... 209
沅水驿 ... 209
钟鼓洞 ... 209
平溪馆次王文济韵 ... 210
清平卫即事 ... 210
兴隆卫书壁 ... 210
七盘 ... 210
初至龙场无所止结草庵居之 ... 210
始得东洞遂改为阳明小洞天三首 ... 210
谪居绝粮请学于农将田南山永言寄怀 ... 211
观稼 ... 211
采蕨 ... 211
猗猗 ... 211
南溟 ... 212
溪水 ... 212
龙冈新构 ... 212
诸生来 ... 212
西园 ... 213
水滨洞 ... 213

山石	213
无寐二首	213
诸生夜坐	213
艾草次胡少参韵	214
凤雏次韵答胡少参	214
鹦鹉和胡韵	214
诸生	214
游来仙洞早发道中	215
别友	215
赠黄太守澍	215
寄友用韵	215
秋夜	215
采薪二首	216
龙冈漫兴五首	216
答毛拙庵见招书院	217
老桧	217
却巫	217
过天生桥	217
南霁云祠	217
春晴	217
陆广晓发	218
雪夜	218
元夕二首	218
家僮作纸灯	218

白云堂	218
来仙洞	219
木阁道中雪	219
元夕雪用苏韵二首	219
晓霁用前韵书怀二首	219
次韵陆佥宪元日喜晴	220
元夕木阁山火	220
夜宿汪氏园	220
春行	220
村南	220
山途二首	221
白云	221
答刘美之见寄次韵	221
寄徐掌教	221
书庭蕉	221
送张宪长左迁滇南大参次韵	222
南庵次韵二首	222
观傀儡次韵	222
徐都宪同游南庵次韵	222
即席次王文济少参韵二首	222
赠刘侍御二首	223
夜寒	223
冬至	223
春日花间偶集示门生	223

次韵送陆文顺佥宪 224

次韵陆佥宪病起见寄 224

次韵胡少参见过 224

雪中桃次韵 224

舟中除夕二首 224

溆浦山夜泊 225

过江门崖 225

辰州虎溪龙兴寺闻杨名父将到留韵壁间 225

武陵潮音阁怀元明 225

阁中坐雨 225

霁夜 225

僧斋 226

德山寺次壁间韵 226

沅江晚泊二首 226

夜泊江思湖忆元明 226

睡起写怀 226

三山晚眺 227

鹅羊山 227

泗州寺 227

再经武云观书林玉玑道士壁 227

再过濂溪祠用前韵 227

卷二十 外集二

诗 229

庐陵诗六首 正德庚午三月迁庐陵尹作 229

游瑞华二首 229

其一 229

其二 229

古道 230

立春日道中短述 230

公馆午饭偶书 230

午憩香社寺 230

京师诗二十四首 正德庚午年十月,升南京刑部主事。辛未年入觐,调北京吏部主事作。 230

夜宿功德寺次宗贤韵二绝 230

别方叔贤四首 231

白湾六章 231

寄隐岩 231

香山次韵 231

夜宿香山林宗师房次韵二首 232

别湛甘泉二首 232

赠别黄宗贤 232

归越诗五首 正德壬申年升南京太仆寺少卿,便道归越作。 233

四明观白水二首 233

杖锡道中用张宪使韵 233

又用曰仁韵 233

书杖锡寺 233

滁州诗三十六首 正德癸酉年到太仆寺作 234
　　梧桐江用韵 234
　　林间睡起 234
　　赠熊彰归 234
　　别易仲 234
　　送守中至龙盘山中 235
　　龙蟠山中用韵 235
　　琅琊山中三首 235
　　答朱汝德用韵 235
　　送惟乾二首 236
　　别希颜二首 236
　　山中示诸生五首 236
　　龙潭夜坐 236
　　送德观归省二首 237
　　送蔡希颜三首 237
　　赠守中北行二首 238
　　郑伯兴谢病还鹿门雪夜过别赋赠三首 238
　　门人王嘉秀实夫萧琦子玉告归书此见别意兼寄声辰阳诸贤 238
　　滁阳别诸友 238
　　寄浮峰诗社 239
　　栖云楼坐雪二首 239

与商贡士二首 239

其二 239

南都诗四十七首 正德甲戌年四月升南京鸿胪寺卿作 240
　　题岁寒亭赠汪尚和 240
　　与徽州程毕二子 240
　　山中懒睡四首 240
　　题灌山小隐二绝 240
　　六月五章 241
　　守文弟归省携其手歌以别之 241
　　书扇面寄馆宾 242
　　用实夫韵 242
　　游牛首山 242
　　送徽州洪偡承瑞 242
　　病中大司马乔公有诗见怀次韵奉答二首 242
　　送诸伯生归省 243
　　寄冯雪湖二首 243
　　诸用文归用子美韵为别 243
　　题王实夫画 243
　　赠潘给事 244
　　与沅陵郭掌教 244
　　别族太叔克彰 244
　　登凭虚阁和石少宰韵 244
　　登阅江楼 244
　　狮子山 245

游清凉寺三首 ... 245

其二 ... 245

其三 ... 245

寄张东所次前韵 ... 245

别余缙子绅 ... 245

送刘伯光 ... 246

冬夜偶书 ... 246

寄潘南山 ... 246

送胡廷尉 ... 246

与郭子全 ... 246

次栾子仁韵送别四首 ... 247

书悟真篇答张太常二首 ... 247

赣州诗三十六首 正德丙子年九月升南赣佥都御史以后作 ... 247

丁丑二月征漳寇进兵长汀道中有感 ... 247

回军上杭 ... 248

喜雨三首 ... 248

闻曰仁买田霅上携同志待予归二首 ... 248

祈雨二首 ... 249

还赣 ... 249

借山亭 ... 249

桶冈和邢太守韵二首 ... 249

通天岩 ... 249

游通天岩次邹谦之韵 ... 250

又次陈惟浚韵..250

忘言岩次谦之韵..250

圆明洞次谦之韵..250

潮头岩次谦之韵..250

天成素有志于学兹得告东归林居静养其所就可知
　矣临别以此纸索赠漫为赋此遂寄声山泽诸贤................250

坐忘言岩问二三子..251

留陈惟浚..251

栖禅寺雨中与惟乾同登..251

茶寮纪事..251

回军九连山道中短述..251

回军龙南小憩玉石岩双洞绝奇徘徊不忍去因寓以
　阳明别洞之号兼留此作三首..252

再至阳明别洞和邢太守韵二首..252

夜坐偶怀故山..252

怀归二首..253

送德声叔父归姚并序..253

示宪儿..253

赠陈东川..253

江西诗一百二十首 正德己卯年，奉敕往福建处叛军。至丰城，
　　　　　　遭宸濠之变，趋还吉安，集兵平之。八月，
　　　　　　升副都御史，巡按江西作。......................254

鄱阳战捷..254

书草萍驿二首..254

西湖	254
寄江西诸士夫	255
太息	255
宿净寺四首	255
归兴	255
即事漫述四首	256
泊金山寺二首 十月将趋行在	256
舟夜	256
舟中至日	257
阻风	257
用韵答伍汝真	257
过鞋山戏题	257
杨邃庵待隐园次韵五首	257
其二	257
其三	258
其四	258
其五	258
登小孤书壁	258
登蠡矶次草泉心刘石门韵二首 二诗壬戌年作，误入此。	258
望庐山	259
除夕伍汝真用待隐园韵即席次答五首	259
其二	259
其三	259
其四	259

其五 260

望元日雾 260

二日雨 260

三日风 260

立春二首 260

游庐山开先寺 261

又次壁间杜牧韵 261

舟过铜陵野云县东小山有铁船因往观之果见其仿佛
  因题石上 261

山僧 261

江上望九华山二首 261

观九华龙潭 262

庐山东林寺次韵 262

又次邵二泉韵 262

远公讲经台 262

太平宫白云 262

书九江行台壁 263

又次李佥事素韵 263

繁昌道中阻风二首 263

江边阻风散步至灵山寺 263

泊舟大同山溪间诸生闻之有挟册来寻者 264

岩下桃花盛开携酒独酌 264

白鹿洞独对亭 264

丰城阻风 前岁遇难于此，得北风幸免。 264

江上望九华不见 264

江施二生与医官陶野冒雨登山人多笑之戏作歌 265

游九华道中 265

芙蓉阁 265

重游无相寺次韵四首 265

其二 266

其三 266

其四 266

登莲花峰 266

重游无相寺次旧韵 266

登云峰望始尽九华之胜因复作歌 266

双峰遗柯生乔 266

归途有僧自望华亭来迎且请诗 267

无相寺金沙泉次韵 267

夜宿天池月下闻雷次早知山下大雨三首 267

文殊台夜观佛灯 267

书汪进之太极岩二首 267

劝酒 268

重游化城寺二首 268

游九华 268

弘治壬戌尝游九华值时阴雾竟无所睹至是正德庚辰
　　复往游之风日清朗尽得其胜喜而作歌 268

岩头闲坐漫成 269

将游九华移舟宿寺山二首 269

其二 269

登云峰二三子咏歌以从欣然成谣二首 269

有僧坐岩中已三年诗以励吾党 270

春日游齐山寺用杜牧之韵二首 270

重游开先寺戏题壁 270

贾胡行 270

送邵文实方伯致仕 271

纪梦 并序 271

无题 272

游落星寺 272

游通天岩示邹陈二子 272

青原山次黄山谷韵 272

睡起偶成 273

立春 273

游庐山开先寺 273

登小孤次陆良弼韵 273

月下吟三首 274

月夜二首 274

雪望四首 274

火秀宫次一峰韵三首 275

其二 275

其三 275

归怀 275

啾啾吟 276

居越诗三十四首 正德辛巳年归越后作 276
　归兴二首 276
　其二 276
　次谦之韵 276
　再游浮峰次韵 277
　夜宿浮峰次谦之韵 277
　再游延寿寺次旧韵 277
　碧霞池夜坐 277
　秋声 277
　林汝桓以二诗寄次韵为别 277
　月夜二首 与诸生歌于天泉桥 278
　秋夜 278
　夜坐 278
　心渔歌为钱翁希明别号题 钱翁，德洪父。三岁双瞽，好古博学，能诗文。 278
　登香炉峰次萝石韵 279
　观从吾登炉峰绝顶戏赠 279
　书扇赠从吾 279
　嘉靖甲申冬二十一日再登秦望自弘治戊午登后二十七年矣将下适董萝石与二三子来复坐久之暮归同宿云门僧舍 279
　山中漫兴 279
　挽潘南山 280
　和董萝石菜花韵 280
　天泉楼夜坐和萝石韵 280
　咏良知四首示诸生 280

示诸生三首 281

答人问良知二首 281

答人问道 281

寄题玉芝庵 丙戌 281

别诸生 281

后中秋望月歌 282

书扇示正宪 282

送萧子雍宪副之任 282

中秋 282

嘉靖丙戌十二月庚申始得子年已五十有五矣六月静齐二
丈昔与先公同举于乡闻之而喜各以诗来贺蔼然世交
之谊也次韵为谢二首 282

两广诗二十一首 嘉靖丁亥起，平思田之乱。 283

秋日饮月岩新构别王侍御 283

复过钓台 283

方思道送西峰 283

西安雨中诸生出候因寄德洪汝中并示书院诸生 284

德洪汝中方卜书院盛称天真之奇并寄及之 284

寄石潭二绝 284

长生 284

南浦道中 285

重登黄土脑 285

过新溪驿 285

梦中绝句 285

谒伏波庙二首 285

破断藤峡 286

平八寨 286

南宁二首 286

往岁破桶冈宗舜祖世麟老宣慰实来督兵今兹思田之役
　乃随父致仕宣慰明辅来从事目击其父子孙三世皆以
　忠孝相承相尚也诗以嘉之 286

题甘泉居 286

书泉翁壁 287

卷二十一　外集三

书 289

答佟太守求雨 癸亥 289

答毛宪副 戊辰 290

与安宣慰 戊辰 291

二 戊辰 291

三 戊辰 292

答人问神仙 戊辰 293

答徐成之 壬午 294

二 壬午 295

答储柴墟 壬申 297

二 壬申 300

答何子元 壬申 301

上晋溪司马 戊寅 302

二 己卯 303

上彭幸庵 壬午 303

寄杨邃庵阁老 壬午 304

二 癸未 305

三 丁亥 306

四 丁亥 306

寄席元山 癸未 307

答王鼍庵中丞 甲申 307

与陆清伯 甲申 308

与黄诚甫 甲申 308

二 甲申 308

三 乙酉 308

与黄勉之 乙酉 309

复童克刚 乙酉 309

与郑启范侍御 丁亥 310

答方叔贤 丁亥 311

二 丁亥 311

与黄宗贤 丁亥 312

二 丁亥 312

三 丁亥 313

四 戊子 314

五 戊子 314

答见山冢宰 丁亥 315

与霍兀崖宫端 丁亥 ... 315

答潘直卿 丁亥 ... 316

寄翟石门阁老 戊子 ... 316

寄何燕泉 戊子 ... 316

卷二十二　外集四

序 ... 319

罗履素诗集序 壬戌 ... 319

两浙观风诗序 壬戌 ... 320

山东乡试录序 甲子 ... 321

气候图序 戊辰 ... 322

送毛宪副致仕归桐江书院序 戊辰 ... 323

恩寿双庆诗后序 戊辰 ... 324

重刊文章轨范序 戊辰 ... 325

五经臆说序 戊辰 ... 326

潘氏四封录序 辛未 ... 326

送章达德归东雁序 辛未 ... 327

寿汤云谷序 甲戌 ... 328

文山别集序 甲戌 ... 329

金坛县志序 乙亥 ... 329

送南元善入觐序 乙酉 ... 330

送闻人邦允序 ... 331

送别省吾林都宪序 戊子 ... 332

卷十三　别录五

奏疏五

乞宽免税粮急救民困以弭灾变疏 十五年三月二十五日

照得正德十四年七月内，节据吉安等一十三府所属庐陵等县各申，为旱灾事开称，本年自三月至于秋七月不雨，禾苗未及发生，尽行枯死，夏税秋粮，无从办纳，人民愁叹，将及流离，申乞转达宽免等因到臣。节差官吏、老人踏勘前项地方，委自三月以来，雨泽不降，禾苗枯死。续该宁王谋反，乘衅鼓乱，传播伪命，优免租税。小人惟利是趋，汹汹思乱。臣因通行告示，许以奏闻优免税粮。谕以臣子大义，申祖宗休养生息之泽，暴宁王诛求无厌之恶，由是人心稍稍安集，背逆趋顺，老弱居守，丁壮出征，团保馈饷，邑无遗户，家无遗夫。就使雨旸时若，江西之民，亦已废耕耘之业，事征战之苦；况军旅旱干，一时并作，虽富室大户，不免饥馑，下户小民，得无转死沟壑，流散四方乎？设或饥寒所迫，征输所苦，人自为乱，将若之何？如蒙乞敕该部，暂将正德十四年分税粮通行优免，以救残伤之民，以防变乱之阶。伏望皇上罢冗员之俸，损不急之赏。止无名之征，节用省费，以足军国之需，天下幸甚。

缘由于本年七月三十日具题请旨，未奉明降。随蒙大驾亲征，京边官军前后万数，沓至并临，填城塞郭。百姓戍守锋镝之余，未及息肩弛担，又复救死扶伤，呻吟奔走，以给厮养一应诛求。妻孥鬻于草料，骨髓竭于征输。当是之时，鸟惊鱼散，贫民老弱流离，弃委沟壑；狡健者逃窜山泽，群聚为盗；独遗其稍有家业与良善守死者十之二三，又皆颠顿号呼于梃刃捶挞之下。郡县官吏，咸赴省城与兵马住屯之所奔命听役，不复得亲民事。上下汹汹，如驾漏船于风涛颠沛之中，惟惧覆溺之不暇，岂遑复顾其他，为日后之虑，忧及税赋之不免，征科之未完乎！当是之时，虽臣等亦皆奔走道路，危疑仓皇，恐不能为小民请一旦之命，岂遑为岁月之虑，忧及赋税之不免，征课之未完，而暇为之复请乎！

若是者又数月，京边官军始将有旅归之期，而户部岁额之征已下，漕运交兑之文已促，督催之使，切责之檄，已交驰四集矣。流移之民闻官军之将去，稍稍胁息延望，归寻其故业。足未入境，而颈已系于追求者之手矣！夫荒旱极矣，而又因之以变乱；变乱极矣，而又竭之以师旅；师旅极矣，而又竭之以供馈，益之以诛求，亟之以征敛。当是之时，有目者不忍睹，有耳者不忍闻，又从而朘其膏血，有人心者而尚忍为之乎？

今远近军民，号呼匍匐，诉告喧腾，求朝廷出帑藏以赈济，久而未获，反有追征之令。拱然兴怨，谓臣等昔日蠲赋之言为绐己。窃相伤嗟，谓宸濠叛逆，独知优免租税，以要人心。我辈朝廷赤子，皆尝竭骨髓、出死力以勤国难，今困穷已极，独不蒙少加优恤，又从而追征之，将何以自全。是以令之而益不信，抚之而益愤愤，谕之而益呹呹，甫怀收复之望，又为流徙之图。计穷势迫，匿而为奸，肆而为寇，两月以来，有司之以鼠窃警报者，月无虚日。无怪也，彼无家业衣食之资，无父母妻子之恋，而又旁有追呼之苦，上有捶剥之灾，自非礼义之士，孰肯闭口枵腹，坐以待死乎？

今朝廷亦尝有宽恤之令矣，亦尝有赈济之典矣，然宽恤赈济，内无帑藏之发，外无官府之储，而徒使有司措置。措置者岂能神输而鬼运？

必将取诸富民。今富民则又皆贫民矣！削贫以济贫，犹割心窝肉以啖口，口未饱而身先毙。且又有侵克之蠹，又有渔猎之奸，民之赖以生者，不能什一，民之坐而死者，常十九矣。故宽恤之虚文，不若蠲租之实惠；赈济之难及，不若免租之易行。今不免租税，不息诛求，而徒曰宽恤赈济。是夺其口中之食，而曰："吾将疗汝之饥。"剒其腹肾之肉，而曰："吾将救汝之死。"凡有血气，皆将不信之矣。

夫户部以国计为官，漕运以转输为任，今岁额之催，交兑之促，皆其职之使然。但民者邦之本，邦本一摇，虽有粟，吾得而食诸？伏望皇上轸念地方涂炭之余，小民困苦已极，思邦本之当固，虑祸变之可忧，乞敕该部速将正德十四、十五年该省钱粮悉行宽免；其南昌、南康、九江等府残破尤甚者，重加宽贷，使得渐回喘息，修复生理。非但解江西一省之倒悬，臣等无地方变乱之祸，得免于诛戮，实天下之大幸，宗社之福也。

夫免江西一省之粮税，不过四十万石，今吝四十万石而不肯蠲异，时祸变卒起，即出数百万石，既已无救于难矣。此其形迹已见，事理甚明者。臣等上不能会计征敛以足国用，下不能建谋设策以济民穷，徒痛哭流涕，一言小民疾苦之状，惟陛下速将臣等黜归田里，早赐施行，以纾祸变。

缘系宽免税粮，急救民困，以弭灾变事理，为此具本请旨。

计处地方疏 十五年五月十五日

臣惟财者民之心也，财散则民聚。民者邦之本也，本固则邦宁。故文帝以赐租致富乐之效，太宗以裕民成给足之风。君民一体，古今同符。

臣会同巡按江西监察御史唐龙，议照宁贼宸濠，志穷荒度，谋肆并吞，其于民间田地山塘房屋等项，或用势强占，或减价贱买，或因官本准折，或摭别事抄收。有中人之家者，一遭其毒，即无栖身之所。有上农之田者，一中其奸，即无用锄之地。尤且虚填契书，以杜人言，私置簿籍，以增租额。利归一己，害及万家。故先有副使胡世宁直言指陈，续该科道等官交章举发，言皆有据，事非无征。近奉诏书曰："宸濠天性凶恶，自作不靖，强夺官民田产，动以万计。"则陛下明以烛奸，深知宸濠田产皆夺诸百姓者也。又曰："占夺田产悉还本主。"则陛下仁以悯下，尽欲举百姓之田产而给还之也。圣言犹在，昭如日星，国信不移，坚如金石。

始者，宸濠既败，该臣等已行守巡等官，将该府及各贼党田地房屋，许令府县等官俱抄没在官，造报在册矣。但委官查勘之时，正事变抢攘之际，业主惊散，俱未宁家，上司督责，急欲了事，依契澜查，凭人浪报，多寡是较，占买未分。明诏虽有给主之条，小民犹抱失业之恨，昔之居，不得而居也，昔之田，不得而食也。泽未下究，怨徒上归。况屋无主则毁，地不耕则荒。故兵马之后，瓦柱仅存，田野之间，草莱渐长。兼以势室豪强，恣行包侵之计，奸徒私窃，动开埋没之端。及今审处不早，将来遗失益多。

再照前项田产，多在南昌、新建二县，受害独深，人人被其诛求，家家被其检括。且贼师起事，抄掠尤惨，官兵破围，伤残未苏。财尽已极，民困莫加。查得二县额派兑军淮安京库三项粮米共十一万九千石有零，淮、益二府禄米共四千二石，节奏宽免，未奉停征。运官守催，旗校逼取，势急若火，案积如山，民纳不前，官宜为处。

及照一方之统会在于省城，各府之钱粮并于司库。查得本布政司官库，先被贼兵劫抢，继因军饷动支，官吏徒守乎空柜，纸笔亦赊于铺家。大兵必有荒年，民穷必有盗贼，万一变生无常，衅起不测，则寸兵尺铁，皆无所需，束刍斗粮，亦不能办，公私失恃，缓急可忧。

再照省城各门城楼窝铺及诸司衙门，先是王府占据，多属疏隘，近因兵火蔓延，半遭荡焚，夫城楼者，一方防御之所关，衙门者，诸司政令之所出，托始创新，固无民力，因陋就简，见有官房。

如蒙乞敕该部查议，将前项抄没过宁府及各贼党下田地山塘房屋等项，行令布政司会同按察司各掌印官及分守分巡官并府县官，从实覆行查勘明白，委系占夺百姓者，遵照诏书内事理，给还本主管业。及将于内官房酌量移改城楼窝铺衙门，余外无碍田地山塘房屋，仍令各官公同照依时估变价银入官，先尽拨补南、新二县兑军淮安京库折银粮米及王府禄米，外有余羡，收贮布政司官库，用备缓急。仍禁约势豪之家，不得用强占买，各委官亦不得畏势市恩，致招物议。凡拨给变卖事情，若有势豪强占强买及委官畏势市恩各情弊，许抚按衙门指实纠劾惩究。施行事完，该司将各项数目径自造册奏报，并呈该部查考。是盖以百姓之业，纳百姓之粮，以地方之财，还地方之用。民沾惠而国不费，事就绪而财不伤。《书》曰"守邦在众"，《易》曰"聚人曰财"，惟陛下留意焉。

缘系计处地方事理，未敢擅便，为此具本请旨。

水灾自劾疏 十五年五月十五日

臣惟有官守者，不得其职则去。受人之牛羊而为之牧者，求牧与刍而不得，则反诸其人。

臣以匪才，缪膺江西巡抚之寄，今且数月，曾未能有分毫及民之政。而地方日以多故，民日益困，财日益匮，灾变日兴，祸患日促。自春入夏，雨水连绵，江湖涨溢，经月不退。自赣、吉、临、瑞、广、抚、南昌、九江、南康沿江诸郡，无不被害，黍苗沦没，室庐漂荡，鱼鳖之民聚栖于木杪，商旅之舟经行于闾巷，溃城决堤，千里为壑，烟火断绝，惟闻哭声。询诸父老，皆谓数十年来所未有也。除行各该司府州县修省踏勘具奏外，夫变不虚生，缘政而起，政不自弊，因官而作。官之失职，臣实其端，何所逃罪？

夫以江西之民，遭历宸濠之乱，脂膏已竭。而又因之以旱荒，继之以师旅，遂使丰稔连年，曲加赈恤，尚恐生理未易完复，今又重以非常之灾，危亟若此，当是之时，虽使稷、契为牧，周、召作监，亦恐计未有措。况病废昏劣如臣之尤者，而畀之怅然坐尸其间，譬使盲夫驾败舟于颠风巨海中，而责之以济险，不待智者，知其覆溺无所矣。又况部使之催征益急，意外之诛求未已。在昔，一方被灾，邻省尚有接济之望，今湖、湘连岁兵荒，闽、浙频年旱潦，两广之征剿未息，南畿之供馈日穷，淮、徐以北，山东、河南之间，闻亦饥馑相属。由此言之，自全之策既无所施，而四邻之济又已绝望，悠悠苍天，谁任其咎！

静言思究，臣罪实多！何者？宸濠之变，臣在接境，不能图于未形，致令猖突，震惊远迩，乃劳圣驾亲征，师徒暴于原野，百姓殣于道路。朝廷之政令，因而阙隔，四方之困惫，由是日深。臣之大罪一也。徒避形迹之嫌，苟为自全之计，隐忍观望，幸而脱祸。不能直言极谏以悟主听，臣之大罪二也。徒以逢迎附和为忠，而不知日陷于有过；徒以变更迁就为权，而不知日紊于旧章；徒以掇拾罗织为能，而不知日离天下之心；徒以聚敛征索为计，而不知日积小民之怨。此臣之大罪三也。上不能有裨于国，下不能有济于民，坐视困穷，沦胥以溺，臣之大罪四也。且臣忧悸之余，百病交作，尪羸衰眊，视息仅存。以前四者之罪，人臣有一于此，亦足以召灾而致变，况备而有之，其所以速天神之怒，深下民之愤，而致灾沴之集，又何疑乎。

伏惟皇上轸灾恤变，别选贤能，代臣巡抚。即以臣为显戮，彰大罚于天下，臣虽陨首，亦云幸也。即不以之为显戮，削其禄秩，黜还田里，以为人臣不职之戒；庶亦有位知警，民困可息，人怨可泄，天变可弭；而臣亦死无所憾。

重上江西捷音疏 十五年七月十七日遵奉大将军钧帖

照得先因宸濠图危宗社，兴兵作乱，已经具奏请兵征剿。间蒙钦差总督军务威武大将军总兵官后军都督府太师镇国公朱钧帖，钦奉制敕，内开："一遇有警，务要互相传报，彼此通知，设伏剿捕，务俾地方宁靖，军民安堵。"

蒙此，臣看得宸濠虐焰张炽，臣以百数疲弱之卒，未敢轻举骤进，乃退保吉安。一面督率吉安府知府伍文定等调集军民兵快，召募四方报效义勇之士，会计一应解留钱粮，支给粮饷，造作军器战船，责留回任监察御史谢源、伍希儒分职任事；一面约会该府乡官致仕都御史王懋中，养病痊可编修邹守益，刑部郎中曾直，评事罗侨，丁忧御史张鳌山，先任浙江佥事、今赴部调用刘蓝，依亲进士郭持平，军门参谋驿丞王思、李中，致仕按察使刘逊，参政黄绣，闲住知府刘昭等，相与激发忠义。

七月初二日，宸濠探知臣等兵尚未集，乃留兵万余，属其心腹、宗支、郡王、仪宾、内官并伪授都督、都指挥等官使守江西省城，而自引兵向阙。臣昼夜促各郡兵，期以本月十五日会临江之樟树。而严督知府等官伍文定等各领兵，于十八日遂至丰城。分布伍文定等攻广润等七门。是日得报，宸濠伏兵千余于新旧坟厂，以备省城之援。臣遣知县刘守绪等领兵从间道夜袭破之。十九日，申布朝廷之威，再暴宸濠之恶，约诸将二十日黎明各至信地。我兵四面骤集，遂破江西，擒其居守宜春王拱㮶及伪太监万锐等千有余人。宸濠宫中眷属闻变，纵火自焚，延及居民房屋。臣当令各官分道救火，抚定居民，散释胁从，搜获原被劫收大小衙门印信九十六颗，三司胁从布政使胡濂，参政刘斐，参议许效廉，副使唐锦，佥事赖凤，都指挥王玘等，皆自首投罪。除将擒斩功次，发御史谢源、伍希儒权令审验纪录，及一面分兵四路追蹑宸濠向往，相机擒剿。

二十二日，臣等驻兵省城，督同知府伍文定等各领兵分道并进，击其不意；都指挥余恩领兵往来湖上，诱致贼兵。知府等官陈槐等各领兵四面设伏。二十三日，复得谍报宸濠先锋已至樵舍，风帆蔽江，前后数十里，不能计其数。二十四日早，贼兵鼓噪乘风而前，逼黄家渡。臣督各兵四面击贼，遂大溃，擒斩二千余级，落水死者万数。二十五日，又督各兵殊死并进，炮及宸濠舟。宸濠退走，遂大败。擒斩二千余级，溺水死者不计其数。

二十六日，臣夜督伍文定等为火攻之具，四面兜集，火及宸濠副舟，众遂奔败。宸濠与其妃嫔泣别，妃嫔宫人皆赴水死。我兵遂执宸濠，并其世子、郡王、将军、仪宾及伪太师、国师、元帅、参赞、尚书、都督、都指挥、指挥、千百户等官李士实、刘养正、刘吉、屠钦、王纶、熊琼、卢珂、罗瑛、丁瞶、王春、吴十三、秦荣、葛江、刘勋、何镗、王信、吴国七、火信等数百余人，被执胁从太监王宏，御史王金，主事金山，按察使杨璋，佥事王畴、潘鹏，参政程杲，布政梁宸，都指挥郑文、马骥、白昂等，擒斩贼党三千余，落水死者万余，弃其衣甲器仗财物，与浮尸积聚，横亘十余里。余贼数百艘，四散逃溃。二十七日，战樵舍等处，又复擒斩千余，落水死者殆尽。二十八日，知府陈槐等各与贼战于沿湖诸处，擒斩各千余级。除将宸濠并其世子、郡王、将军、仪宾、伪授太师、国师、元帅、参赞、尚书、都督、都指挥、指挥等官各另监羁候解，被执胁从等官并各宗室别行议奏，及将擒斩俘获功次一万一千有奇，发御史谢源、伍希儒暂令审验纪录，另行造册缴报外。

照得臣节该钦奉敕谕："但有盗贼发生，即便严督各该兵备、守备、守巡各军卫有司设法调兵剿杀，其管领兵快人等官员，不问文职武职，若在军前违期，并逗遛退缩，俱听以军法从事。生擒盗贼，鞫问明白，亦听就行斩首示众。斩获贼级，行令各该兵备、守巡官即时纪验明白，备行江西按察司造册奏缴，查照升赏激劝，钦此。"及准兵部咨："为飞报贼情事，该本部题称，合无本部通行申明，今后但有草贼生发，事情紧急，该管官司即便依律调拨官军，乘机剿捕；应合会捕者，亦就调发策应。如有仍前朦胧隐蔽，不即申报，以致聚众滋蔓，贻害地方，从重参究，决不轻贷。"等因，题奉钦依，备咨前来。

又蒙钦差总督军门发遣太监张永前到江西，查勘宸濠反叛事情，安边伯朱泰，太监张忠，左都督朱晖，各领兵亦到南京、江西征剿。

续蒙钦差总督军务威武大将军总兵官后军都督府太师镇国公朱统率六师，奉天征讨，及统提督等官司礼监太监魏彬，平房伯朱彬等，并督理粮饷兵部左侍郎等官王宪等，亦各继至南京。

臣续又节该奉敕："如或江西别府报有贼情紧急，移文至日，尔要及时遣兵策应，毋得违误，钦此。"俱经钦遵外。

臣窃照宸濠烝淫奸暴，腥秽彰闻，数其罪恶，世所未有。不轨之谋，已逾一纪，积威所劫，远被四方。而旬月之间，遂克坚城，俘擒元恶，是皆钦差总督威德、指示、方略之所致也。及照御史谢源、伍希儒监军督哨，谋画居多；知府伍文定、邢珣、徐琏、戴德孺、陈槐、曾玙、林珹、周朝佐，署都指挥佥事余恩，通判胡尧元、童琦、谈储，推官王暐、徐文英，知县李楫、李美、王冕、王轼、刘源清、刘守绪、傅南乔，通判杨昉、陈旦，指挥麻玺、高睿、孟俊，知县张淮、应恩、王庭、顾佖、万士贤、马津等，虽效绩输能，亦有等列，然皆首从义师，共收全功。其伍文定、邢珣、徐琏、戴德孺等，冒险冲锋，功烈尤懋。乡官都御史王懋中，编修邹守益，御史张鳌山，郎中曾直，评事罗侨，佥事刘蓝，进士郭持平，驿丞王思、李中，按察使刘逊，参政黄绣，知府刘昭等，仗义兴兵，协张威武。以上各官，功劳虽在寻常，征剿亦已难得，伏望皇上论功朝锡之余，普加爵赏旌擢，以劝天下之忠义，以励将来之懦怯。

缘系捷音事理，为此具本请旨。

四乞省葬疏 十五年闰八月二十日

照得先准吏部咨："该臣奏称：'以父老祖丧，屡疏乞休，未蒙怜准。近者奉命扶疾赴闽，意图了事，即从彼地冒罪逃归。旬月之前，亦已具奏。不意行至中途，遭值宁府反叛。此系国家大变，臣子之义，不容舍之而去。又阖省巡抚方面等官，无一人见在者，天下事机，间不容发，故复忍死，暂留于此，为牵制攻讨之图，俟命帅之至，即从初心，死无所避。臣思祖母自幼鞠育之恩，不及一面为诀，每一号痛，割裂昏殒，日加尪瘵，仅存残喘。母丧权厝祖母之侧，今葬祖母，亦欲因此改葬。臣父衰老日甚，近因祖丧，哭泣过节，见亦病卧苦庐。臣今扶病，驱驰兵革，往来于广信、南昌之间。广信去家不数日，欲从其地不时乘间抵家一哭，略为经画葬事，一省父病。臣区区报国血诚，上通于天，不辞灭宗之祸，不避形迹之嫌，冒非其任，以勤国难，亦望朝廷鉴臣此心，不以法例绳缚，使臣得少伸乌鸟之痛，臣之感恩，死且图报，抢攘哀控，不知所云。'等因。具本奏奉圣旨：'王守仁奉命巡视福建，行至丰城，一闻宸濠反叛，忠愤激烈，即便倡率所在官司，起集义兵，合谋剿杀，气节可嘉。已有旨着督兵讨贼，兼巡抚江西地方。所奏省亲事情，待贼平之日来说。该部知道，钦此。'"

备咨到臣，除钦遵外，近照宁王逆党皆已仰赖皇上神武，庙堂成算，悉就擒获；地方亦已平靖；百姓室家相庆，得免征调之苦，复有更生之乐，莫不感激洪恩，沾被德泽。独臣以父病日深，母丧未弊之故，日夜哀苦，忧病转剧。犬马驱驰之劳，不足齿录，而乌鸟迫切之情，实可矜悯。已蒙前旨，许"待贼平之日来说"，故敢不避斧钺，复申前请。伏望皇上仁覆曲成，容臣暂归田里，一省父病，经纪葬事，臣不胜苦切祈望之至等因。又经具本，于正德十四年八月二十五日，差舍人来仪赍奏去后，迄今已逾八月，未奉明旨。

臣旦暮惶惶，延颈以待，内积悲病之郁，外遭窘局之苦，新患交乘，旧病弥笃，方寸既乱，神气益昏，目眩耳聩，一切世事皆如梦寐。今虽抑情强处，不过闭门伏枕，呻吟喘息而已。岂能供职尽分，为陛下巡抚一方乎？夫人臣竭忠委命，以赴国事，及事之定，乃故使之不得一省其亲之疾，是沮义士之志，而伤孝子心也。且陛下既以许之，又复拘之，亦何以信于后？臣素贪恋官爵，志在进取，亦非高洁独行，甘心寂寞者。徒以疾患缠体，哀苦切心，不得已而为此。今亦未敢便求休退，惟乞暂回田里，一省父疾，经营母葬，臣亦因得就医调理，少延喘息。苟情事稍伸，病不至甚，即当奔走赴阙，终效犬马，昔人所谓报刘之日短，尽忠于陛下之日长也。臣不胜哀痛、号呼、恳切、控吁之至。具本又于正德十五年三月二十五日差舍人王萧赍奏去后，迄今复六月，未奉明旨。

臣之痛苦，刻骨剜心，忧病缠结，与死为邻，已无足论。而臣父衰疾日亟，呻吟床席，思臣一见，昼夜涕洟，每得家书，号恸颠殒，苏而复绝。夫虎狼恶兽，尚知父子；乌鸟微禽，犹怀反哺。今臣父病狼狈至此，惟欲望臣一归，而臣乃依依贪恋官爵，未能决然逃去，是禽兽之不若，何以立身于天地乎！夫人之大伦，内则父子，外则君臣。事君以忠，事父以孝；不忠不孝，为天下之大戮。纵复幸免国宪，然既辱于禽兽，则生不如死。臣之归省父疾，在朝廷视之，则一人之私情，自臣身言之，则一生之大节。往者宁藩之变，臣时欲归省父疾。然宗社危急，呼吸之间，存亡攸系，故臣捐九族之诛，委身以死国难。时则君臣之义为重。今国难已平，兵戈已息，臣待罪巡抚，不过素餐尸位，以苟岁月。而臣父又衰老病笃若此，尚尔贪恋禄位而不去，此尚可以为子乎！不可以为子者，尚可以为臣乎！臣今待罪巡抚，若不请而逃，窃恐传闻远迩，惊骇视听。夫人臣死君之难，则捐其九族之诛而不恤，至其急父之危，则亦捐其一身之戮而不顾。今复候命不至，臣必冒死逃归。若朝廷悯其前后恳迫之情，赦而不戮，臣死且图衔结。若遂正以国典，臣获一见老父而死，亦瞑目于地下矣。

臣不胜痛陨苦切，号控哀祈之至，除冒死一面，移疾舟次，沿途问医，待罪候命外，缘系四乞天恩，归省父疾，回籍待罪事理，为此具本奏闻。

开豁军前用过钱粮疏 十五年九月初四日

照得先因宁王变乱，该臣备行南、赣等府，起调各项官军兵快人等追剿，合用粮饷等项，就仰听将在官钱粮支给间。随据吉安府申，为处置军饷事，开称动调兵快数万，本府钱粮数少，乞为急处等情。已经通行各府，速将见贮不拘何项钱粮，以三分为率，内将二分解赴军前接济外。续为地方事，臣又看得各处军兵虽已起调，但前项事情，系国家大难，存亡所关，诚恐兵力不敷，未免误事，又行牌仰各该官司，即选父子乡兵在官操练，听将官钱支作口粮，候臣另有明文一至，随即启行，去后，续照前项首恶并其谋党，俱已擒斩。原调各处军兵，久已散归。就经备行江西布政司，通将各府州县自用兵日起，至于掣兵日止，用过一应在官钱粮等项，逐一查明造报，以凭施行，未报查催间。

又据江西按察司呈，为紧急军情事开称，先准江西布政司照会，正德十四年十月初一日，该蒙户部员外郎黄著案验，内开蒙本部题，奉钦依，差在军前整理粮草。今照各哨官军俱集江西省城，又闻圣驾亦将征讨，跟随官军，未知数目，驻扎月日，未知久近，所有粮料草束，合仰备行本司掌印等官从长设法处置，或支动在官银两，选委能干官员，趁早多买粮草，预备支应，庶无失误等因到司。

彼时，巡按御史唐龙未到，本院押解逆犯宸濠等在途，查得江西省城司府及南、新二县并南、康二府库藏，俱被宁贼抢劫空虚，无从措置。诚恐临期失误，就经会同江西布政司，一面议借军门发候解京赃银，及南昌府县追到官本等银给发，委官汪宪等各领买办粮草供应；一面议将各府派银接济，缘由会呈本院，奉批俱准议，造册缴报查考等因。依奉，除南康、九江、南昌三府县残破未派，备行抚州等十府，动支在官银两接济。续因起解首恶宸濠等并逆党宫眷等项，及补还原借解京赃银官本等银紧急，又经会呈议行各该府县，暂借在官银两，前来应济，共计用过银九千七百七十一两四钱。其余见存银两，俱系该解之数，悉行各府差人领回，听其收解外，呈乞施行等因到臣。

看得所呈前项供应粮料、买办草料，及自臣起兵以来费用过钱粮，中间多系京库折银，及兑准粮米等项，俱系支给赏劳兵快人等，及供应北来官军，并犒赈军民紧急支用，计出无聊，事非得已，别无浪费分文，据法似应措补。但今兵荒残破之余，库藏无不空虚，小民无不凋敝，远近人情汹汹，方求公帑赈济，若复派补，必致变生不测。其听解贼赃官本等银，实系宁贼抢劫官库积蓄，刻剥小民脂膏，相应存留，以救困竭。今又尽数解京，地方空匮，委果已极，查得各处用兵请给内帑，或借别省钱粮接济。迩者宁贼非常之变，事起仓卒，虽欲请给内帑，势有不及。后蒙该部议准，许于广东军饷银内支取十万。随幸贼势平定，前项准借银两亦遂停止，分毫不曾取用。

伏望皇上悯念地方师旅饥馑之余，民穷财尽，困苦已极，近又加以水灾为患，流离益甚。乞敕该部查照，转行江西布、按二司，将自用兵以来支取用费过各该府县京库折银，及兑准粮米等项，通行查明，各计若干，照数开豁，免行追补。乃仰备造文册，缴部查考。庶军民得以少苏，而地方可免于意外之虞矣。

征收秋粮稽迟待罪疏 十五年十二月初十日

据江西布政司呈："准布政使陈策等咨，照得正德十四年税粮，先准参议周文光奉户部勘合派属征解，随因圣驾南巡，各府州县官俱集省城听用，前项钱粮，不暇追征。正德十五年正月初二日，蒙巡按江西监察御史唐龙案验，为乞救兵燹穷民以固邦本事，该巡抚苏松，都御史李充嗣题称：'江西变乱，南昌、南康、九江等府首被烧劫，其余府县，大军临省，供应浩繁，要将该年税粮尽行停免。'等因，备行分守南昌五道，勘议得：南昌府南、新二县被害深重，应免粮差三年；其余州县，并瑞州一十二府属县，俱应免粮关二年。回报到司，即转呈本院具题外。本年二月内，续蒙钦差户部员外郎龙诰案验为儹运粮储事，备行本司，督催该年兑准钱粮交兑，遵依节行催征间。本年三月初五日，漕运衙门照扎，坐到兑军本色米八万石，折色米三十二万石，改兑米一十七万石，每石连耗折银七钱，备行作急征完起运。本月二十八日，又蒙抚按衙门案验，为地方极疲，速赐恩恤以安邦本事，该南京工科给事中王纪等奏，奉钦依，自正德十四年以前，一应钱粮果系小民拖欠未完的，俱准暂且停征，还着各该官司设法赈济，毋视虚文。钦遵通行外，又蒙员外郎龙诰案牌，将粮里严加杖并，急如星火。小民纷纷援例，赴司告豁。呈蒙抚按衙门批行本司，给示晓谕，纳粮人户先将兑军征解。小民方肯完纳。转行参议魏彦昭督运。续因本官去任，又经呈批参政邢㺭暂管督兑。本官于五月二十日遍历催儧，通将征完本色米八万石兑完起运讫。其折色银两，催据广信等府属县陆续征解。近于十一月十三等日，抄奉漕运衙门照扎备行本司，将兑运折色银三十四万三千两，务要征完足数，差官协同运官解部等因。依奉通行外,今照该年税粮,委因事变兵荒,经理不前,及专官管提督官员更代不常,况奉部院明文征免不一,小民不服输纳,官府制肘难行,因而稽延。若不预将前情转达,诚恐查究罪及未便。"等因,备呈到臣。

窃照江西钱粮,小民所以不肯输纳,与有司所以难于追征者,其故各有三,而究其罪归则责实在臣。何者?

宸濠之叛,首以伪檄除租,要结人心。臣时起兵旁郡,恐其扇惑,即时移文远近,宣布朝廷恩德,蠲其租赋,许以奏免,谕以君臣之分,激其忠义之心,百姓丁壮出战,老弱居守。既而旱灾益炽,民困益迫,然而小民不即离散者,以臣既为奏请,虽明旨未下,皆谓朝廷必能免其租税,尚可忍死以待也。夫危急之际,则啖之免租以竭其死力,事平之后,又罔民而刻取之,人怀怨忿不平,此其不肯输纳之故一也。

及宸濠之乱稍定,而大军随至,供馈愈烦,诛求愈急,其颠连困踣之状,臣于前奏已略言之。百姓不任其苦,强者窜而为寇,弱者匿而为奸。继而水灾助祸,千里之民,皆为鱼鳖,号哭载途,喧腾求赈。其时臣等既无帑藏之储,又无仓廪可发,所以绥劳抚定之者,更无别计,惟以奏免租税为言。百姓睅睅胥逸,谓命在旦夕,不能救我而徒曰免税,免税岂可待邪? 盖其心以为免税已不待言,尚恨其无以赈之也。已而既不能赈,又从而追纳之,人怨益深,不平愈甚,此其不肯输纳之故二也。

当大军之驻省,臣等趋走奔命,日不暇给,亦以为既有前奏,则赋税必在所免,不复申请。其时巡抚苏松等处都御史李充嗣奏称,江西首被宸濠之害,乞将该年税粮军需等项俱行停免。该户部覆题:奉圣旨:是,各被害地方,着抚按官严督所属,用心设法赈济,钦此。"又该给事中王纪奏,本部覆题:"奉圣旨:是,这地方委的疲困已极,自正德十四年以前一应钱粮,果系小民拖欠未完的,俱准暂且停征,还着各该官司设法赈济,毋视虚文,钦此。"俱钦遵,该部备咨前来,臣等正苦百姓呶呶,咨文一至,如解倒悬,即时宣布。百姓闻之,欢声雷动,递相传告,且夕之间，深山穷谷，无不毕达。自是而后，坚守蠲免之说，虽部使督临，或遣人下乡催促，小民悉以为诈妄，群起而驱缚之。催征之令不复可行，此其不肯输纳之故三也。

郡县之官，亲见百姓之困苦，又当震荡颠危之日，惧其为变，其始惟恐百姓不信免租之说，指天画地，誓以必不食言，既而时事稍平，则尽反其说而征之，固已不能出诸其口矣，况从而鞭笞捶达之，其遽忍乎？此其难于追征之故一也。

三司各官，旧者既被驱胁，新者陆续而至，至则正当扰攘，分投供应，四出送迎，官离其职，吏失其守，纠结纷拏，事无专责，如群手杂缲于乱丝之中，东牵西绊，莫知端绪。既而部使骤临，欲于旬月之间，督并完集，神输鬼运，有不能矣。此其难于追征之故二也。

夫背信而行，势已不顺，若使民间尚有可征之粟，必不得已，剜剥而取之，忍心者尚或能办也。而民之疮痍已极矣，实无可输之物矣，别夫离妇，弃子鬻女，有耳者不忍闻，有目者不忍睹也。如是而必欲驱之死地，其将可行乎！此其难于追征之故三也。

夫小民之不肯输纳既如彼，而有司之难于追征又如此，后值部使身临坐并，急于风火，百姓怨谤纷腾，汹汹思乱，复如将溃之堤。臣于其时虑恐变生不测，谓各官与其激成地方之祸，无益国事，身膏草野，以贻朝廷之忧，孰若姑靖地方，宁以一身当迟慢之戮乎。因谕各官追征毋急，以纾民怨。各官内迫于部使，外窘于穷民，上调下辑，如居颠屋之下，东撑则西颓，前支则后圮，强颜陵诟之辱，掩耳怨憝之言，身营闾阎之下，口说田野之间，晓以京储之不可缺，谕以国计之不得已，或转为借贷，或教之典拆，忍心于捶骨剥脂之痛而浚其血，闭目于析骸食子之惨而责其逋。共计江西十四年分兑军本色米八万石，折色米三十二万石，改兑米一十七万石。臣始度其势，以为决无可完之理，其后数月之间，亦复陆续起解完纳，是皆出于意料之外，在各官诚窘局艰苦，疲瘵已极，亦可谓之劳而有功矣。今闻部使参奏，且将不免于罪，臣窃冤之。

昔之人固有催科政拙，而自署下考者，亦有矫制发廪，而愿受其辜者，各官之以此获罪，固亦其所甘心。但始之因叛乱旱荒而为之奏免者，臣也；继之因水灾兵困而复为申奏者，臣也；又继之因朝廷两有停征赈贷之旨，而为之宣布于众者，亦臣也；又继之虑恐激成祸变，而谕令各官从权缓征者，又臣也。是各官之罪，皆臣之罪也。今使各官当迟慢之责，而臣独幸免，臣窃耻之。

夫司国计者，虑京储之空匮，欲重征收，后期者之罪，而有罚俸降级之议，此盖切于谋国，忠于事君者之不得已也。亦岂不念江西小民之困苦，与各官之难为哉？顾欲警众集事，创前而戒后，固有不得不然者，正所谓救焚身之患，不遑恤毛发之焦，攻心腹之疾，不得避针灼之苦耳。

伏望皇上悯各官之罪，出于事势之无已，特从眚灾肆赦之典，宽而宥之，则法虽若屈，而理亦未枉。必谓行令之始，不欲苟挠，则各官之罪实由于臣，即请贬削臣之禄秩，放还田里，以伸国议。如此，则不惟情法两得，而臣亦可以藉口江西之民免于欺上罔下之耻矣。臣不胜惶惧待罪之至！

缘系征收秋粮，稽迟待罪事理，为此具本请旨。

巡抚地方疏 十五年四月二十五日

据江西布政司呈：奉臣案验，照得本院前任巡抚衙门，近遭兵火废毁，兼以地址僻隘低洼，每遇淋雨，潢潦浸灌。见今本院在于都司贡院诸处衙门寄驻，迁徙不常，居无定止，人无定向。妨政失体，深为未便，合行议取，为此仰抄案回司，即便会同都、按二司官从长议查省城居民没官房屋，及革毁一应衙门，可以拆修改造者。会议停当，呈来定夺，毋得违错等因。依奉，会同都指挥佥事王继善，按察使伍文定，议得前项衙门，先年建于永和门内，僻在一隅，地势低洼，切近东湖，一遇淫雨，辄遭浸漫。近因大军驻扎，人马作践，俱各倒塌。及查巡按衙门，亦皆年久朽烂逼侧，俱难居住。欲择地盖造，缘今地方兵荒之后，取之于官则官库空竭，敛之于民则民穷财尽，反覆思惟，无从措置。查得承奉司并织造机房各一所，系是没官之数，俱各空闲，地势颇高，规模颇广。合无呈请将呈奉司暂改为都察院衙门，机房改为巡按衙门，委官相度，趁时修理。如此，则工费不繁，民力少节，实为两便。

缘由呈详到臣，查得先为计处地方事，该臣会同巡按御史唐龙议奏，乞将抄没宁府及各贼党田地房屋，令布、按二司掌印及守巡并府县官员从实覆查，委系占夺百姓，遵照诏书内事理，各给还本主管业。及将于内官房酌量移改城楼窝铺衙门，余外田地山塘房屋，仍令各官公同照依时估变卖价银入官。先尽拨补南、新二县兑军淮安京库折银粮米及王府禄米，外有余羡，收贮布政司官库，用备缓急。缘由会本具题去后，未奉明旨。今呈前来，为照各项衙门果已废毁，当兹兵火之余，民穷财尽，改创实难。今该司议将前项没官房屋暂改，不费于官，不劳于民，工省事易，诚亦两便，似应准议。除行该司一面委官趁时修改，暂且移驻，以便听理。候民困日苏，财用充给之日，力可改创，再行议处。

剿平安义叛党疏 十六年五月十五日

据江西按察司按察使伍文定开称：奉臣批，据南康府通判林宽，安义县知县熊价，奉新县典史徐诚呈开，俱奉木院纸牌及巡按御史唐龙、朱节等计委追剿逆贼杨本荣等。依奉前后诱捕，及于沿湖各处敌战，擒斩共一百二十六名颗，并于杨子桥巢内搜获伊原助逆领授南昌护卫中千户所印信一颗，合就解呈。奉批抑按察司会同都、布二司官将解到贼级纪验，贼犯鞫审明白，解赴军门，以凭遵照钦奉敕谕事理，就行斩首示众。有功员役，分别等第呈来给赏施行。并蒙巡按江西临察御史唐龙批："按察司会同各掌印官审究，及将有功官役并阵亡之人查明，具招呈报。"又蒙巡按江西临察御史朱节批："看得各犯罪恶贯盈，致勤提督衙门调兵擒剿，事情重大。按察司会勘明白，中间如有事出胁从，情可矜疑者，通具呈报。"等因。

依奉会同都指挥佥事高厚，左布政使陈策等，议得贼犯杨正贤等，累世穷凶，鄱湖剧患，近复从逆，幸而漏网，啸聚劫囚，敌杀官兵，滔天之罪，远近播闻。通判林宽等，克承方略，首事缉捕，虽有小衂，竟收成功。知县熊价到任甫及半月，仓卒偶当其冲，终能有备，多所擒获。典史徐诚奉调领兵破贼，适中机会。署都指挥佥事冯勋鼓勇而前，贼遂奔溃。其典史周祐阴谋散党，隐然之迹，未可泯弃。合无呈乞钧裁，将署都指挥佥事冯勋，通判林宽，知县熊价，典史徐诚，俱优加犒奖；林宽、熊价仍旌其除暴安民之劳；典史周祐另行赏赉；随征南昌前卫千户马喜，新建县县丞黄仲仁，南昌县主簿陈纪，安义县主簿崔锭，建昌县税课局大使江象，安义县领哨义官杨震七，协守县治安义县县丞何全，典史陈恒昭，把截九里三渡南昌前卫指挥梁端，千户周镇，俱量行犒劳；其余获贼吏兵哨长保长总小甲人等，查照近日告示事理，分别等第，一一给赏；阵亡阵伤义兵程碧、程魁七等，俱各优恤其家，给赏汤药之费。如此，庶使有功者录而人所知劝，死事者酬而人无所憾矣。仍行该府县将逆贼杨正贤等妻男财产估变价银，修筑县城，尤为便益。

缘由同查过功次文册关缴到司，备由转呈到臣，簿查正德十五年十一月初十日，据江西按察司副使陈槐关称：原问犯人胡顺并杨子桥等家属财产通该查抄解报，呈详已批该司查照施行，务得的实，毋致亏枉外，续据安义县申称：依奉拿获杨子桥妻周氏，男杨华五、华七、华八、月保并伊同居亲弟杨子楼收监、起解间，十二月二十二日辰时，不期子楼未获男杨本荣统集百十余徒，各持枪刀冲县。当同巡捕主簿崔锭督领机兵防御。彼贼势勇，打入狱门，劫去杨华五等，并原监杨正江、杨绍鉴及别犯胡清等一十八名，烧毁总甲张惟胜房屋，劫掠铺户传甫七等货物。随即起集哨长陈魁四等屯兵设法擒获杨华五等，仍旧收监。一面追获余贼杨子楼等，合行申报等情。

又据通判林宽呈称首恶杨本荣、杨华二等照旧立寨啸聚，批仰按察司会同各官议处。随据该司呈称：依奉会同署都指挥佥事王继善，左布政使陈策，副使顾应祥等议得杨本荣等罪恶，据法即当督兵擒捕；但访得杨姓一族，稔恶从乱者有数，若使兵刃一加，未免玉石未辨。合行该县再谕杨本荣等作急投首，庶几杨绍鉴等之罪可辨，杨本荣之情可原。若使负固不服，即将稔恶贼党指实，申来议处。

呈详到臣，照得本院前年驻兵省城，擒劫叛贼之后，即欲移兵扑灭逆党杨子桥等。彼因访得各犯亲族亦多良善连居，若大兵一临，未免玉石俱焚，方尔迟疑。当据杨子桥等自行投赴军门，本院仰体朝廷好生之德，正欲保全一方之生灵，当即遵照诏书黄榜事理，将子桥等量加杖责，释放回家，谕令改恶迁善。其余党恶，悉不根究外，后因解京逆党刘吉、陈贤等供攀不已，朝廷之意：将复发兵加诛，则恐失信于下；将遂置而不问，则一般从逆之人乃至极刑抄没，而子桥等独不略加惩创，亦何以警戒将来。故照旧释其党从以示信，独行拘子桥以明罚。其迁徙抄没，亦止及于子桥一身。朝廷之处，可谓仁至义尽矣。为之亲族党与者，正宜感激朝廷浩荡再生之恩，皆宜争出到官，输诚效款，自相分别，洗涤其既往之愆，而显明其维新之善。却乃略不改创，辄敢抗逆官府，冲县劫囚，自求诛灭。据法论情，已在必诛无赦。但念中间良善尚多，止因杨子桥同居稔恶之徒，缪以危言激诱，族党扇惑鼓动，以至于此，恐亦非其本心。今据三司各官呈议，亦与所访略同。准依所议，姑且未即加兵，就经批行该道守巡官先行分别善恶，令其亲族非同恶者自行告明官司，各另屯住。其被胁之人，若能投首到官，亦准免罪。有能并力擒捕首恶送官者，仍一体给赏。俱限一月之内投首输服。若过期不出，即将各犯背叛情由备细呈来，以凭发兵剿灭。一面行仰该县及各附近官司整集兵快义勇，固守把截，听候本院进止。仍备出告示，晓谕远近外。

续据通判林宽呈称：遵照明文，密唤杨姓良善户丁杨庸、杨邦、十五等七名到职，示以祸福，给以犒赏。着令分别良善，止捕冲县逆贼送官。随该杨庸等诱擒逆贼九名到县，又获贼犯十七名。随给牌面，令通县老人分投抚谕。而各贼仍前立寨不服。续又擒获贼犯四名。后闻官司要捣巢穴，连夜鼓挟邻族，约有百十余徒，掳船奔入鄱阳湖。欲即率即兵追剿，缘该县空虚，诚恐贼计中途回锋冲突，未可轻出。除差人飞报沿河保长，立寨防剿，一面牒府督率星子、建昌、都昌兵沿湖巡捕外，呈乞施行等因。

据呈，臣会同巡按御史等官看得贼既入湖，良善已分，正可四面合兵追剿，除行南昌守巡兵备点选兵快，就行都司冯勋统领，星夜前去跟蹑贼踪，设法剿捕，就经批仰按察司，即便通行该道守巡官及沿湖各该官司地方保甲人等一体集兵防剿追捕，毋令远窜贻患。臣等又虑安义县治单弱，恐各贼乘虚归劫，另行牌调奉新县典史徐诚选兵四百，密从间道星夜前去该县，会同知县熊价协力防剿。又行牌仰各官于九姓良善之中，挑选义勇武艺，及于沿湖诸处，起集习水壮健惯战之人，各官身自督领，密取知因乡导，四路爪探，或蹑贼踪，或截要路，或归防县治，张疑设伏，声东击西。一应事机，俱听从宜施行；合用粮赏，就于司府库内原贮军饷银内支给。及差官赍执令旗、令牌前去督押行事。军兵人等但有军前不听号令，及退缩逗遛，侵扰良善者，遵照敕谕事理，就以军法从事。各官俱要竭忠尽力，慎重通果，杀贼立功，以靖地方。若畏避轻忽，致贼滋蔓，贻患地方，军令俱存，决难轻贷。完日通将擒斩功次获功人员等项一并开报，以凭施行去后。

今呈前因，照得臣先节该钦奉敕谕："但有盗贼生发，即便设法调兵剿杀，听尔随宜处置，钦此。"钦遵，除将前项有功官员支兵人等及阵亡被伤等项，俱准议于南昌府动支本院贮库支剩军饷银两，除已犒奖给赏优恤外，其未经奖犒给赏优恤者，批仰该司查照等第，逐一补给。贼属男妇估价变卖银两，亦准修筑该县城垣支用。擒获贼犯，鞫问明白，仍解军门斩首示众。斩获贼级，行令造册缴报，并行巡按衙门知会外。

臣等议照叛党杨正贤等肆其凶狞之习，恃其族类之繁，稔恶一方，流劫远近。既积有世代，比复兴兵助逆，脱漏诛殄，略无悔创，乃敢攻县劫狱，聚众称乱。恶贯满盈，天怒人怨，遂尔一旦扫灭。在朝廷固犹疥癣之搔爬，在江西实亦疽痈之溃决。巡按御史唐龙、朱节运谋监督，而按察使伍文定、布政使陈策等相与协议赞画，都指挥冯勋及通判林宽、知县熊价等又各趋事效命，并力于下。论各劳绩，皆宜旌录。臣守仁卧病待罪之余，仅存喘息，幸赖诸臣，苟免咎戾。

缘系剿平叛党事理，为此具本题知。

乞便道归省疏

臣于正德十六年六月十六日钦奉敕旨："以尔昔能剿平乱贼，安靖地方，朝廷新政之初，特兹召用。敕至，尔可驰驿来京，毋或稽迟，钦此。"

钦遵，已于本月二十日驰驿起程外，窃念臣自两年以来，四上归省之奏，皆以亲老多病，恳乞暂归省视，实皆出于人子迫切之至情。而其时复以权奸当事，谗嫉交兴，非独臣之愚悃无由自明，且虑变起不测，身罹暧昧之祸，冀得因事退归，父子苟全首领于牖下，故其时虽以暂归为请，而实有终身丘壑之念矣。既而宗社有灵，天启神圣，入承大统，革故鼎新，亲贤任旧，向之为谗嫉者，皆已诛斥略尽，阳德兴而公道显。臣于斯时，固已欣然改易其退遁之心矣。当明良之会，圣人作而万物睹，天下之士，孰不欣然有观光之愿，而况臣之方在忧危，骤获中雪者，若出陷阱而登之春台，其为喜幸感激何啻百倍，岂不欲朝发夕至，以一快其拜舞踊跃之私，归戴向往之诚乎。顾臣父既老且病，顷遭谗构之厄，危疑震恐，凶凶朝夕，常有父子不及相见之痛。今幸脱洗殃咎，复睹天日，父子之情，固思一见颜面，以叙其悲惨离隔之怀，以尽菽水欢欣之乐。况臣取道钱塘，迂程乡土止有一日。此在亲交之厚，将不能已于情，而况父子天性之爱，重以连年苦切之思乎。故臣之此行，其冒罪归省，亦情理之所必不容已者。然不以之明请于朝而私窃行之，是欺君也；惧稽延之戮，而忍割情于所生，是忘父也。欺君者不忠，忘父者不孝。世固未有不孝于父而能忠于其君者也，故臣敢冒罪以请。伏望皇上以孝为治，范围曲成，特宽稽命之诛，使臣得以少伸乌鸟之私，臣死且图衔结，臣不胜惶惧恳切之至！

辞封爵普恩赏以彰国典疏 嘉靖元年正月初十日

南京兵部尚书王守仁谨奏，为辞免封爵，普恩赏以彰国典事：臣于正德十六年十二月十九等日，节准兵部、吏部咨，俱为捷音事，节该题奉圣旨："江西反贼剿平，地方安定，各该官员功绩显著，你部里既会官集议，分别等第明白，王守仁封伯爵，给与诰券，子孙世世承袭，照旧参赞机务，钦此。""王守仁封新建伯，奉天翊卫推诚宣力守正文臣，特进光禄大夫柱国，还兼南京兵部尚书，照旧参赞机务，岁支禄米一千石，三代并妻一体追封，钦此。"前后备咨到臣，俱钦遵外，臣闻命惊惶，莫知攸措。

窃念臣以凡庸，误受国恩，在正德初年，以狂言被谴。先帝察无其他，随加收录，荐陟清显，缪膺军旅之寄，猥承巡抚之令。后值宁藩肇变，臣时适婴祸锋，义当死难，不量势力，与之犄角。赖朝廷威灵，幸无覆败。既而谗言朋兴，几陷不测，臣之心事，未及自明。先帝登遐，无阶控吁。乃幸天启神圣，陛下龙飞，开臣于覆盆之下，而照之以日月。悯恻慰劳，至勤诏旨，怜其乌鸟之情，使得归省，推之大孝之仁，优之以存问。超历常资，授以留都本兵之任。恳疏辞免，慰旨益勤。在昔名臣硕辅，鲜有获是于其君者，而况于臣之卑鄙浅劣，亦将何以堪此乎？今又加以封爵之崇，臣惧功微赏重，无其实而冒其名，忧祸败之将及也。夫人主与频笑之微，不以假于匪人，而况爵赏之重乎？人臣之事君也，先其事而后其食，食且不可，而况于封爵乎？且臣之所以不敢受爵，其说有四，然亦不敢不为陛下一陈其实矣。

宁藩不轨之谋，积之十数年矣，持满应机而发，不旬月而败，此非人力所及也。上天之意，厌乱思治，将启陛下之神圣，以中兴太平之业，故蹶其谋而夺之魄。斯固上天之为之也，而臣欲冒之，是叨天之功矣。其不敢受者一也。

先宁藩之未变，朝廷固已阴觉其谋，故改臣以提督之任，假臣以便宜之权，使据上游以制其势。故臣虽仓卒遇难，而得以从宜调兵，与之从事。当时帷幄谋议之臣，则有若大学士杨廷和等，该部调度之臣，则有若尚书王琼等，是皆有先事御备之谋，所谓发纵指示之功也。今诸臣未蒙显褒，而臣独冒膺重赏，是掩人之善矣。其不敢受者二也。

变之初起，势焰煊炽，人心疑惧退沮。当时首从义师，自伍文定、邢珣、徐琏、戴德孺诸人之外，又有知府陈槐、曾玙、胡尧元等，知县刘源清、马津、傅南乔、李美、李楫及杨材、王冕、顾佖、刘守绪、王轼等，乡官都御史王懋中，编修邹守益，御史张鳌山、伍希儒、谢源等诸人，臣今不能悉数，其间或摧锋陷阵，或遮邀伏击，或赞画谋议，监录经纪。虽其平日人品，或有清浊高下，然就兹一事而言，固亦咸有捐躯效死之忠，戮力勤王之绩，所谓同功一体者也。今赏当其功者固已有之，然施不酬劳之人尚多也。其帐下之士，若听选官雷济，已故义官萧禹，致仕县丞龙光，指挥高睿，千户王佐等，或诈为兵檄，以挠其进止，坏其事机，或伪书反间，以离其心腹，散其党与，阴谋秘计，盖有诸将士所不与知，而辛苦艰难，亦有诸部领所未尝历者。臣于捷奏本内，既不敢琐琐烦渎。今闻纪功文册，复为改造者多所删削。其余或力战而死丁锋镝，或犯难而委于沟渠，陈力效能者，尤不可以枚举，是皆一时号召之人，臣于颠沛抢攘之际，今已多不能记忆其姓名籍贯。复有举人冀元亨者，为臣劝说宁濠，反为奸党构陷，竟死狱中。以忠受祸，为贼报仇。抱冤赍恨，实由于臣。虽尽削臣职，移报元亨，亦无以赎此痛。此尤伤心惨目，负之于冥冥之中者。夫倡义调兵，虽起于臣，然犹有先事者为之指措。而戮力成功，必赖于众，则非臣一人之所能独济也。乃今诸将士之赏，尚多未称，而臣独蒙冒重爵，是袭下之能矣。其不敢受者三也。

夫周公之功大矣，亦臣子之分所当为。况区区犬马之微劳，又皆偶逢机会，幸而集事者，奚足以为功乎？臣世受国恩，碎身粉骨，亦无以报。缪当提督重任，承乏戎行，苟免鳏旷，况又超擢本兵，既已叨冒逾分。

且臣近年以来，忧病相仍，神昏志散，目眩耳聋，无复可用于世。兼之亲族颠危，命在朝夕。又不度德量分，自知止足，乃冒昧贪进，据非其有，是忘己之耻矣。其不敢受者四也。

夫殃莫大于叨天之功，罪莫甚于掩人之善，恶莫深于袭下之能，辱莫重于忘己之耻。四者备而祸全，故臣之不敢受爵，非敢以辞荣也，避祸焉尔已。

伏愿陛下鉴臣之辞出于诚恳，收还成命，容臣以今职终养老亲，苟全余喘于林下，以所以滥施于臣者普于众，以明赏罚之典，以彰大小之功，以慰不均之望，以励将来效忠赴义之臣，臣死且不朽矣。不胜受恩感激，恳切愿望之至！

缘系辞免封爵，普恩赏以彰国典事理，谨具本题。

再辞封爵普恩赏以彰国典疏 嘉靖元年

臣于正德十六年十二月，节准兵部、吏部咨，节该题奉圣旨："江西反贼剿平，地方安靖，各该官员功绩显著，你部里既会官集议，分别等第明白，王守仁封伯爵，给与诰卷，子孙世世承袭，照旧参赞机务，钦此。""王守仁封新建伯，奉天翊运推诚宣力守正文臣，特进光禄大夫柱国，还兼南京兵部尚书，照旧参赞机务，岁支禄米一千石，三代并妻一体追封，钦此。"臣闻命惊惶，窃惧功微赏重，祸败将及，已经具本辞免去后。随于嘉靖元年七月十九日，准吏部咨，该臣奏前事，节奉圣旨："论功行赏，古今令典，诗书所载，具可考见。卿倡义督兵，剿除大患，尽忠报国，劳绩可嘉，特加封爵，以昭公义，宜勉承恩命，所辞不允。该部知道，钦此。"钦遵。

臣以积恶深重，祸延先人，臣方茕然癏疚，仅未殒绝。闻命悸栗，魂魄散乱。已而伏块沉思，臣以微劳，冒膺重赏，所谓叨天之功，掩人之善，袭下之能，忘己之耻者，臣于前奏已具陈之矣。然而圣旨殷优，独加于臣，余皆未蒙采录者，岂以江西之功，果臣一人之所能独办乎？

朝廷爵赏，本以公于天下，而臣以一身掠众美而独承之，是臣拥阏朝廷之大泽，而使天下有不均之望也，罪不滋重已乎？夫庙堂之赏，朝廷之议也，臣不敢僭及。至于臣所相与协力同事之人，则有不得不为一申白者。古者赏不逾时，欲人速得为善报也。今效忠赴义之士，延颈而待，已三年矣。此而更不一言，事日已远，而意日已衰，谁复有为之论列者。故臣辄敢割痛忍哀，冒斧钺而控吁，气息奄奄之中，忽不自觉其言之躁妄，亦其事有所感于昔，而情有所激于其中也。

窃惟宸濠之变，实起仓卒，其气势张皇，积威凌劫，虽在数千里外，无不震骇失措，而况江西诸郡县近切剥床，触目皆贼兵，随处有贼党。当此之时，臣以逆旅孤身，举事其间，虽仰仗威灵以号召远近，然而未受巡抚之命，则各官非统属也；未奉讨贼之旨，其事乃义倡也。若使其时郡县各官果怀畏死偷生之心，但以未有成命，各保土地为辞，则臣亦可何如哉。然而闻臣之调，即感激奋励，或提兵而至，或挺身而来，是非真有捐躯赴难之义，戮力报主之忠，孰肯甘粉齑之祸，从赤族之诛，蹈必死之地，以希万一难冀之功乎？然则凡在与臣共事者，皆有忠义之诚者也。夫均秉忠义之诚以同赴国难，而功成行赏，臣独当之，人将不食其余矣。此臣所为不敢受也。且宸濠之变，天实阴夺其魄而摧败之速，是以功成之后，不复以此同事诸人者为庸。使其时不幸而一蹶涂地，则粉身灭族之惨，亦同事诸人者自当之乎？将犹可以藉众议之解救而除免之乎？夫下之人犯必死之难以赴义，则上之人有必行之赏以报功。今臣独崇爵，而此同事诸人者乃或赏或否，或不行其赏而并削其绩，或赏未及播而罚已先行，或虚受升职之名而因使退闲，或冒蒙不忠之号而随以废斥。由此言之，亦何苦捐身赴义，以来此呶呶之口，而自求无实之殃乎？乃不若退缩引避，反可以全身远害，安处富贵，而逭于众口之诽也。夫披坚执锐，身亲行伍，以及期赴难，而犹不免于不忠之罚，则容有托故推奸，坐而观望者，又将何以加之？今不彼之议，而独此之察，则已过矣。

昔人有蹊田而夺牛者，君子以为蹊田固有责，而夺牛则已甚。今人驱牛以耕我之田，既种且获矣，而追究其耕之未尽善也，复从而夺之牛，无乃太远于人情乎？方今议者，或以某也素贪而鄙，某也素躁而狂，故虽有功而当抑其赏，虽有劳而不赎其罪。噫！是亦过矣。

当宸濠之变，抚按三司等官，咸被驱缚，或死或从；其余大小之职，近者就縻，远者逃溃矣。当此之时，苟知有从我者，皆可以为忠义之士，尚得追论其平时邪！况所谓若贪与鄙者，或出于谗嫉之口而未皆真邪？若居常处易，选择而使，犹不免于失人，况一时乌合之众。而顾以此概之，其责于人，终无已乎？夫考素行，别贤否，以激扬士风者，考课之常典；较功力，信赏罚，以振作士气者，军旅之大权。故鄙猥之行，平时不耻于士列，而使贪使诈，军事有所不废也。急难呼吸之际，要在摧锋克敌而已，而暇逆计其他乎？当此之时，虽有御人国门之寇，苟能效其智力以协济吾事，亦将用之；用之而事果有成，亦必赏之。况乎均在士人之列，同有勤事之忠者乎？人于平居无事，扼腕抵掌而谈，孰不曰我能临大节，死大难。及当小小利害，未必至于死也，而或有仓皇失措者有矣。又况矢石之下，剑刃之间，前有必死之形，而后有夷灭之祸，人亦何不设以身处其地而少亮之乎？

夫考课之典，军旅之政，固并行而不相悖。然亦不可以混而施之。今人方有可录之功，吾且遂行其赏可矣。纵有既往之愆，亦得以今而赎。但据其显然可见者，毋深求其隐然不可见者赏行矣。而其人之过犹未改也，则从而行其黜谪。人将曰："昔以功而赏，今以罪而黜，功罪显而劝惩彰矣。"今也将明军旅之赏，而阴以考课之意行于其间，人但见其赏未施而罚已及，功不录而罪有加，不能创奸警恶，而徒以阻忠义之气，快谗嫉之心。譬之投杯醪于河水，而曰："是有醪焉，亦可饮而醉也。"非易牙之口，将不能辨之矣，而求饮者之醉，可得乎？

人臣于国家之难，凡其心之可望，力之可为，涂肝脑而膏髓骨，皆其职分所当。然则此同事诸臣者，遂敢以此自为之功而邀赏于其上乎？顾臣与之同事同功，今赏积于臣，而彼有未逮，臣复抗颜直受而不以一言，是使朝廷之上果以其功独归于臣,而此诸人者之绩因臣之为蔽而卒无以自显于世也。且自平难以来,此同事诸人者,非独为已斥诸权奸之所诬构挫辱而已也,群憎众嫉,惟事指摘搜罗以为快,曾未见有鸣其不平而伸其屈抑者。幸而陛下龙飞,赫然开日月之光,英贤辅翼,廓清风而鼓震电,于是阴气始散而魍魉潜消。然而覆盆之下,尚或有未能自露者也。故臣敢不避矜夸僭妄之戮,而辄为诸臣者一诉其艰难抑郁之情。

昔汉臣赵充国破羌而归,人有访之谦让功能者。充国曰:"吾老矣,爵位已极,岂嫌伐一时事以欺明主哉?兵政国之大事,当为后法,老臣不以余命,一为主上明言其利害,卒死,谁当复言之者?"卒以实对。夫人之忠于国也,杀身夷族有不避,而乃避其自矜功伐之嫌乎?臣始遇变于丰城也,盖举事于仓卒茫昧之中,其时岂能逆睹其功之必就,谓有今日爵赏之荣而为哉?徒以事关宗社,是以不计成败利钝,捐身家,弃九族,但以输忠愤而死节,是臣之初心也。至于号告三军,则虽激之以忠义,而实歆之以爵禄延世之荣;励之以名节,而复动之以恩赏绚耀之美。是非敢以虚言诱之也,以为功而克成,则此爵禄恩赏亦有国之常典,理所必有也。今臣受殊赏而众有未逮,是臣以虚言罔诱其下,竭众人之死而共成之,掩众人之美而独取之,见利忘信,始之以忠信,终之以贪鄙,外以欺其下,而内失其初心,亦何颜面以视其人乎?故臣之不敢独当殊赏者,非不知封爵之为荣也,所谓有重于封爵者,故不为苟得耳。

伏愿陛下鉴臣之言,不以为夸也,而因以察诸臣之隐;允臣之辞,不以为伪也,而因以普诸臣之施。果以其赏在所薄与,则臣亦不得而独厚;果以其赏或可厚与,则诸臣亦不得而遂薄也。江西同事诸臣,臣于前奏亦已略举,且该部具有成册可查,不敢复有所尘渎。臣在衰绖忧苦之中,非可有言之日,事不容已而有是举,不胜受恩感激,含哀冒死,战栗惶惧,恳切祈祷之至!

卷十四　别录六

奏疏六

辞免重任乞恩养病疏 嘉靖六年六月

臣自正德十四年江西事平之后，身罹谗构，危疑汹汹，不保朝夕。幸遇圣上龙飞，天开日朗，鉴臣蝼蚁之忠，下诏褒扬洗涤，出臣于覆盆之下，进官封爵，召还京师。因乞便道归省，随蒙赐敕遣官奖劳慰谕，锡以银币，犒以羊酒。臣感激天恩，虽粉骨碎身，云何能报。不幸遭继父丧，未获赴阙陈谢。服满之后，又连年病卧，喘息奄奄，苟避形迹。皇上天高地厚之恩，迄今六年于此矣，尚未能一睹天颜，稽首阙廷之下，臣实瞻戴恋慕，昼夜热中，若身在芒刺。迩者曾蒙谢恩之召，臣之至愿；惟不能即时就道，顾乃病卧呻吟，徒北望感泣，神魂飞驰而已。

今年六月初六日，兵部差官赍文前到臣家，内开奏奉钦依，以两广未靖，命臣总制军务，督同都御史姚镆等勘处者。臣闻命惊惶，莫知攸措。伏自思惟，臣于君命之召，当不俟驾而行，矧兹军旅，何敢言辞？顾臣病患久积，潮热痰嗽，日甚月深，每一发咳，必至顿绝，久始渐苏。乃者谢恩之行，轻舟安卧，尚未敢强，又况兵甲驱劳，岂复堪任。夫委身以图报，臣之本心也。若冒病轻出，至于偾事，死无及矣。

臣又伏思两广之役，起于土官仇杀，比之寇贼之攻劫郡县，荼毒生灵者，势尚差缓。若处置得宜，事亦可集。姚镆平日素称老成慎重，一时利钝前却，斯亦兵家之常，要在责成，难拘速效。御史石金据事论奏，是盖忠于陛下，将为国家宏仁覆久远之图，所以激励镆等，使之集谋决策，收之桑榆也。

臣本书生，不习军旅，往岁江西之役，皆偶会机宜，幸而成事。臣之才识，自视未及姚镆，且近年以来，又已多病。况兹用兵举事，镆等必尝深思熟虑，得其始末条贯，中事少沮，辄以臣之庸劣参与其间，行事之际，所见或有同异，镆等益难展布。

夫军旅之任，在号令严一，赏罚信果而已。慎择主帅，授钺分阃，当听其所为。臣以为两广今日之事，宜专责镆等，隆其委任，重其威权，略其小过，假以岁月，而要其成功。至于终无底绩，然后别选才能，兼于民情土俗，素相谙悉，如南京工部尚书胡世宁，刑部尚书李承勋者，往代其任。

夫朝廷用人，不贵其有过人之才，而贵其有事君之忠，苟无事君之忠，而徒有过人之才，则其所谓才者，仅足以济其一己之功利，全躯保妻子而已耳。如臣之迂疏多病，徒持文墨议论，未必能济实用者，诚宜哀其不能，容令养疾田野。俟病痊之后，不终弃废，或可量置闲散之地，使自得效其涓埃。则朝廷于任贤御将之体，因物曲成之仁，道并行而不相背矣。臣不敢苟冒任使以欺国事，不胜感恩激义，恳切祈望之至！

赴任谢恩遂陈肤见疏 六年十二月初一日

臣于病废之余，特蒙恩旨起用，授以两广军旅重寄。臣自惟朽才病质，深惧不任驱使，以误国事，具本辞免。过蒙圣旨："卿识敏才高，忠诚体国，今两广多事，方藉卿威望，抚定地方，用纾朕南顾之怀。姚镆已致仕了，卿宜星夜前去，节制诸司，调度军马，抚剿贼寇，安戢兵民，勿再迟疑推诿，以负朕望。还差官铺马里赍文前去敦趣赴任行事，该部知道，钦此。"

钦遵。兵部移咨到臣，捧读感泣，莫知攸措。

伏念世受国恩，粉骨齑骸，亦无能报。又况遭逢明圣，温旨勤拳若是，何能复顾其他。已于九月初八日扶病起程，沿途就医，服药调理，昼夜前进。奈秋暑旱涩，舟行甚难，至十一月二十日，始抵梧州。思恩、田州之事，尚未及会同各官查审区处，然臣沿途涉历，访诸士夫之论，询诸行旅之口，颇有所闻，不敢不为陛下一言其略。

臣惟岑猛父子，固有可诛之罪，然所以致彼若是者，则前此当事诸人，亦宜分受其责。

盖两广军门专为诸瑶、僮及诸流贼而设，朝廷付之军马钱粮事权，亦已不为不专且重，若使振其军威，自足以制服诸蛮。然而因循怠弛，军政日坏，上无可任之将，下无可用之兵，一有惊急，必须倚调土官狼兵，若猛之属者而后行事。故此辈得以凭恃兵力，日增其桀骜。今夫父兄之于子弟，苟役使频劳，亦且不能无倦，况于此辈夷犷之性，岁岁调发，奔走道途，不得顾其家室，其能以无倦且怨乎？及事之平，则又功归于上，而彼无所与。兼有不才有司，因而需索引诱，与之为奸，其能以无怒且慢乎？既倦且怨，又怒以慢，始而征发愆期，既而调遣不至。上嫉下愤，日深月积，劫之以势而威益亵，笼之以诈而术愈穷。由是谕之而益梗，抚之而益疑，遂至于有今日，加以叛逆之罪而欲征之。

夫即其已暴之恶征之，诚亦非过，然所以致彼若是，已非一朝一夕之故。且当反思其咎，姑务自责自励，修我军政，布我威德，抚我人民，使内治外攘而我有余力，则近悦远怀而彼将自服，顾不复自反而一意愤怒之！

夫所可愤怒者，不过岑猛父子及其党恶数人而已，其下万余之众，固皆无罪之人也。今岑猛父子及其党恶数人，既云诛戮，已足暴扬，所遗二酋，原非有名恶目，自可宽宥者也。又不胜二酋之愤，遂不顾万余之命，竭两省之财，动三省之兵，使民男不得耕，女不得织，数千里内骚然涂炭者，两年于兹。然而二酋之愤，至今尚未能雪也。徒尔兵连祸结，征发益多，财馈益殚，民困益深，无罪之民，死者十已六七。山瑶海贼乘衅摇动，穷迫必死之寇既从而煽诱之，贫苦流亡之民又从而逃归之，其可忧危何啻十百于二酋者之为患。其事已兆而变已形，顾犹不此之虑，而汲汲于于二酋，则当事者之过计矣。

今当事者之于是役，其悴心憔思亦可谓勤且至矣。特发于愤激而狃为其难，是以劳而未效。夫二酋者之沮兵拒险，亦不过畏罪逃死，苟为自全之计。非如四方流劫之贼，攻城堡，掠乡村，虏财物，杀良民，日为百姓之患，人人欲得而诛之者。今驱困惫之民，使裹粮荷戈，以征不为民患、素无仇怨之虏，此人心之所以不奋，而事之所以难济也。

又今狼达土汉官兵亦不下数万，与万余畏罪逋诛之虏相持，已三月有余，而未能一决者，盖以我兵发机太早，而四面防守太密，是乃投之无所往，而示之以必不活，益使彼先虑预备，并心协力，坚其必死之志，以抗我师。就使我师将勇卒奋，决能取胜，亦必多杀士众，非全军之道，又况人无战志，而徒欲合围待毙，坐收成功，此我兵之所以虽众而势日以懈，贼虽寡而志日以合，备日密而气日以锐者也。夫当事者之意，固无非欲计出万全，然以用兵而言，亦已失之巧迟，所谓强弩之末，不能穿鲁缟矣。

臣愚以为且宜释此二酋者之罪，开其自新之路。而彼犹顽梗自如，然后从而杀之，我亦可以无憾。苟可曲全，则且姑务息兵罢饷，以休养疮痍之民，以绝觊觎之奸，以弭不测之变。迨于区处既定，德威既洽，蛮夷悦服之后，此二酋者，遂能改恶自新，则我亦岂必固求其罪。若其尚不知悛，执而杀之，不过一狱吏之事，何至兵甲之烦哉？

或者以为征之不克，而遽释之，则纪纲疑于不振。臣窃以为不然。夫天子于天下之民物，如天覆地载，无不欲爱养而生全之，宁有蕞尔小丑，乃与之争愤求胜，而谓之振纪纲者？惟后世贪暴诸侯，强凌弱，众吞寡，则必务于求胜而后已，斯固五霸之罪人也。昔苗顽不即工，舜使禹、益徂征，三旬，苗民逆命，禹及班师振旅。夫以三圣人者为之君帅，以征一顽苗，谓宜终朝而克捷。顾历三旬之久，而复至于班师以归，自今言之，其不振甚矣。然终致有苗之格，而万世称圣。古之所谓振纪纲者，固若是耳。

臣以匪才，缪膺重命，得总制四省军务，以从事于偏隅之小丑，非不知乘此机会，可以侥幸成功，苟免于怯懦退避。然此必多调军兵，多伤士卒，多杀无罪，多费粮饷，又不足以振扬威武，信服诸夷，仅能取快于二酋之愤，而忘其遗患于两省之民，但知徼功于目前，而不知投艰于日后。此人臣喜事者之利，非国家之福，生民之庇，臣所不忍也。

臣又闻两广主计之吏，谓自用兵以来，所费银两已不下数十万，梧州库藏所遗，不满五万之数矣；所食粮米已不下数十万，梧州仓廪所存，不满一万之数矣。由是言之，尚可用兵不息，而不思所以善后之图乎？

臣又闻诸两省士民之言，皆谓流官之设，亦徒有虚名而反受实祸。诘其所以，皆云思恩未设流官之前，土人岁出土兵三千，以听官府之调遣；既设流官之后，官府岁发民兵数千，以防土人之反覆。即此一事，利害可知。且思恩自设流官以来，十八九年之间，反者五六起，前后征剿，曾无休息，不知调集军兵若干，费用粮饷若干，杀伤良民若干。朝廷曾不能得其分寸之益，而反为之忧劳征发。浚良民之膏血而涂诸无用之地，此流官之无益，亦断然可睹矣。但论者皆以为既设流官而复去之，则有更改之嫌，恐启人言而招物议，是以宁使一方之民久罹涂炭，而不敢明为朝廷一言，宁负朝廷而不敢犯众议。甚哉！人臣之不忠也。苟利于国而庇于民，死且为之矣，而何人言物议之足计乎！

臣始至地方，虽未能周知备历，然形势大略亦可概见。田州切邻交趾，其间深山绝谷，皆瑶、僮之所盘据，动以千百。必须仍存土官，则可藉其兵力，以为中土屏蔽。若尽杀其人，改土为流，则边鄙之患，我自当之，自撤藩篱，非久安之计，后必有悔。思恩、田州处置事宜，俟事平之日，遵照敕旨，公同各官另行议奏。但臣既有所闻见，不敢不先为陛下一言，使朝廷之上，早有定处，臣等得一意奉行，不致往复查议，失误事机，可以速安反侧，实地方之幸，臣等之幸。臣不胜受恩感激，竭忠愿效之至。

辞巡抚兼任举能自代疏 七年正月初二日

嘉靖六年十二月初二日，准本院咨，节该吏部题，奉圣旨："王守仁暂令兼理巡抚两广等处地方，写敕与他，钦此。"钦遵外，臣闻命之余，愈增惶惧。

窃念臣以迂疏多病之躯，缪承总制四省军务之命，既已有不胜其任之忧矣。方尔昼夜驱驰，图其所以仰副朝廷之重委者，而尚未知所措。今又加巡抚之责，岂其所能堪乎？况两广地方，比于他处，尤繁且难。蛮夷瑶、獞之巢穴，处处而是，攻劫抢掳之警报，日日而有。近年以来，加之以师旅，因之以饥馑，郡县之凋敝日甚，小民之困苦益深。巡抚之任，非得才力精强者，重其事权，渐其官阶，而久其职任，殆未可求效于岁月之间也。盖非重其事权，则不可以渐其官阶，非渐其官阶，则不以久其职任，非久其职任，则凡所举动，多苟且目前之计，而不为日后久长之谋，邀一时之虚名，而或遗百年之实祸。膏泽未洽于下，而小民无爱戴感恋之诚。德威未敷于远，而蛮夷无信服归向之志。此巡抚两广之任，虽才能相继，而治效之所以未究也。

切见致仕副都御史伍文定质性勇果，识见明达，往岁宁藩之变，尝从臣起兵讨逆，臣备知其能。今年力未衰，置之闲散，诚有可惜。若起而用之，以为巡抚，其于经略之方，抚绥之术，必能不负所委。及照刑部左侍郎梁材，新升南赣副都御史汪鋐，亦皆才能素著，抑且旧在两广，备谙土俗民情，皆足以堪斯任。乞敕吏部于三人之中选择而使之。臣之驽劣多病，俾得专意思、田之役，幸而了事，容令照旧回还原籍调理。非独巡抚得人，地方有所倚赖，而臣之不肖，亦苟免于覆悚之谋矣。

奏报田州思恩平复疏 七年二月十三日

嘉靖七年正月二十七日，据广西田州府目民卢苏、陆豹、黄笋、胡喜、邢相、卢保、罗黄、王陈、罗宽、戴庆等连名具状，为悔罪投降，陈情乞恩事，投称：先因本府土官岑猛与泗城州屡年互相仇杀，获罪上司，于嘉靖五年六月内，致蒙奏请官兵征剿临境。岑猛自思原无反叛情由，意得招抚，先自同道士钱一真及亲信家人逃躲归顺州界，苏等俱各畏避，四散逃入山林。止有各处寄住客户千余，躲避不及，冒犯官军，俱蒙杀剿，目民人等俱不敢抵抗官军。惟有陆绥不曾远遁，当被擒斩，其余韦好、罗河等俱蒙官军陆续搜山杀死。蓦于当年九月内，归顺土官岑璋书报，岑猛见在该州，前月已将道士钱一真功次假作猛解报军门，尔可作急平定地方，来迎尔主。苏等听信，遣人即送衣服槟榔等件。岑璋一一收受，言说岑猛不可轻易见人，官府得知累我。续于十月内，岑猛又差人促令邀同王受，招复乡村，因见府治空虚，乘便入城休息。又遣迎岑猛、岑璋回说，尔今地方未定，姑候来春，我当发兵三十余营送尔主来，且替尔防守。苏等因此逃命屯聚，以候岑猛，并无叛心。嘉靖六年正月，有人传说岑猛于天泉岩内急病身死，尸骨被岑璋烧毁，金银尽被收获。随遣人去归顺探问，又被岑璋杀死。苏等痛悔无由，窃思官男岑邦彦先已齐村病故，今闻岑猛又死，无主可靠，欲出投诉。切见四方军马充斥，声言务要尽剿，又恐飞虫附火，必损其身；又蒙上司阴使王受图杀卢苏，又使卢苏图杀王受，反覆难信，投降无路，口切苦痛。今幸朝廷宽赦，钦命总制天星，体天行道，按临在此，神鬼信服，苏等方敢舍命求生，率领阖府目民男子大小人等共计四万余名口，尽数投降。伏乞悯念生灵草命，赦死立功，以赎前罪。哀乞怜悯，岑猛原无反叛情罪，存其一脉，俯顺夷情，办纳粮差，实为万幸，等情。

并据思恩府头目王受、卢苏、黄容、卢平、韦文明、侣马、黄留、黄石、陆宗、覃鉴、潘成等，亦连名具状，告同前事，投称：本府原系土官，自改立流官，开图立里，土俗不便，奈缘小人冥顽，不谙汉法，屡次攘乱不定。受等同辞恳乞上司仍立目甲，不意反致官府嗔怪。近又蒙官兵征剿田州，要将受等一概诛灭，必要穷追逐捕，只得逃遁山林。兼以八寨蛮子原以剽掠为生，乘机假受姓名，每每攻图城邑，劫掳乡村，虚名受祸。受等即欲挺身投诉，见得四方军马把截，兼闻阴使卢苏图杀王受，又使王受图杀卢苏，反覆难信，以此连年抱苦，控诉无由。且受等颇知利害，岂敢自速灭亡。今幸朝廷宽恩，命总制天星按临在此，神鬼信服，受等方敢率领所部目民男女大小人等，共计三万余名口，舍命投降，伏乞详情赦死，以全草命。更望俯顺夷情，仍复目甲，使得办纳粮差，实为万幸等因。各投诉到臣。

据此，照得先于嘉靖六年七月初七日，为地方事，节奉敕谕："先该广西田州地方逆贼岑猛为乱，已令提督两广等官都御史姚镆等督兵进剿。随该各官奏称，岑猛父子悉已擒斩，巢穴荡平，捷音上闻，已经降敕奖励，论功行赏。续该各官复奏，恶目卢苏倡乱复叛，王受攻陷思恩。及节据石金所奏，前项地方，卢苏、王受结为死党，互相依倚，祸孽日深，将来不可收拾。又参称先后抚臣举措失当，姚镆等攘夷无策，轻信寡谋，图田州已不可得，并思恩胥复失之，要得通行查究追夺。兵部议奏，以各官先后所论事宜，意见不同，且兵连两广调遣，事干邻境地方，必得重臣前去总制，督同议处，方得停当。今特命尔提督两广及江西、湖广等处地方军务，星驰前去彼处，即查前项夷情，田州因何复叛，思恩因何失守。督同姚镆等斟酌事势，将各夷叛乱未形者，可抚则抚，反形已露者，当剿即剿，一应主客官军，从宜调遣，主副将官及三司等官，悉听节制。公同计议。应设土官、流官，何者经久利便。并先今抚镇等官，有功有过，分别大小轻重，明白奏闻区处。事体十分重大者，具奏定夺。朕以尔勋迹久著，才望素隆，特兹简任。尔务以体国为心，闻命就道，竭忠尽力，大展谋猷，俾夷患殄除，地方安靖，以纾朕西南之忧。仍须深虑却顾，事出万全，一劳永逸，以为广人久远之休。毋得循例辞避，以孤众望，钦此。"

钦遵。随于九月内节该兵部咨，为辞免重任乞恩养病事，臣奏奉圣旨："卿识敏才高，忠诚体国，今两广多事，方借卿威望，抚定地方，用纾朕南顾之怀。姚镆已致仕了，卿宜星夜前去，节制诸司，调度军马，抚剿贼寇，安戢兵民，勿再迟疑推诿，以负朕望。还差官铺马裹赍文前去敦趣赴任行事。该部知道，钦此。"钦遵。当即启行，至十一月二十一日抵梧州莅任。

十二月内，续准兵部咨，为地方大计紧急用人事，该礼部右侍郎方献夫奏，节奉圣旨："方献夫所奏，关系地方大计，郑润、朱麟与姚镆事同一体，姚镆已着致仕，郑润等因贼情未宁，暂且留用。今既这等说，郑润取回，代替的朕自简用。朱麟应否去留，着兵部会议，并堪任更代的，推举相应官两员来看。田州应否设都御史在彼住扎，还着王守仁议处，具奏定夺，钦此。"备咨前来知会，俱经钦遵外，本月初五日，进至平南县地方，与都御史姚镆交代。二十二等日，太监郑润，总兵官朱麟陆续各回梧州、广州等处，听候新任。

总兵、太监交代去讫，当臣公同巡按纪功御史石金，右布政林富，参政汪必东、邹辂，副使祝品、林大辂，佥事汪溱、张邦信、申惠、吴天挺，参将李璋、沈希仪、张经及旧任副总兵今闲住都指挥同知张祐，并各见在军前用事等官，会议得思恩、田州之役，兵连祸结，两省荼毒已逾二年，兵力尽于哨守，民脂竭于转输，官吏罢于奔走。即今地方已如破坏之舟，漂泊于颠风巨浪中，覆溺之患，汹汹在日，不待智者而知之矣。今若必欲穷兵雪愤，以收前功，未论其不克，纵复克之，亦有十患。何者？

今皇上方推至孝以治天下，恻怛之仁，覆被海宇，惟恐一物不得其所，虽一夫之狱，犹虑有所亏枉，亲临断决，况兹数万无辜之赤子，而必欲穷搜极捕，使之噍类不遗，伤伐天地之和，亏损好生之德，其患一也。

屯兵十万，日费千金，自始事以来，所费银米各已数十余万。前岁之冬，二酋复乱，至今且余二年。未尝与贼交一矢，接一战，而其费已若此。今若复欲进兵，以近计之，亦须数月，省约其费，亦须银米各十余万。计今梧州仓库所余，银不满五万，米不满一万矣，兵连不息，而财匮粮绝，其患二也。

调集之兵，远近数万，屯戍日久，人怀归思。兼之水土不服，而前岁之疫死者一二万人，众情忧惑。自顷以来，疾病死者不可以数，无日无之。溃散逃亡，追捕斩杀而不能禁。其未敌而已若此，今复驱之锋镝之下，必有土崩瓦解之势，其患三也。

用兵以来，两省之民，男不得耕，女不得织，已余二年。衣食之道日穷，老稚转乎沟壑。今春若复进兵，又将废一年之耕，百姓饥寒切身，群起而为盗，不逞之徒，因而号召之，其祸殆有甚于思、田之乱者，其患四也。

论者皆以不诛二酋，则无以威服土官，其殆不然。今所赖以诛二酋者，乃皆土官之兵，而在我曾无一旅可恃之卒。又不能宣布主上威德，明示赏罚，而徒以市井狙狯之谋，相欺相诱，计穷诈见，益为彼所轻侮。每一调发旗牌之官，十余往反，而彼犹骜然不出，反挟此以肆其贪求，纵其吞噬。我方有赖于彼，纵之而不敢问。彼亦知我之不能彼禁也，益狂诞而无所忌。岑猛之僭妄，亦由此等积渐成之。是欲诛一二逃死之遗孽，而养成十数岑猛，其患五也。

两广盗贼，瑶、獞之巢穴动以数千百计，军卫有司营堡关隘之兵，时尝召募增补，然且不敷。今复尽取而聚之思、田之一隅，山瑶海寇，乘间窃发，遂至无可捍御。近益窥我空虚，出掠愈频，为患愈肆。今若复闻进兵，彼知事未易息，远近相煽蜂起，我兵势难中辍，救之不能，弃之不可，其为惨毒可忧，尤有甚于饥寒之民，其患六也。

军旅一动，馈运之夫，骑征之马，各以千计。每夫一名，顾直一两；马一匹，四两；马之死者则又追偿其主之直。是皆取办于南宁诸属县。百姓连年兵疲，困苦已极，而复重之以此，其不亡而为盗者，则亦沟中之瘠矣，其患七也。

两省土官于岑猛之灭，已各怀唇齿之疑，其各州土目于苏、受之讨，又皆有狐兔之憾，是以迟疑观望，莫肯效力。所凭恃者，独湖兵耳。然前岁之疫，湖兵死者过半，其间固多借倩而来，兵回之日，死者之家，例有偿命银两，总其所费，亦以万数。今兹复调，踣顿道途。不得顾其家室，亦已三年，劳苦怨郁，潜逃而归者，相望于道，诛之不能，止因一隅之小愤，而重失三省土人之心，其间伏忧隐祸，殆难尽言，其患八也。

田州外捍交趾，内屏各郡，其间深山绝谷，又皆瑶、獞之所盘据。若必尽诛其人，异时虽欲改土设流，亦已无民可守。非独自撤藩篱，势有不可，抑亦藉膏腴之田以资瑶、獞，而为边夷拓土开疆，其患九也。

既以兵克，必以兵守，岁岁调发，劳费无已。秦时胜、广之乱，实兴于闾左之戍。且一夫制驭，变乱随生，反覆相寻，祸将焉极，其患十也。

故为今日之举，莫善于罢兵而行抚；抚之有十善。活数万无辜之死命，以明昭皇上好生之仁，同符虞舜有苗之征，使远夷荒服，无不感恩怀德，培国家元气以贻燕翼之谋，其善一也。息财省费，得节缩赢余以备他虞，百姓无椎脂刻髓之苦，其善二也。久戍之兵，得遂其思归之愿，而免于疾病死亡脱锋镝之惨，无土崩瓦解之患，其善三也。又得及时耕种，不废农作，虽在困穷之际，然皆获顾其家室，亦各渐有回生之望，不致转徙自弃而为盗，其善四也。罢散土官之兵，各归守其境土，使知朝廷自有神武不杀之威，而无所恃赖于彼，阴消其桀骜之气，而沮慑其僭妄之心，反侧之奸自息，其善五也。远近之兵，各归旧守，穷边沿海，咸得修复其备御，盗贼有所惮而不敢肆，城郭乡村免于惊扰劫掠，无虚内事外，顾此失彼之患，其善六也。息馈运之劳，省夫马之役，贫民解于倒悬，得以稍稍苏复，起呻吟于沟壑之中，其善七也。土民释兔死狐悲之憾，土官无唇亡齿寒之危，湖兵遂全师早归之愿，莫不安心定志，涵育深仁而感慕德化，其善八也。思、田遗民得还旧土，招集散亡，复其家室，因其土俗，仍置酋长，彼将各保其境土而人自为守，内制瑶、獞，外防边夷，中土得以安枕无事，其善九也。土民既皆诚心悦服，不须复以兵守，省调发之费，岁以数千，官军免踣顿道途之苦，居民无往来骚屑之患，商旅通行，农安其业，近悦远来，德威覃被，其善十也。

夫进兵行剿之患既如彼，罢兵行抚之善复如此，然而当事之人，乃犹往往利于进兵者，其间又有二幸四毁焉。下之人幸有数级之获，以要将来之赏；上之人幸成一时之捷，以盖日前之愆；是谓二幸。始谋请兵而终鲜成效，则有轻举妄动之毁；顿兵竭饷而得不偿失，则有浪费财力之毁；聚数万之众，而竟无一战之克，则有退缩畏避之毁；循土夷之情，而拂士夫之议，则有形迹嫌疑之毁；是谓四毁。二幸蔽于其中，而四毁惕于其外，是以宁犯十患而不顾，弃十善而不为。夫人臣之事君也，杀其身而苟利于国，灭其族而有裨于上，皆甘心焉。岂以侥幸之私，毁誉之末，而足以挠乱其志者！今日之抚，利害较然，事在必行，断无可疑者矣。于是众皆以为然。

二十六日，臣至南宁府，乃下令尽撤调集防守之兵，数日之内，解散而归者数万有余。湖兵数千，道阻且远，不易即归，仍使分留南宁、宾州，解甲休养，待间而发。

初，卢苏、王受等闻臣奉命前来查勘，始知朝廷亦无必杀之意，皆有投生之念，日夜悬望，惟恐臣至之不速。已而闻太监、总兵等官复皆相继召还，至是，又见防守之兵尽撤，其投生之念益坚，乃遣其头目黄富等十余人，于正月初七日，先付军门诉苦，愿得扫境投生，惟乞宥免一死。臣等谕以朝廷之意，正恐尔等有所亏枉，故特遣大臣前来查勘，开尔等更生之路，尔等果能诚心投顺，决当贷尔之死。因复开陈朝廷威德，备写纸牌，使各持归省谕卢苏、王受等。大意以为：

岑猛父子纵无叛逆之谋，即其凶残酷暴，慢上虐下，自有可诛之罪。今其父子党与俱已伏其辜，尔等原非有名恶目，本无大罪，至于部下数万之众，尤为无辜。今因尔等阻兵负险，致令数万无辜之民，破家失业，父母死亡，妻子离散，奔逃困苦，已将两年。又上烦朝廷兴师命将，劳扰三省之民，尔等之罪固已日深。但念尔等所以阻兵负险者，亦无他意，不过畏罪逃死，苟为自全之计，其情亦有可悯。方今圣上推至孝之仁，以子爱黎元，惟恐一物不得其所，虽一夫之狱，尚恐或有亏枉，亲临断决，何况尔等数万之命，岂肯轻意剿杀。故今特遣大臣前来查勘，开尔更生之路，非独救此数万无辜之民，亦使尔等得以改恶从善，舍死投生。牌至，尔等部下兵夫即可解散，各归复业安生。尔等即时出来投到，决当宥尔之死，全尔身家。若迟疑观望，则天讨遂行，后悔无及。限尔二十日内，尔若不至，是朝廷必欲开尔生路，而尔必欲自求死路，进兵杀尔，亦可以无憾矣。

苏、受等得牌，皆罗拜踊跃，欢声雷动。当即撤守备，具衣粮，尽率其众扫境来归。本月二十六日，俱至南宁府城下，分屯为四营。明日，苏、受等皆囚首自缚，各与其头目数百人赴军门投见。号哀控诉，各具投状，告称前情，乞免一死，愿得竭力报效。

臣等看得苏、受等所诉情节，亦与臣等前后所闻所访大略相同，其间虽有饰说，亦多真情，良可哀悯。因复照前牌谕所称，谕以朝廷恩德，以为朝廷既已赦尔等之死，许尔投降，宁肯诱尔至此，又复杀尔，亏失信义。尔之一死，决当宥尔矣，尔可勿复忧疑。但尔苏、受二人拥众负险，虽由畏死，然此一方为尔之故，骚扰二年有余，至上烦九重虑，下疲三省之民，若不略示责罚，亦何以舒泄军民之愤。于是下卢苏、王受于军门，各杖之一百，众皆合辞扣首，为之请命，乃解其缚，谕以："今日宥尔一死者，是朝廷天地好生之仁；杖尔一百者，乃我等人臣执法之义。"于是众皆扣首悦服。臣小随至其营，抚定余众，皆莫不感泣欢呼，皆谓朝廷如此再生之恩，我等誓以死报。

及据状末告"乞怜悯岑猛原无反叛情罪，存其一脉，俯顺夷情，办纳粮差"一节，自臣奉命而来，沿途询诸商买行旅，访诸士夫军民，莫不以为宜从夷俗，仍立土官，庶可永久无变。不然，反覆之患终恐不免。及臣至此，又公同大小各官审度事势，屡经酌量议处，亦皆以为治夷之道，宜顺其情。臣于先次谢恩本内，已经略具奏闻，至是因其控告哀切，当即遵照敕谕便宜事理，许以其情奏请。且谕以朝廷之意，无非欲生全尔等，尔等但要诚心向化，改恶从善，竭忠报国，勿虑朝廷不能顺尔之情，于是又皆感激欢呼，皆谓朝廷如此再生之恩，我等誓以死报，且乞即愿杀贼立功以赎前罪。臣因谕以朝廷意，惟愿生全尔等，今尔方来投生，岂忍又驱之兵刃之下。尔等逃窜日久，家业破荡，且宜速归，完尔家室，及时耕种，修复生理。至于各处盗贼，军门自有区处，不须尔等剿除。待尔家事稍定，徐当调发尔等。于是又皆感激欢呼，皆谓朝廷如此再生之恩，我等誓以死报。臣于是遂委右布政林富，旧任总兵官张祐分投省谕，安插其众，俱于二月初八日督令各归复业去讫。

地方之事幸遂平定，皆皇上至孝达顺之德，感格上下，神武不杀之威，震慑鬼神，风行于朝堂之上，而草偃于百蛮之表，是以班师不待七旬，而顽夷即尔来格，不折一矢，不戮一卒，而全活数万生灵，是所谓"绥之斯来，动之斯和"者也。臣以蹇劣，缪承任使，仰赖鸿休，得免罪责，快睹盛明，岂胜庆幸。

除将设立土官及地方一应经久事宜，遵照敕旨，公同各官再行议处，另行具奏外，缘系奏报平复地方事理，为此具本，专差冠带舍人王洪亲赍，谨具题知。

地方紧急用人疏 七年二月十五日

先该礼部右侍郎方献夫奏前事，节奉圣旨："田州应否设都御史在彼住扎，还着王守仁议处，具奏定夺，钦此。"兵部备咨前来知会，除钦遵外，随于今年正月二十七日，该思恩、田州二府土目卢苏、王受等，各率众数万自缚归降，该臣遵照敕谕事理，悉已抚定。当遣广西右布政林富，旧任副总兵张祐，分投督领各夷，各归原土，复业安生。已经具本奏报外。

照得思恩、田州连年兵火杀戮之余，官府民居悉已烧毁破荡，虽蔀屋寻丈之庐，亦遭翻挖发掘，曾无完土，荒村僻坞，不遗片瓦尺椽，伤心惨目，诚不忍见，各夷近已诚心投服，毁弃兵戈，卖刀买牛，见已各事田作。自后反侧之患，以臣料之，或已可免。但其风景凄戚，生意萧条，忧惶困苦之余，无以自存，必得老成宽厚之人抚恤绥柔之，臣等见其悲惨无聊之状，诚亦未忍一旦弃去而不顾。况思、田去梧州军门，水路一月之程，一时照料，有所不及。近又与各官议，欲于田州建立流官府治，以制御土官。修复城池廨宇等项，必须劳民动众，自非素得夷情者为之经理区画，各夷凋弊之余，岂复堪此骚屑。况议设知府等官皆未曾到，一应事务，莫有任其责者。

看得右布政林富慈祥恺悌，识达行坚，素立信义，见在思、田地方安插各夷。合无准如方献夫所奏，将林富量改宪职，仍听臣等节制，暂于思、田地方往来住扎，抚循缉理，其于事理，亦甚相应。

臣又看得思、田地方，原系蛮夷瑶、僮之区，不可治以中土礼法，虽流官之设，尚且不可，又况常设重臣住扎其地，岂其所堪。则其供馈之费，送迎之劳，必且重贻地方异日之扰，斯亦不可不预言之者。合无将本官廪给口粮一应合用之费，及往来夫马一应合用之人，俱于南宁府卫取办，银两于库贮军饷内支给，一不以干思、田之人。俟一年之后，各夷生理渐复，府治城郭廨宇渐以完备，则将林富量移别处任用。而思、田止存知府理治，或设兵备官一员于宾州住扎，或就以南宁兵备兼理，不时往来抚循。如此，则目前既可以得抚定绥柔之益，而日后又可以免困顿烦劳之扰。臣之愚见，所议如此，惟复别有定夺，均乞圣明裁处。

地方急缺官员疏 七年二月十八日

先据广西副总兵李璋呈前事，看得柳、庆地方新任参将王继善近因病故，地方盗贼生发，不可一日缺官，乞暂委相应官一员前去代理等因到臣。该臣看得柳、庆地方，近因思、田用兵不息，瑶贼乘间出掠。参将王继善既已病故，而该道守巡兵备等官，又以思、田之役，皆在军门督饷督哨，地方重寄，委无一官之托。为照参将沈希仪，虽系专设田州住扎官员，然田州之事，臣与各官见驻南宁，自可分理。本官旧在柳、庆，夷情土俗，备能谙悉，而谋勇才能，足当一面，求可委用，无逾本官者。该臣遵照钦奉敕谕便宜事理，就行暂委本官前去管理参将行事，听候奏请外。

近该思恩、田州土目卢苏、王受等率众归降，该臣行委右布政林富，闲住副总兵张祐，分投督领各夷，各归原土复业安生，今各夷见已卖刀买牛，争事农作，度其事势，将来或可以无反侧之患。则前项驻扎参将，似亦可以无设。但今议于田州修复流官府治以控制土官，则城郭廨宇之役，未免劳民动众。疮痍大病之后，各夷岂复堪此。臣等议调腹里安靖地方官军、打手之属约二千名，隐然有屯戍之形，而实以备修建之役，庶几工可速就而又得免于起夫之扰。然非统驭得人，则于各夷或亦未免有所惊疑。除布政林富已另行议奏外，看得闲住总兵张祐才识通敏，计虑周悉，将略堪折冲之任，文事兼抚绥之长，今又见在思、田地方安插各夷，皆能得其欢心。乞敕兵部俯从臣议，将张祐复其旧职，暂委督令前项各兵，经理修建之役。仍令与布政林富更互往来于思、田之间，省谕安抚诸夷。其合用廪给夫马之类，悉照议处林富事例，于南宁府卫取办。俟一二年后，各夷生理尽复，府治城郭廨宇悉已完备，则将张祐量改他处任用，而田州止存知府理治，仍乞将沈希仪或就改驻柳、庆地方守备。惟复别有定夺，均乞圣明裁处。

处置平复地方以图久安疏 七年四月初六日

臣闻传说之告高宗曰："明王奉若天道，建邦设都，树后王君公，承以大夫师长，不惟逸豫，惟以乱民。"今天下郡县之设，乃有大小繁简之别，中土边方之殊，流官土袭之不同者，岂故为是多端哉？盖亦因其广谷大川，风土之异气，人生其间，刚柔缓急之异禀，服食器用，好恶习尚之异类，是以顺其情不违其俗，循其故不异其宜，要在使人各得其所，固亦惟以乱民而已矣。

臣以迂庸，缪膺重命，勘处兵事于兹土，节该钦奉敕谕，谓"可抚则抚，当剿即剿"。是陛下之心，惟在于除患安民，未尝有所意必也。又节该钦奉敕谕，谓"贼平之后，公同议处，应设土官流官，何者经久利便"。是陛下之心，惟在于安民息乱，未尝有所意必也。始者思、田梗化，既举兵而加诛矣，因其悔罪来投，遂复宥而释之。固亦莫非仰体陛下不嗜杀人之心，惓惓忧悯赤子之无辜也。然而今之议者，或以为流官之设，中土之制也，已设流官而复去之，则嫌于失中土之制。土官之设，蛮夷之俗也，已去土官而复设之，则嫌于从蛮之俗。二者将不能逃于物议，其何以能建事而底绩乎！

是皆不然。夫流官设而夷民服，何苦而不设流官乎？夫惟流官一设，而夷民因以骚乱，仁人君子亦安忍宁使斯民之骚乱，而必于流官之设者。土官去而夷民服，何苦而必土官乎？夫惟土官一去而夷民因以背叛，仁人君子亦安忍宁使斯民之背叛，而必于土官之去者。是皆虞目前之毁誉，避日后之形迹，苟为周身之虑，而不为国家思久长之图者也。其亦安能仰窥陛下如天之仁，固平平荡荡，无偏无党，惟以乱民为心乎！

臣于思恩、田州平复之后，即已仰遵圣谕，公同总镇、镇巡、副参、三司等官、太监张赐、御史石金等议，应设流官、土官，何者经久利便，不得苟有嫌疑避忌，而心有不尽，谋有不忠。乃皆以为宜仍土官以顺其情，分土目以散其党，设流官以制其势。盖蛮夷之性，譬犹禽兽麋鹿，必欲制以中土之郡县，而绳之以流官之法，是群麋鹿于堂室之中，而欲其驯扰帖服，终必触樽俎，翻几席，狂跳而骇掷矣。故必放之闲旷之区，以顺适其犷野之性。今所以仍土官之旧者，是顺适其犷野之性也。然一惟土官之为，而不思有以散其党与、制其猖獗，是纵麋鹿于田野之中，而无有乎墙埔之限，獭牙童梏之道，终必长奔直窜而无以维絷之矣。今所以分立土目者，是墙埔之限，獭牙童梏之道也。然分立土目而终无连属纲维于其间，是畜麋鹿于苑囿，而无守视之人以时守其墙埔，禁其群触，终将逾垣远逝而不知，践禾稼，决藩篱，而莫之省者。今所以特设流官者，是守视苑囿之人也。

议既佥同，臣犹以为土夷之心未必尽得，而穷山僻壤或有隐情也，则亦安能保其必行乎。则又备历田州、思恩之境，按行其村落而经理其城堡，因而以其所以处之之道询诸其目长，率皆以为善。又以询诸其父老子弟，又皆以为善。又以询诸其顽钝无耻，斯役下贱之徒，则又亦皆以为善。然后信其可以久行，而庶或幸免于他日之戮也矣，夫然后敢具本以请。亦恃圣明在上，洞见万里，而无微不烛，故臣得以信其愚忠，不复有所顾忌。然犹反覆其辞而更互其说者，非敢有虞于陛下不能亮臣之愚，良以今之士人，率多执己见而倡臆说，亦足以摇众心而偾成事，故臣不避烦舌之腾者，亦欲因是以晓之也。烦渎圣听，臣不胜战栗惶惧之至！

缘系处置平复地方以图久安长治事理，未敢擅便，为此开坐具本请旨。

计开：

一，特设流官知府以制土官之势。

臣等议得：思、田初服，朝廷威德方新，今虽仍设土官，数年之间，决知可无反侧之虑。但十余年后，其众日聚，其力日强，则其志日广，亦将渐有纵肆并兼之患。故必特设流官知府以节制之。其御之之道，则虽不治以中土之经界，而纳其岁办租税之入，使之知有所归效；虽不苛以中土之等威，而操其袭授调发之权，使之知有所统摄；虽不绳以中土之礼教，而制其朝会贡献之期，使之知有所尊奉；虽不严以中土之法禁，而申其冤抑不平之鸣，使之知有所赴诉。因其岁时伏腊之请，庆贺参谒之来，而宣其间隔之情，通其上下之义。矜其不能，教其不逮，寓警戒于温恤之中，消倔强于涵濡之内，使之日驯月习，忽不自知其为善良之归。盖含洪坦易以顺其俗，而委曲调停以制其乱，此今日知府之设，所以异于昔日之流官，而为久安长治之策也。

臣等看得田州故地宽衍平旷，堪以建设流官衙门。但其冲射凶恶，居民弗宁。今拟因其城垣，略加改创修理，备立应设衙门。地僻事简，官不必备。环府之田二甲，皆以属之府官。府官既无民事案牍之扰，终岁可以专力于农，为之辟其荒芜，备其旱潦，通其沟洫。丁力不足，则听其募人耕种，官给牛具种子。岁收其入三分之一以廪官吏，而其余以食佃人，城之内外，渐置佃人庐舍，而岁益增募招徕以充实之。田州旧有商课，仍许设于河下，薄取其税，以资祭祀宾旅柴薪马夫之给。凡流官之所须者，一不以及于土夷。如此，则虽草创之地，而三四年后，亦可以渐为富庶之乡。若其经营之始，则且须仰给于南宁府库。逮其城郭府治完备，事体大定，然后总会其土夷之所输，公田之所入，商税之所积，每岁若干，而官吏之所需者，每岁若干，斟酌通融，立为经久之计。又必上司之制用者务从宽假，无太苛削，官吏其土者，得以优裕展布，无局促牵制之繁，此又体悉远臣绥柔荒服之道也。至于思恩旧已设有流官，但因开图立里，绳以郡县之法，是以其民遂乱。今宜照旧仍设流官知府，听其土目各以土俗自治。而其连属制御之道，悉如臣等前之所议，庶可经久无患，均乞圣明裁处。

一，仍立土官知州以顺土夷之情。

臣等议得：岑氏世有田州，其系恋之私恩，久结于人心。今岑猛虽诛，各夷无贤愚老少，莫不悲怆怀思，愿得复立其后。故苏、受之变，翕然蜂起，不约而同。自官府论之，则皆以为苗顽逆命之徒；在各夷言之，则皆自以为婴、臼存孤之义。故自兵兴以来，远近军民往往亦有哀怜其志，而反不直官府之为者。况各夷告称，其先世岑伯颜者，尝钦奉太祖高皇帝敕旨："岑、黄二姓，五百年忠孝之家，礼部好生看他，着江夏侯护送岑伯颜为田州府土官知府职事，传授子孙，代代相继承袭，钦此。"钦遵。其后如岑永通、岑祥、岑绍、岑鉴、岑镛、岑溥皆尝着征讨之绩，有保障之功，猛之暴虐骚纵，罪虽可戮，而往岁姚源之役，近年刘召之剿，亦皆间关奔走，勤劳在人。各夷告称官兵未进之先，猛尚遣人奉表朝贺贡献，又遣人赍本赴京控诉；官兵将进之时，猛遂率众远遁，未尝敢有抗拒。以此言之，其无反叛之谋，踪迹颇明。今欲仍设土官以顺各夷之情，而若非岑氏之后，彼亦终有未服。故今日土官之立，必须岑氏子孙而后可。

臣等看得田州府城之外，西北一隅，地形平坦，堪以居民。议以其地降为田州，而于旧属四十八甲之内，割其八甲以属之，听以其土俗自治。

立岑猛之子一人，始授以署州事吏目；三年之后，地方宁靖，效有勤劳，则授以判官；六年之后，地方宁靖，效有勤劳，则授以为同知；九年之后，地方宁靖，效有勤劳，则授以为知州，使承岑氏之祀而隶之流官知府。其制御之道，则悉如臣等前之所议。如此，则朝廷于讨猛之罪，记猛之劳，追录其先世之忠，俯顺其下民之望者，兼得之矣。昔文武之政，罪人不孥，兴灭继绝，而天下之民归心。远近蛮夷见朝廷之所以处岑氏者若此，莫不曰猛肆其恶而举兵加诛，法之正也；明其非叛而不及其孥，仁之至也；录其先忠而不绝其祀，德之厚也；不利其土而复与其民，义之尽也；矜其冥顽而曲加生全，恩之极也。即此一举，而四方之土官莫不畏威怀德，心悦诚服，信义昭布，而蛮夷自此大定矣。此今日知州之设，所以异于昔日之土官，而为久安长治之策也。

臣等又看得岑猛之子，存者二人，其长者为岑邦佐，其幼者为岑邦相。邦佐自幼出继武靖州为知州。前者徒以诛猛之故，有司奏请安置于漳州。然彼实无可革之罪，今日田州之立，无有宜于邦佐者。但武靖当瑶贼之冲，而邦佐素得其民心，其才足能制御。迩者武靖之民以盗贼昌炽，州民无主之故，往往来告，愿得复还邦佐为知州，以保障地方。臣等方欲为之上请，如欲更一人，诸夷未必肯服。莫若仍以邦佐归之武靖，而立邦相于田州。用其强立有能者于折冲捍御之所，而存其幼弱未立者于安守宗祀之区，庶为两得其宜。至于思恩，则岑浚之后已绝，自不必复有土官之设矣。均乞圣明裁处。

一，分设土官巡检以散各夷之党。

臣等议得：土官知州既立，若仍以各土目之兵尽属于知州，则其势并力众，骄恣易生，数年之后，必有报仇复怨，吞弱暴寡之事，则土官之患，犹如故也。且土目既属于土官，而操其生杀予夺之权，则彼但惟土官之是从，宁复知有流官知府者！则流官知府虽欲行其控御节制之道，施其绥怀抚恤之仁，亦无因而与各土目者相接矣。

故臣等议以旧属八甲割以立州之外，其余四十甲者，每三甲或二甲立以为一巡检司,而属之流官知府;每司立土巡检一员,以土目之素为众所信服者为之,而听其各以土俗自治;其始授以署巡检司事土目,三年之后,而地方宁靖,效有勤劳,则授以冠带;六年之后,而地方宁靖,效有勤劳,则授以为土巡检;其粮税之人,则径纳于流官知府,而不必转输于州之土官,以省其费;其军马之出,亦径调于流官知府,而不必转发于州之土官,以重其劳。其官职土地,各得以传诸子孙,则人人知自爱惜,而不敢轻犯法;其袭授予夺,皆必经由于知府,则人人知所依附,而不敢辄携二。势分难合,息朋奸济虐之谋;地小易制,绝恃众跋扈之患。如此,则土官既无羽翼爪牙之助,而不敢纵肆于为恶;土目各有土地人民之保,而不敢党比以为乱。此今日巡检之设,所以异于昔日之土目,而为久安长治之策也。

至于思恩事体,悉与田州无异,亦宜割其目甲,分立以为土巡检司,听其以土俗自治,而属之流官知府;其办纳兵粮与连属制御之道,一如田州。则流官之设,既不失朝廷之旧,巡司之立,又足以散土夷之党,而土俗之治,复可以顺远人之情,一举而两得矣。均乞圣明裁处。

一,田州既改流官,亦宜更其府名。

初,岑猛之将变,忽有石自田州江心浮出,倾卧岸侧。其时民间有"田石倾,田州兵。田石平,田州宁"之谣。猛甚恶之,禁人勿言,密起百余人夜平其石。旦即复倾。如是者屡屡,已而果有兵变。今年二月,卢苏等既有投顺,归视其石,则已平矣。皆共喜异,传以为祥。臣至田州,亲视其石,闻土人之言如此。民间多取"田宁"二字私拟其名。臣等欲乞朝廷遂以此意命之。虽非大义所关,亦足以新耳目而定人心之一端也。

其该府所设官员,臣等拟于知府之外,佐二则同知或通判一员,首领则经历知事各一员,吏胥略具而已。今见在者,已有通判张华,知事林光甫,照磨李世亨。其知府亦已选有一员陈能,然至今尚未到任。臣尝访询其故,咸谓陈能原奉朝旨,升广西布政司右参政,管田州府事,又赐之敕旨,以重其权。吏部奏有钦依,令其先赴该司到任,然后往莅田州。该司左布政严纮谓其既掌府事，即系属官，不得于该司到任。陈能遂竟还原籍，至今亦不复来。参照严纮妄自尊大，但知立上司之体势，而辄敢慢视敕旨，蔑废部移，固已深为可罪。陈能则褊狭使气，徒欲申一己之小愤，而遂尔委朝命于草莱，毕职任如敝屣。使为人臣者而皆若是，则地方之责焉所寄托，而朝廷威令何以复行乎！臣等所访如此，但未委虚的。乞将二人通行提究，重加惩戒，以警将来。臣观陈能气性悻悻若此，亦非可使以绥柔新附之民者。看得广东化州知州林宽，旧任南康通判，剪缉安义诸贼，甚得调理。且其才识通敏，干办勤励，臣时巡抚江西，深知其有可用。近因田州改建府治，修复城垣，地方无官可任，已经行文委令经理其事。即若升以该府同知，而使之久于其职，其所建立，必有可观。迨其累有成绩，遂擢以为知府，使终身其地，彼亦欣然过望，必且乐为不倦，为益地方，决知不少矣。

大抵田州之乱，起于搜剔太甚，今其归附，皆出诚心，原非以兵力强取而得者。故不必过为振厉驾抑，急其机防，反足生变。但与之休养生息，略施控御其间可矣。夫走狗逐兔，而捕鼠以狸，人之才器，各有所宜也。伏乞圣明采择。

一，思恩府设立流官，亦宜如田州之数。

其知府一员吴期英见在，但已屡有奔逃之辱，难以复临其下，然未有可去之罪，且宜改用于他所，姑使之自效可矣。看得柳州府同知桂鳌，督饷宾州，思恩之人闻其行事，颇知信向；近以修复思恩府治，委之经理，其所谋猷，虽未见有大过于人，然皆平实详审，不为浮饰，似于思恩之人为宜。苟未能灼知超然卓异之才，举而用之，以一新政化，则得如鳌者器而使之，姑且修弊补罅，休劳息困，以与久疲之民相安于无事，当亦能有所济也。乞敕吏部再加裁酌而改用之。

一，田州各甲，今拟分设为九土巡检司；其思恩各城头，今拟分设为九土巡检司。各立土目之素为众所信服者管之。其连属之制，升授之差，俱已备有前议。但各甲、城头既已分析，若无人管理，复恐或生弊端。

臣等遵照敕谕便宜事理，已先行牌仰各头目暂且各照分掌管，办纳兵粮，候奏请命下，然后钦遵施行。

一，田州凌时甲、完冠砦陶甲、腮水源坤官位甲、旧朔勒甲兼州子半甲，共四甲半，拟立为凌时土巡检司，拟以土目龙寄管之。缘龙寄先来投顺，故分甲比众独多。

一，田州砦马甲、略罗博、温甲，共三甲，拟立为砦马土巡检司，拟以土目卢苏管之。

一，田州大田子甲、那带甲、锦养甲，共三甲，拟立为大田土巡检司，拟以土目黄富管之。

一，田州万洞甲、周甲，共二甲，拟立为万洞土巡检司，拟以土目陆豹管之。

一，田州阳院右邓甲、控讲水册槐并畔甲，共二甲，拟立为阳院土巡检司，拟以土目林盛管之。

一，田州思郎那召甲、舍甲，共二甲，拟立为思郎土巡检司，拟以土目胡喜管之。

一，田州累彩甲、子轩忧甲、笃忏下甲，共三甲，拟立为累彩土巡检司，拟以土目卢凤管之。

一，田州怕何甲、速甲，共二甲，拟为怕何土巡检司，拟以土目罗玉管之。

一，田州武龙甲、里定甲，共二甲，拟立为武龙巡检司，拟以土目黄笋管之。

一，田州栱甲、白石甲，共二甲，拟立为栱甲土巡检司，拟以土目邢相管之。

一，田州床甲、砦例甲，共二甲，拟立为床甲土巡检司，拟以土目卢保管之。

一，田州婪凤甲、工尧降甲，共二甲，拟立为婪凤土巡检司，拟以土目黄陈管之。

一，田州下隆甲、周甲，共二甲，拟立为下隆土巡检司，拟以土目黄对管之。

一，田州县甲、环甫蛙可甲，共二甲，拟立为县甲土巡检司，拟以土目罗宽管之。

一，田州篆甲、炼甲，共二甲，拟立为篆甲土巡检司，拟以土目王莱管之。

一，田州砦桑甲、乂宁江那半甲，共一甲半，拟立为砦桑土巡检司，拟以土目戴德管之。

一，田州思幼东平夫棒甲、尽甲子半甲，共一甲半，拟立为思幼土巡检司，拟以土目杨赵管之。

一，田州侯周怕丰甲一甲，拟立为侯周土巡检司，拟以土目戴庆管之。

一，思恩兴隆七城头兼都阳十城头，拟立为土巡检司，拟以土目韦贵管之。缘韦贵先来向官，故授地比众独多。

一，思恩白山七城头兼丹良十城头，拟立为白山土巡检司，拟以土目王受管之。

一，思恩定罗十二城头，拟立为定罗土巡检司，拟以土目徐五管之。

一，思恩安定六城头，拟立为安定土巡检司，拟以土目潘良管之。

一，思恩古零、通感、那学、下半四堡四城头，拟立为古零土巡检司，拟以土目覃益管之。

一，思恩旧城十一城头，拟立旧城土巡检司，拟以土目黄石管之。

一，思恩那马十六城头，拟立为那马土巡检司，拟以土目苏关管之。

一，思恩下旺一城头，拟立为下旺土巡检司，拟以土目韦文明管之。

一，思恩都阳中团一城头，拟立为都阳土巡检司，拟以土目王留管之。

　　右各目之内，惟田州之龙寄，思恩之韦贵、徐五，事体于各目不同，而韦贵又与徐五、龙寄稍异。盖韦贵于事变之始即来投顺官府，又尝效有勤劳，宜不待三年而即与之以实授土巡检，以旌其功。徐五亦随韦贵投顺，而效劳不及。龙寄虽无功劳，而投顺在一年之前，二人者宜次韦贵，不待三年而即与之以冠带，三年而即与之以实授土巡检。如此，则功罪之大小，投顺之先后，皆有差等，而劝惩之道著矣。或又以卢苏、王受不当与各土目并立者。臣等又以为不然。方其率众为乱，则苏、受者固所谓罪之魁矣。及其率众来降，则苏、受者又所谓功之首也。况二府目民，又皆素服二人，今若立各土目，而二人不与，非但二人者未能帖然于众目之下，众目固亦未敢安然而处其上，非所以为定乱息争之道也。故臣等仍议以卢苏、王受为众目之首，庶几事体稳帖，而人心允服矣。

　　一，田州、思恩各官目人等见监家属男妇，初拟解京，今各目人等即已投顺，则其家属男妇相应给还领养。均乞圣明裁允。

　　一，田州新服，用夏变夷，宜有学校。但疮痍逃窜之余，尚无受廛之民，焉有入学之士。况齐膳廪饩，俱无所出，即欲建学，亦为徒劳。然风化之原，终不可缓。臣等议欲于附近府州县学教官之内，令提学官选委一员，暂领田州学事，听各学生徒之愿改田州府学，及各处儒生之愿来田州附籍入学者，皆令寄名其间。所委教官，时至其地，相与讲肆游息，或于民间兴起孝弟，或倡远近举行乡约，随事开引，渐为之兆。俟休养生息一二年后，流移尽归，商旅凑集，民居已觉既庶，财力渐有可为，则如学校及阴阳医学之类，典制之所宜备者，皆听该府官以次举行上请然，后为之设官定制。如此，则施为有渐而民不知扰，似亦招徕填实之道，鼓舞作新之机也。均乞圣明裁处。

　　一，思、田去梧州水陆一月之程，军门隔远，难于控驭调度。兼之府治虽立，而规制未成，流官虽设，而职守未定。且疮痍未复，人心忧惶，须得重臣抚理。臣等已经具题，乞将右布政林富，量升宪职，存留旧任。副总兵张祐，使之更迭往来于二府地方，绥缉经理。仍乞赐以便宜规敕书，将南宁、宾州等府卫州县及东兰、南丹、泗城、那地、都康、向武等土官衙门俱听林富等节制。臣等所议地方经久事宜，候奏请命下之日，悉以委之林富等，使之钦遵，以次施行，庶几事无隳堕，而功可责成矣。

卷十五 别录七

奏疏七

征剿稔恶瑶贼疏 七年四月十五日

据留抚田州、思恩等处地方，广西布政司右布政林富，原任副总兵都指挥同知张祐等会呈前事，开称："田州、思恩平复，居民悉已各安生理，土夷亦皆各事农耕，地方实已万幸。但惟八寨瑶贼，积年千百成徒，流劫州县乡村，杀害良民，虏掠子女生口财物，岁无虚月，月无虚旬。民遭荼毒冤苦，屡经奏告，乞要分兵剿灭者，已不知几百十番。为因地方多事，若要进兵，未免重为民困，是以官府隐忍抚谕，冀其悔罪改过。而彼乃悍然不顾，愈加凶横，出劫益频。盖缘此贼有众数万，盘据山谷，凭恃险阻，南通交趾等夷，西接云、贵诸蛮，东北与断藤、牛肠、仙台、花相、风门、佛子及柳、庆、府江、古田诸处瑶贼回旋连络，延袤周遭二千余里，东掠西窜，南摽北突。近因思、田扰攘，各贼乘机出攻州县乡村，远近相煽，几为地方大变。仰赖朝廷威令传播，苟幸未动。缘此瑶贼之与居民，势不两立，若瑶贼不除，则居民决无安生之理。乞要乘此军威，速加征剿，庶不贻患地方。缘由呈乞照详施行。"等因。

据此，行间随据左江道守巡守备等官，左参议汪必东，佥事吴天挺，参将张经等会呈，为请兵征剿积年穷凶极恶瑶贼，以除民患事，开称："断藤峡、牛肠、六寺、磨刀等处瑶贼，上连八寨诸蛮，下通白竹、古陶、罗凤、仙台、花相、风门、佛子等峒各贼，累年攻劫郡县乡村，杀人放火，虏掠子女财畜，民遭荼毒，逃窜死亡，抛弃田业，居民日少，村落日空，延袤千百里内，皆已变为盗贼之区。各处被害军民，累奏请兵诛剿，为因地方多事，兵力不敷，官府隐忍招抚，期暂少息，而各贼愈肆猖獗。近因思、田用兵，遂与八寨及白竹、古陶、罗凤等贼乘势朋比连结，杀虏抢劫，月无虚旬。扇惑摇动，将成大变。仰赖神武传播，幸未举发。近幸思、田之诸夷，感慕圣化，悉已自缚归降，远近向服。各山瑶、獞，亦皆出来投抚，请给告示，愿求自新，从此不敢为恶。虽其诚伪未可逆料，然皆尚有畏惧之心。独此断藤各巢逆贼，自知罪在不赦，恃险如故，截路劫村，略无忌惮。若不乘此军威，进兵剿灭，将来祸患，焉有纪极。"缘由会案呈详到臣。

照得臣近因思、田之役，奉命前来，驻军南宁府地方，与八寨瑶贼相去六日之程。朝廷德威宣布，虽外国远夷皆知震慑向慕，输情纳款；而此瑶贼独敢拥众千百，四出劫掠武缘等处乡村，杀人放火，略无忌惮，此臣所亲知。即此猖炽桀骜，平时抑又可知。及照牛肠、六寺、磨刀、古竹、古陶、罗凤、仙台、花相、风门、佛子等巢稔恶各贼，自弘治、正德以来，至于今日，二三十年之间，节该桂平等县被害人户李子太等前后控奏，乞行剿除民害，不下数十余次，皆有部咨行令勘议计剿。若不及今讨伐，其为地方之患，终无底极，诚有如各官所呈者。况臣驻扎南宁，小民纷纷诉苦，请兵急救荼毒，皆为朝不谋夕。各贼之恶，委已数穷贯满，神怒人怨，难复逋诛。即欲会案奏请，俟命下之日行事，切恐声迹昭彰，反致冲突奔窜。则虽调十数万之众，以一二年为期，亦未易平荡了事。照得臣节该钦奉敕谕："但遇贼寇生发，即便相机，可抚则抚，可捕则捕，钦此。"钦遵。为照思、田变乱之时，该前都御史等官姚镆等奏调湖广永、保二司土兵前来南宁等处听用，近幸地方悉已平靖，各兵正在班师放回之际，归途所经，正与各贼巢穴相去不远。况思、田二府新附，土目卢苏、王受等感激朝廷生全之恩，屡乞杀贼报效。俱各遵奉敕谕事理，除一面量调官军，协同前项各兵，行委左江道守巡参将等官监统永、保二司宣慰官男领各头目土兵人等分道进剿牛肠、六寺、仙台、花相等贼，并行留抚思、田布政及右江分巡兵备守备等官监统思、田土目兵夫，分道进剿八寨等贼，所获功次，俱仰该道分巡兵备官收解、纪功御史纪验、造册奏报，及行总镇太监张赐密切公同行事，并密行镇巡等官知会外，缘系征剿积年稔恶瑶贼，以除民患，以安地方事理，为此具本题知。

举能抚治疏 七年五月二十五日

案照先该礼部右侍郎方献夫奏前事，节奉圣旨："田州应否设都御史在彼住扎，还着王守仁议处，具奏定夺，钦此。"兵部备咨前来知会，随钦遵外，随于今年正月二十七日，该思恩、田州二府土目卢苏、王受等各率众数万，自缚归降，该臣遵照敕谕事理，悉已抚定。当遣广东右布政林富，旧任副总兵张祐，分投督领各夷，各归原土复业安生。已经具本奏报外，为照思恩、田州连年兵火杀戮之余，官府民居，悉已烧毁破荡，虽蔀屋寻丈之庐，亦遭翻挖发掘，曾无完土，荒村僻坞，不遗片瓦尺椽，伤心惨目，诚不忍见。各夷近已诚心投服，毁弃兵戈，卖刀买牛，见已各事田作。自后反侧之患，以臣料之，或已可免。但其风最凄戚，生意萧条，忧惶困苦之余，无以自存，非得老成宽厚之人抚恤绥柔之，臣等见其悲惨无聊之状，诚亦未忍一旦弃去而不顾。况思、田去梧州军门，水路一月之程，一时照料，有所不及。近又与各官议，欲于田州建立流官府治，以制御土官。修复城池廨宇等项，必须劳民动众，自非素得夷情者为之经理区画，各夷雕弊之余，岂复堪此骚屑。况议设知府等官，皆未曾到，一应事务，莫有任其责者。该臣看得右布政林富，慈祥恺悌，识达行坚，素立信义，见在思、田地方安插，各夷皆能得其欢心。合无准如方献夫所奏,将林富量升宪职,仍听臣等节制,暂于思、田地方往来住扎,抚循缉理,其于事理,亦甚相应。俟一二年后,各夷生理渐复,府治城郭廨宇渐已完备,则将林富量移别处任用,而思、田止存知府理治,或设兵备官一员于宾州住扎,或就以南宁兵备兼理,不时往来抚循。如此,则目前既可以得抚定绥柔之益,而日后又可以免困顿劳烦之扰。已经具本于本年二月十五日差舍人汤祥赍奏请旨。

续为处置平复地方,以图久安长治事,节该臣看得思恩、田州二府地方,府治虽立而规制未成,流官虽设而职守未定,且疮痍未服,人心忧惶,乞将右布政林富量升宪职,及存留旧任副总兵张祐,使之更迭往来于二府地方,绥缉经理;仍乞赐以便宜敕书,将南宁、贵州等府卫州县及东兰、南丹、泗城、那地、都康、向武等土官衙门俱听林富等节制。臣等所议地方经久事宜,候奏请命下之日,悉以委之林富等,使之钦遵,以次施行,庶几事无隳堕而功可责成。又经条陈具本于本年四月初六日差承差杨宗赍奏请旨,俱未奉明示。

本年五月二十二日,本官已蒙钦升都察院右副都御史,抚治湖广郧阳等处地方去讫,所有思、田二府抚循缉理官员,尚未奉有成命。如蒙皇上轸念边方,俯从臣等所请,乞于两广及邻省附近地方各官内选用,庶可令其作速到任,不致久旷职业。臣本昧于知人,不敢泛然僭举。切照广东右布政使王大用,湖广按察使周期雍,皆才识过人,可以任重致远。臣往年巡抚南、赣,二臣皆在属司,为兵备佥事,与之周旋兵革之间,知其皆肯实心干事。江西未叛一年之前,臣尝与周期雍密论宸濠之恶,不可不为之备,期雍归去汀、漳,即为养兵蓄锐以待。及臣遇变丰城,传檄各省,独期雍与布政席书闻变即发。当是时,四方援兵皆莫敢动,迄宸濠就擒,竟无一人至者,独席书行至中途,复受臣檄,归调海沧打手,又行至中途,闻事平而止。其先后引领至江西省城者,惟周期雍、王大用两人而已。当时以捷奏既上,随复谗言朋兴,各臣之忠勤,遂不及一白,臣为之每怀歉然。即是而观,其能竭忠赴义,不肯上负国家,亦可知矣。

乞敕吏部酌臣所议，于二臣之内选用其一，非惟地方付托得人，永有所赖，而臣等亦可免于身后之戮，地方幸甚。

边方缺官荐才赞理疏 七年七月初六日

迩者思恩、田州之变，诸夷感慕圣化，悔罪求生。已蒙浩荡之仁，宥纳而抚全之，地方亦即宁定矣。但凋弊之余，必须得人以时绥缉。况两府设立流官衙门，及修筑城池营堡等项，百务并举，若无专官夙夜经理催督，则事无统纪，功难责成。已经臣等具题，乞将右布政林富等升职留抚，随蒙将林富升任去讫。又经臣等仍乞推选相应官员替任，俱未奉明旨。

臣看得今岁例当朝觐，各该掌印官员不久皆将赴京，而广西布、按二司等官适多迁转去任者，右布政林富升郧阳副都御史，参政黄芳升江西布政副使，李如圭升陕西按察使，参政龙诰、参议汪必东、佥事吴天挺等，督押湖兵出境，往复之间，即须半年，参议邹辂、佥事申惠皆赍捧表笺进京，其余虽有一二新任官员，皆未到任，止存左布政严纮，按察使钱宏各掌司印，佥事张邦信分巡桂林，李杰分巡苍梧，而臣在南宁、思、田等处舆疾往来调度，再无一官随从赞理者。近日止有兵备副使翁素来管右江道事，缘其才性乃慈祥恺悌之人，用之中土，分理司事，足为循良。而置之边方瘴疠多事之乡，则其禀质稍弱，不耐崎险，易生疾病，似于风土亦非所宜。臣看得为民副使陈槐，平生奋志忠节，才既有为，而又能不避艰险。致仕知府朱衮，年力壮健，才识通敏。去任副使施儒，学明气充，忠信果断。闲住副使杨必进，晓练军务，识达事机。此四人者，皆堪右江兵备之任。施儒旧为兵备于潮、惠，杨必进旧为兵备于府江，皆尝著有成绩，两地夷民至今思念不忘。若于四人之中选用其一，其余地方之事必有所济。

及照田州新附之地，知府陈能尚未到任。该臣看得化州知州林宽，旧在江西，知其才能足充任使，已经具奏行委，见在该府管事。但其禀质乃亦不禁炎瘴，于风土非宜，莅事以来，终月卧病，呻吟床席，躯命且不能保，又何能经理地方之事乎？臣又访得潮州府推官李乔木者，才力足以有为，而又熟知土俗夷情，服于水土；但系梧州籍贯，稍有乡里之嫌。臣看得广西军卫有司衙门所属官员及各学教职，亦皆多用本省士人，今田州虽设流官知府，而其所属乃皆土夷，自无乡里之嫌可避，亦与各教职无异者。乞敕吏部改用林宽于别地，俯采臣议，将李乔木改升田州同知；庶可使之久于其任，以责成功，则地方之幸，臣之幸也。

臣惟任贤图治，得人实难，其在边夷绝域反覆多事之地，则其难尤甚。何者？反覆边夷之地，非得忠实勇果，通达坦易之才，固未易以定其乱。有其才矣，使不谙其土俗而悉其情性，或过刚使气，率意径行，则亦未易以得其心。得其心矣，使不耐其水土，而多生疾病，亦不能以久居于其地，以收积累之效，而成可底之绩。故用人于边方，必兼是三者而后可。即如右江一兵备，此臣之所最切心者，臣窃为吏部私计其人，终夜不寝而思之，竟未见有快心如意者，盖兼是三者而求之也。如前所举四人者，固皆可用之才，今乃皆为时例所拘，弃置不用，而更劳心远索，则亦过矣。

臣近于南宁、思、田诸处，因无可用之才，调取其发身科第以迁谪而至者三四人，其志向才识，果自不群，足可任用。但到未旬日而辄以患病告归，皆相继狼狈扶携而去矣。不得已，就其见在者而使之，则皆庸劣陋下，素不可齿于士类者。然无可奈何，则略其全体之恶而用其一肢之能，既其终事，所就不能以尺寸，而破坏则寻丈矣。用是观之，亦何怪乎斯土之民愈困，乱愈积，而祸日以深也哉！是固相沿积习之弊，不及今一洗而改革之，边患未见其能有瘳也。

夫今之以朝觐考察而去者，固多贪暴不才之人矣。其间乃有虽无过人之才，而亦无显著之恶，尚在可用不可用之间者，皆未暇论。至其平生磊落，自负卓然，思有所建立，而其学识才能果足以有为者，乃为一时爱憎毁誉之所乱，亦遂恧然就抑而去，斯固天下之所共为不平，公论弥彰者，孰得而终掩之。陛下何不使在位大臣一时各举十余人之可用者，陛下合而考之，若一人举之而九人不举，未可也；三人举之而七人不举，已在所察矣；五人举之而五人不举，其察又宜详矣；或七人八人举之而一二人不举，则其人之可用，亦断在不疑者矣。若此者，亦在朝觐二次三次之后，或七年、或十年而后一举，夫身退十年之后，则是非已明，公论已定，虽有党比，自不能容。今边方绝域，无可用之人，至取其庸劣陋下者而使之，以滋益地方之苦弊。其豪杰可用之才，乃为时例所拘，弃置而不用。夫所谓时例者，固朝廷为之也，可拘而拘，不可拘而不拘，无不可者。陛下何忍一方之祸患日深月积，乃惜破例而用一人以救之乎？夫考察而去者，果皆贪恶庸劣陋之徒，则固营营苟苟，无时而不侥幸以求进。若磊落自负，有过人之见者，则虽屈抑而退，自放于山水田野之间，亦足以自乐。今若用之于边夷困弊之地，殆亦未必其所欲。但为朝廷爱惜人才，则当此宵旰侧席，遑遑求贤之日，而使有用之才废弃终身，乃不得已至取其庸劣陋下者而用之，以益民困，岂不大可惜乎？臣因地方缺人，心切其事，不觉其言之烦渎。伏望陛下恕其愚妄，下臣议于吏部，采择而去取之。臣不胜渎冒恐惧之至！

八寨断藤峡捷音疏 七年七月初十日

据湖广按察司分巡上湖南道监军佥事汪涛，广西按察司分巡左江道监军佥事吴天挺，分巡右江道监军副使翁素等会呈，节据广西领哨浔州卫指挥马文瑞、王勋、唐宏、卞琚、张缙、千户刘宗本，永顺统兵宣慰彭明辅，官男彭宗舜，保靖统兵宣慰彭九霄，及辰州等卫部押指挥彭飞、张恩等各呈前事，职等遵奉统领各该军兵，依期于本年四月初二日密到龙村埠登岸。当蒙统督参将张经，都指挥谢珮，督同宣慰彭明辅，分布官男彭宗舜，头目彭明弼、彭杰，领土兵一千六百名；随同领哨指挥马文瑞，头目向永寿、严谨，领土兵一千二百名；随同领哨指挥王勋，又督同宣慰彭九霄等，分布官男彭荩臣，下报效头目彭志明，领土兵六百名；随同领哨指挥唐宏，头目彭九皋，领土兵六百名；随同领哨指挥卞琚，头目彭辅,领土兵六百名;随同领哨指挥张缙,头目贾英,领土兵六百名;随同领哨千户刘宗本,并各哨官员,领浔州等卫所及武靖州汉土官兵乡导人等,共一千余名。永顺进剿牛肠,保靖进剿六寺等贼巢,刻定初三日寅时一齐抵巢。

各贼先防湖兵经过,各将家属生畜驱入巢后大山潜伏,贼首胡缘二等各率徒党团结防拒。然访知本院住扎南宁,寂无征剿消息,又不见调兵集粮,而湖兵之归,又皆偃旗息鼓,略无警备,遂皆怠弛,不以为意。至是突遇官兵,四面攻围,各贼仓惶失措,然犹恃其骁悍,蜂拥来敌。当有彭明辅、彭九霄、彭宗舜并头目田大有、彭辅等,督率目兵,奋不顾身,冲突矢石,敌杀数合,贼锋摧败。当阵生擒斩获首贼并次从贼徒贼级六十九名颗,俘获男妇及夺回被虏人口、牛只、器械等项数多。余贼退败,复据仙女大山,凭险结寨。各兵追围,攀木缘崖,设策仰攻,至初四日,复破贼寨,当阵生擒斩获首贼并次从贼徒贼级六十二名颗。初五日,复攻破油砟、石壁、大陂等巢,生擒斩获首贼及次从贼徒贼级七十九名颗,俘获男妇、牛只、器械等项数多。余贼奔至断藤峡、横石江边,因追兵紧急,争渡覆溺死者,约有六百余徒。官兵复从后奋勇追杀,当阵生擒获斩首贼及次从贼徒贼级六十五名颗,俘获男妇、牛畜、器械等项数多。各贼间有一二漏网,亦皆奔窜他境。官兵追杀,至于本月初十日,遍搜山峒无遗。禀蒙收兵,回至浔州府住扎间。随蒙本院密切牌谕,复令职等移兵进剿仙台等贼。

就于本月十一日黎夜仍前分布各哨官兵,遵照牌内方略,永顺于盘石、大黄江登岸,进剿仙台、花相等处;保靖于乌江口、丹竹埠登岸,进剿白竹、古陶、罗凤等处。刻定于十三日寅时一齐抵巢。各贼闻知牛肠等巢破灭,方怀疑惧,谋欲据险自固。贼首黄公豹、廖公田等各率徒党,沿途设伏埋签,合势出拒。官兵骤进,翕如风雨。各贼虽已夺气,然犹舍死冲敌,比之牛肠等贼凶恶尤甚。各该官兵奋勇夹击,争先陷阵,生擒斩获首贼及次从贼徒贼级四百九十名颗,俘获贼属男妇、牛畜、器械等项数多。各贼奔入永安边界，地名玄山，恃险结寨。当蒙摘调指挥王良辅并目兵彭恺等，于本月二十四日亦各分路并进，奋勇争先，四面仰攻。贼乃败散，当阵生擒斩获首贼及次从贼徒贼级一百七十二名颗，俘获男妇、牛畜、器械数多。余贼远窜，追杀无遗。

又据把截邀击参将沈希仪解报擒斩首从贼徒贼级八十六名颗。把截头目邓宗七，抚瑶老人陈嘉猷，旗军洪狗驴等，及贵县典史苏桂芳，把隘指挥孙龙、官舍覃铻，浔州府捕盗通判徐俊，平南知县刘乔等，亦各呈解擒斩首从贼徒贼级八十一名颗，俘获男妇器械等项数多。

又该督兵右布政林富，旧任副总兵张祐等，遵奉本院方略，分督田州府报效头目卢苏等目兵及官军人等三千名，思恩府报效头目王受等目兵及官军人等二千名，韦贵等目兵及官军乡款人等一千一百名，照依分定哨道，进剿八寨稔恶瑶贼，刻期于本年四月二十三日卯时一齐抵巢。先于二十二日晚，于新墟地方，集各土目人等，申布本院密授方略，乘夜衔枚速进，所过村寨，寂然不知有兵。黎明，各抵贼寨，遂突破石门天险，我兵尽入。贼方惊觉，皆以为兵从天降，震骇溃窜，莫知所为。我兵乘胜追斩，各贼且奔且战。薄午，四远各寨骁贼聚众二千余徒，各执长标毒弩，并势呼拥来拒，极其猛悍。我兵鼓噪奋击而前，声震崖谷，无不一当十。贼既失险夺气，而我兵俞战益奋，贼不能支，遂大奔溃。当阵生擒斩获首贼及次从贼徒贼级二百九十一名颗，俘获男妇、畜产、器械数多。贼皆分阵聚党，奔入极高大山，据险立寨。我兵亦分道追蹑围剿，然崖壁峻绝，我兵自下仰攻，战势不便。贼从巅崖发石滚木，多为所伤。于是多方设策，夜发精锐，掩其不备。二十四日，我兵复攻破古蓬等寨，生擒斩获首贼及次从贼徒贼级共一百三名颗，俘获数多。二十八日复攻破周安等寨，生擒斩获首贼及次从贼徒贼级共一百四十六名颗，俘获数多。五月初一日，复攻破古钵等寨，生擒斩获首从贼徒贼级一百二十七名颗，俘获数多。初十日，复攻破都者峒等寨，斩获首从贼徒贼级一百四名颗，俘获数多。

本月十二等日，复据参将沈希仪解到督领指挥孙继武等官军及迁江土目兵夫人等于高径、洛春、大潘等处追剿邀击各寨奔贼，斩获首从贼徒贼级九十八名颗；都指挥高崧解到督领指挥程万全等官军及土目兵夫人等于思卢、北山等处搜剿截捕各寨奔贼，斩获首从贼徒贼级九十一名颗；又据同知桂鏊监督思恩土目韦贵、徐五等目兵，分剿铜盆等寨，斩获首从贼徒贼级一百九十二名颗，俘获数多；又据通判陈志敬督领武缘、应虚等处乡兵，搜剿大鸣等山奔贼，斩获首从贼徒贼级八十六名颗。

又于本月十七等日，卢苏、王受等复攻破黄田等寨，斩首从贼徒贼级三百六十二名颗，俘获数多。六月初七等日，复攻破铁坑等寨，斩获首从贼徒贼级二百五十三名颗，俘获数多。又据指挥康寿松、千黉、王俊等督领官兵，于绿茅等处把隘搜截，斩获首从贼徒贼级四十八名颗。

各贼始虽败溃，然犹或散或合，至是，见其渠魁骁悍，悉就擒斩，遂各深逃远窜。其稍有强力者尚一千余徒，将奔往柳、庆诸处贼巢。我兵四路夹追，及之于横水江。各贼皆已入舟离岸，兵不能及。然贼众船小，皆层叠而载，舟不可运。复因争渡，自相格斗，适遇飓风大作，各船尽覆，浮迫登岸得不死者，仅二十余徒而已。我兵既无舟渡，又风雨益甚，遂各归营。既晴，我兵仍分路入山搜剿，各贼茫无踪迹。又复深入，见崖谷之间，颠堕而死者不可胜计，臭恶薰蒸，不可复前。远近岩峒之中，林木之下，堆叠死者，男妇老少大约且四千有余。盖各贼皆仓卒奔逃，不曾赍有禾米，大雨之中，饥饿经旬，而既晴之后，烈日焚炙，瘴毒蒸炽，又且半月有余，故皆糜烂而死。八寨之贼略已荡尽，虽有脱网，亦不能满数十余徒矣。

本院议于八寨之中，据其要害，移设卫所，以控制诸蛮，复于三里设县，以迭相引带。亲临相视思恩府基，景定卫县规则。其时暑毒日甚，山溪水涨，皆恶流臭秽，饮者皆成疫痢。本院因见各贼既已扫荡，而我兵又多疾疫死亡，乃遂班师而出。

照得各职于本年三月二十三等日，先奉本院钧牌："据左江道守巡、守备等官呈称断藤峡等处瑶贼，上连八寨，下通仙台、花相等峒，累年攻劫郡县乡村，杀害军民，累奏请兵诛剿，乞要乘此兵威剿灭等因，行仰各职监统各该官兵进剿各贼。谕令未至信地三日之前，停军中途，候约参将张经，与同守巡各官集议，先将进兵道路之险夷远近，各巢贼徒之多寡强弱，及所过良民村分之经由往复，面同各乡导人等逐一备细讲究明白，务要彼此习熟，若出一人；然后刻定日时，偃旗息鼓，寂若无人，密至信地，乘夜速发，务使迅雷不及掩耳，将各稔恶贼魁尽数擒剿，以除民害，以靖地方。除临阵斩获外，其余胁从老弱，一切皆可宥免。今兹之举，惟以定乱安民为事，不以多获首级为功。各官务要仰体朝廷忧悯困穷之心，俯念地方久罹荼毒之苦，仍要禁约军兵人等，所过良民村分，毋得侵扰一草一木，有犯令者，当依军法斩首示众。各官既有地方责任，兼复素怀忠义，当兹委任，务竭心力，以祛患安民。事完之日，通将获过功次开报纪功御史纪验，以凭奏报。"奉此，各职会同参议汪必东，佥事汪溱、吴天挺，参将张经，都指挥谢珮，遵照军门成算，分布各哨官兵，申明纪律，严督依期进剿前项各贼巢穴，获功解报闻。

随准参将张经手本，密奉本院钧牌："仰候牛肠事毕，即便移兵进剿古陶诸贼。就使各贼先已闻风逃遁，亦须整兵深入，扫其巢穴，以宣声罪致讨之威。苟其遂能悔罪效顺，亦宜姑与招安。如其仍前凭险纵恣，两征不已至于三，三征不已至于四，务在殄灭，以绝祸根。各官就彼分定哨道，永顺进剿仙台诸处，保靖进剿白竹诸处，各分乡导人等引路进兵，务在计虑周悉，相机而行，各毋偏执己见，致有误事。彼中事势，参将张经久于其地，必能知悉，仍要本官勇当力任，断决而行，不得含糊两可，终难辞责。"又经遵照方略，依期进剿，获功解报闻。

又于四月初五等日，各职先奉本院密切钧牌："据右布政林富，副总兵张祐等呈称：'八寨瑶贼，毒害万民，千百里内，涂炭已极。乞要乘此军威，急除一方大患。'等因。本院看得八寨之贼，既极骁猛，而石门天险，自来兵不能入，此可以计取，未易以兵力图者。迩者思、田既附，湖兵尚留，彼贼心怀疑惧，必已设有备御。今各州狼兵悉已罢散，而思、田新附之民，方各归事农耕，湖兵又已撤回，彼必以我为无复有意于彼，是以近日稍稍复出剽掠，是殆以此探望官府举动。今我若罔闻知，且听其出没，彼亦放纵懈弛，谓我不复能为。此正天亡之时，机不可失。前者思、田各目，感激朝廷再生之恩，求欲立功报效。当时许其休息三月，然后调用。今已及期，仰右布政林富，副总兵张祐照牌事理，即便分投密切起调各目兵夫，迂路前到南宁面听约束行事。"各职遵奉起调，行至新墟地方，又密奉进兵方略，刻定日期。当即遵奉连夜分哨速进，遂克攻破巢穴，连战皆捷，斩获功次解报闻。

职等各蒙巡按广西监察御史石金案验："为纪获功次事，案行该道，各不妨监督，如遇参将张经，旧任副总兵张祐等官各解到擒斩贼人贼级，并俘获贼属男妇牛马，俱要就彼审验真的，事完通查获功员役，分别首从功次多寡，缘由造册赍报，以凭覆审奏报。"等因。除遵奉外，今据进剿断藤峡谷，各哨土目官兵解到生擒斩获首从贼徒贼级一千一百四名颗，俘获贼属五百六十八名口；进剿八寨，各哨土目官兵解到生擒斩获首从贼徒贼级一千九百一名颗，俘获贼属五百八十七名口。两处共计擒斩获三千五名颗，俘获贼属一千一百五十五名口。除遵照案验事理，再行验实造册另报外，其各哨解到生擒、斩获、俘获等项功次数目，合先开报。

职等会同参照断藤峡诸贼，连络数十余巢，盘亘三百余里，彼此掎角结聚，凭险稔恶，流劫郡县乡村。自国初以来，屡征不服。至天顺年间，该都御史韩雍统兵二十余万来平两广，然后破其巢穴。兵退未久，各贼复攻陷浔州，据城大乱。后复合兵攻剿，兼行招抚，然后退还巢穴。自是而后，官府曲加抚处，或时暂有数月之安，而稍不如意，辄复猖獗，杀掠愈毒。盖其祖父以来，狠戾相承，凶恶成性，不可改化。近年以来，官府剿抚之计益穷，各贼残毒之害日甚，盖已至于不可支持矣。至于八寨诸贼，尤为凶悍猛恶，利镖毒弩，莫当其锋，且其寨壁天险，进兵无路。

自国初韩都督尝以数万之众围困其地，亦不能破，竟从招抚，其后屡次合剿，一无所获，反多挠丧，惟成化年间，土官岑瑛能慑服诸瑶，尝合各州狼兵一入其巢穴，斩获二百余级。已而贼势大涌，力不能支，当遂退兵，亦以招安而罢。自是而后，莫可谁何，流劫远近，岁无虚月，民遭荼毒，冤苦无所控吁。自思、田多事，两地之贼相连煽动，将有不可明言之变，千里之间，方尔汹汹朝夕。今幸朝廷威德宣扬，军门方略密授，因湖广之回兵而利导其顺便之势，作思、田之新附而善用其报效之机，翕若雷霆，疾如风雨，事举而远近不知有兵兴之役，敌破而士卒莫测其举动之端。两地进兵，各不满八千之众，而三月报绩，共已逾三千之功，盖其劳费未及大征十之一，而其斩获加于大征三之二，远近室家相庆，道路欢腾，皆以为数十年来未见，其斯举也。

职等承乏任使，虽冲冒炎毒，攀援险阻，不敢不竭力效命。但仅遵奉方略，安能仰赞一筹。照得宣慰彭明辅、彭九霄，官男彭宗舜等扶病冒暑，督兵剿贼，颠顿崖谷，仆而益奋，遂能扫荡巢穴，殄灭渠党。即其忠义激发，诚亦人所难能。其思、田报效头目卢苏、王受等，感激再生之恩，共竭效死之报，自备资粮，争先首敌，遂破贼险，捣自昔不到之巢，斩自来难敌之寇。盖有仰攻险寨堕崖而碎首者，犹曰"我死不憾"；亦有仰受贼弩挂树而裂股者，犹口"我死甘心"。民间传诵，以为卢苏、王受昔未招抚，惟恐其为地方之患，今既招抚，乃复为地方除患，啧啧称叹，谓其竭忠报德之诚，虽子弟之于父兄，亦不能是过矣。再照督兵、督哨、防截、给饷等项，凡有事于军前，各官虽其职有崇卑，功有大小，然皆冲冒矢石炎瘴，备历险阻艰难，比之往来大征，合围守困，坐待成功，其为利害劳逸，相去倍蓰。均乞录奏，以劝将来等因到臣。

照得先该各官呈称前项各巢各贼，积年穷凶稔恶，千百里内，被其惨毒，万姓冤苦，朝不保夕，乞要乘此军威，急救一方涂炭等因。其时臣方驻扎南宁，目睹其害，诚不忍坐视斯民之苦，一至此极。及查兵部屡次咨来题奉钦依事理，要将前项各贼即行发兵计剿，以除民患，正亦臣等职所当尽之责。但虑贼众势大，连络千里，可以计破，难以力攻。欲俟再行奏请，命下然后举行，必致形迹昭闻，虽用十万之师，图以岁年，亦未可克。故遂仰遵钦奉敕谕，但有贼盗生发，当抚则抚，可剿则剿及便宜行事事理，一面密切相机行事，及密行总镇太监张赐知会，随该镇守两广丰城侯李旻亦相继到任，又经转行知会外。

今据各呈前因，该臣等会同总镇太监张赐，总兵李旻，及镇巡三司等官，看得八寨、断藤、牛肠、六寺、磨刀、古陶、白竹、罗凤、龙尾、仙台、花相等贼巢穴连络，盘据千百余里，凶悍骁猛，酷虐万姓，流毒一方，自来征剿所不能克，果已贯盈罪极，神怒人怨，委有如各官所呈者。是诚两广盗贼之渊薮根柢，此而不去，两广盗贼终未有衰息之渐也。乃今于三月之内，止因湖广便道之归师，及用思、田报效之新附，两地进兵，不满八千，而斩获三千有奇，巢穴扫荡，一洗万民之冤，以除百年之患。此岂臣等知谋才略之所能及？皆是皇上除患救民之诚心，默赞于天地鬼神，而神武不杀之威，任人不疑之断，震慑远迩，感动上下。且庙廊诸臣咸能推诚举任，公同协赞，惟国是谋，与人为善。故臣等得以展布四体，无复顾虑，信其力之所能为，竭其心之所可尽，动无不宜，举无弗振，诸将用命，军士效力，以克致此。虽未足为可称之功，而朝廷之上，所以能使臣等获成是功者，实可以为后世行事之法矣。不然，则兵耗财竭，凋弊困苦之余，仅仅自守，尚恐未克，而况敢望此意外之事哉？

照得宣慰彭明辅、彭九霄、官男彭宗舜等，皆冲犯暑毒，身亲陷阵，事竣之后，狼狈扶病而归，生死皆未可必。其官男彭荩臣者，亦遣家丁远来报效。两年之间，颠顿道途，疾疫死亡，诚有人情所不能堪者。而彭明辅等忠义奋发，略无悔怠，即其一念报国之诚，殊有所不可泯者。至于思、田报效头目卢苏、王受等，感激朝廷再生之恩，自备资粮，力辞军饷，实能舍死破敌，争先陷阵，惟恐功效不立，无以自白其本心。谓子弟之于父兄，亦不过是，诚非虚言。此皆臣所亲见者也。

及照留抚思、田右布政林富，已闻都御史之擢，而忠义激发，犹且不计体面，必欲督兵入巢，破贼而后出。是尤人所难能。旧任副总兵张祐，参将张经、沈希仪，湖广督兵佥事汪溱，广西督兵佥事吴天挺，参议汪必东，副使汪素，湖广督兵都指挥谢珮，广西都指挥高崧，及各督哨、督押、指挥等官马文瑞、王勋、唐宏、卞琚、张缙、彭飞、张恩、周彻宗、赵璇、林节、刘铛、武銮，千户刘宗本等，督勦县丞林应聪，主簿李本，并防截、搜捕、调度、给饷等项官员知府程云鹏、蒋山卿，同知桂鏊、史立诚、舒柏，通判陈志敬、徐俊，知州林宽、李东，谕召知县刘乔，县丞杜桐、萧尚贤，经历周奎等，虽其才猷功绩各有大小等级之殊，而利害勤苦亦有缓急久暂之异，然当兹炎毒暑雨之中，瘴疫薰蒸，经冒锋镝之场，出入崎险之地，固皆同效捍勤事之绩，均有百死一生之危者也。

伏望皇上明昭军旅之政，既行庙堂协赞举任之上赏，亦录诸臣分职供事之微劳，及将宣慰彭明辅等特加升奖，官男彭宗舜、彭荩臣免其赴京，就彼袭替，以旌其报国之义。土目卢苏、王受等，亦曲赐恩典，或不待三年而遂锡之冠带，以励其报效之忠。如此，庶几功无不赏，而益兴忠义之心，赏当其功，而自息侥幸之望矣。

臣以懦劣迂疏，缪蒙不世之知遇，授以军旅重任，言无不录，计无不行，且又慰以温旨，使之不必顾忌。臣伏读感泣，自誓此生鞠躬尽死以报深恩。今兹之役，本无足言，然亦自幸苟无覆败，以免戮辱。但恨身婴危疾，自后任劳颇难，已具本告回养病，乞赐俯允，俾得全复余生，尚有图报之日，臣不胜愿望！

处置八寨断藤峡以图永安疏 嘉靖七年七月十二日

照得臣于去岁奉命勘处思、田两府，皆蒙皇上天地好生之仁，悉从宽宥。两府人民今皆复业安居，化为无事宁靖之地，自此可以永无反覆之患，而免于防守屯戍之劳矣。惟是八寨及断藤峡诸贼，积年痛毒生民，千百里内，涂炭已极。臣既目睹其害，不忍坐视而不救，遂遵奉敕谕事理，乘机举兵征勦。仰赖神武威德，幸已剪灭荡平，一方倒悬之苦，略已为之一解。但将来之患，不可以不预防，而事机之会，亦不可以轻失。臣因督兵，亲历诸巢，见其形势要害，各有宜改立卫所，开设县治，以断其脉络而扼其咽喉者。若失今不为，则数年之间，贼以渐复，归聚生息，不过十年，又有地方之患矣。臣以多病之故，自度精神力量断已不能了此，但已心知其事势不得不然，不敢仰负陛下之托，俯贻地方之忧，辄已遵奉敕谕便宜事理，一面相度举行，不避烦渎之诛，开陈上请，乞赐采择施行，实地方之幸，臣等之幸。

计开：

一，移筑南丹卫城于八寨。

臣等看得八寨之贼，实为柳、庆诸贼之根柢。盖其东连柳州陇蛤、三都岭、三北四等处，贼峒以数十，北连庆远忻城、东欧、莫往、八仙等处，贼峒亦以数十，西连东兰等州及夷江、土者等处，贼峒以十数，南接思恩及宾州上林县诸处，贼村亦以十数。各处贼巢虽多，其小者仅百数人，大者不过数百人及千人而止。各贼巢穴皆有山溪之限，险厄之守，不相通和。至期有急，或欲有所攻劫，纠合会聚，然后有一二千之众，多至数千者。惟八寨之贼每寨有众千余，四山环合，同据一险，无事则分路出劫，有警急奔入其巢，数千之众皆不纠而聚，不约而同，不谋而合。故名虽为"八"，实则一寨，此八寨之贼所以势众力大，而自来攻之有不能克者也。各巢之贼皆倚恃八寨为逋逃主，每有缓急，一投八寨，即无所致其穷诘。八寨为之一呼，则群贼皆应声而聚。故群贼之于八寨，犹车轮之有轴，树木之有本。若八寨不除，则群贼决无衰息之期也。今幸八寨悉已破荡，正宜乘此平靖之时，据其要害，建置卫所，以控驭群贼。

臣等看得周安堡正当八寨之中，四方贼巢道路之所会，议于其地创筑一城，度可以居数千之众者，而移设南丹一卫于其间。盖南丹卫旧在南丹州地方，为广西极边穷苦之地，非中土之人所可居者。故自先年屡求内徙，今已三迁而至宾州，遂为中土富乐之乡。宾州既有守御千户一所官军，而又益以南丹一卫，自远来徙，无片田尺土之籍，但惟安居坐食，取给于宾州。州城之内，皆职官旗舍之居，州民反避处于四远村寨，每遇粮差徭役，然后入城。故州官号令不行于城中，而政事牵沮，地方益弊。今计一卫之官军，虽不满五百之数，盖尽移其家众则亦不下二千。以二千之众，而屯聚于一城，其气势亦已渐盛，足充守御。遂清理屯田之在八寨者，使之屯种，又分拨各贼占据之田，使各官军得以为业，以稍省俸给月粮之费，彼亦无不乐从。且宾州之城既空，又可以还聚居民，修复有司之治，亦事之两便者也。

臣等又看得迁江八所，皆土官、指挥、千百户等职，旧有狼兵数千，以分制八寨瑶贼之势。后因贼势日盛，各官皆不敢复入，反遂与之交通结契，及为之居停指引，分其劫掠之所得，共为地方之害，已非一日。官府察知其奸，欲加惩究，则又倚贼为重，不可根极。近臣督兵其地，悉将各官遵照敕谕事理，绑赴军门，议欲斩首示众，以警远近。而各官哀求免死，愿得杀贼立功自赎。然其时贼势已平，遂许其各率土兵入屯八寨，就与该卫官军分工效力，助筑城垣。待城完之日，就与城外别筑营堡，与南丹卫官军掎角而守。亦各分拨贼田，使之耕种，以资衣粮。今八所土兵虽已比旧衰耗，然亦尚有四千余众，若留其微弱者四所于外，以分屯其所遗之田，而调其强盛者四所于内，合南丹一卫之众以守，亦且四千有余，隐然足为柳、庆之间一巨镇矣。此镇一立，则各贼之脉络断，咽喉绝，自将沮丧震慑其势，莫敢轻动。稍有反侧者，据险出兵而扑之，夕发而旦至，各贼之交，自不能合，如取机上之肉，下箸无弗得者。此真破车轮之轴，而诸辐自解，伐树木之本，而众干自枯。不过十年，柳、庆诸贼不必征剿，皆将效顺而服化矣。伏乞圣明裁允。

一，改筑思恩府城于荒田。

臣等看得思恩旧治，原在寨城山内，尚历高山数十余里。其后土官岑浚始移出，地名桥利，就岩险垒石为城而居，四面皆斩山绝壁，府治亦在碐确之上，芒利硌砑之石冲射抵触，如处戈矛剑戟之中。自岑浚被诛，继是二十余年，反者数起，曾不能有一岁之安。人皆以为风气所使，虽未可尽信，然顽石之上，不生嘉禾，而阴崖之下，必有狐鼠，要亦事理之有然者。况其地瘴雾昏塞，薄午始开，中土之人来居，辄生疾疫。自春初思、田归附之后，臣时即已经营料理其事，竟未能有相应之地。近因督剿八寨，复亲往相度，乃于未至桥利六十里外地名荒田者，其地四野宽衍，皆膏腴之田，而后山起伏蜿蜒，敷为平原，环抱涵蓄，两水夹绕后山而出，合流于前，屈曲数十里，入武缘江水，达于南宁，四面山势重叠盘回，皆轩豁秀丽，真可以建立府治。臣因信宿其地，为之景定方向，创设规则。诸夷来集，莫不踊跃欢喜，争先趋事赴工。遂令署府事同知桂鏊督令各役择日兴工。

盖思恩旧治皆在万山之中，水道不通，故各夷所须鱼盐诸货类，皆远出展转鬻买，往反旬月，十不致一，常多匮绝。旧府既地险气恶，又无所资食，故各夷终岁不一至，府治情益疏离，易生嫌隙。今府治既通江水，商货自集，诸夷所须，皆仰给于府，朝夕络绎，自然日加亲附归向。而武缘都里，旧尝割属思恩者，其始多因路险地隔，不供粮差。今荒田就系武缘止戈乡一图二图之地，四望平野，坦然大道，朝往夕反，无复阻隔，则该府之官自可因城头巡检之制，循土俗以顺各夷之情，又可开图立里，用汉法以治武缘之众。夷夏交和，公私两便，则改筑思恩府成于荒田者，是亦保治安民，势不容已之事。伏乞圣明裁允。

一，改凤化县治于三里。

臣等勘得思恩旧有凤化一县，然无城郭县治廨宇。选来知县等官，多借居民村，或寄其家眷于宾州诸处，而迁徙无常，如流寓者然。上司怜其所依泊，则委之管理别印，或以公务差遣，往来于外，以苟岁月。故凤化之在思恩，徒寄虚名，而实无县治。臣近督剿八寨，看得上林县地名三里者，乃在八寨之间。其地平广博衍，东西数里外，石山周围，如城自厚，极高石山之间，独抽土山一脉，起顿昂伏，分为两股，环抱而前，遂有两水夹流土山之外，当心交合，出水之口，石山十余重，错互回盘，转折二三十里，极外石山，合为城门，水从此出，是为外隘。

其间多良田茂林，村落相望，前此居民十余家，皆极饶富，后为寨贼所驱杀占据，遂各四散逃亡，不敢归视其土者，已二十余年。今各贼既灭，遂空其地。不及今创设县治以据其险，或有漏殄之贼潜回其间，日渐生息结聚，后阻石门之险，前守外隘之塞，不过数年，又将渐为地方之梗矣。故臣以为宜割上林上下无虞乡三里之地属之思恩，而移设凤化县治于其内。量为筑立城垣廨宇，选委才能之官兴督其役。远近闻之，不过三四月，而逃亡之民将尽来归，各修复其田业，供其粮差，蔚然遂可以成一方之保障。且其南通南丹新卫五六十里，南丹在石门之内，凤化当石门之外，内外声势连合，而石门之险亡。西至思恩一百余里，取道于那学，沿途村寨，荒塞日久，因此两地之人往来络绎，而道途益通。又上林旧在大鸣山与八寨各贼之间，势极孤悬，今得凤化为之唇齿，气势日益，虽割三里之地以与凤化，而绿茅、绿箊等村寨旧所亡失土田，皆将以次归复，则亦失之于东而收于西矣。

及照思恩虽已设立流官知府，然其所属皆土目巡检，旧属凤化一县亦皆徒寄空名，实未尝有，今割武缘止戈一图二图之地改筑思恩府城，而又割上林上下无虞三里之地改设凤化县治，固于思恩亦已稍有资辅。但自凤化三里至于思恩一百五六十里，中间尚隔上林一县。臣以为并割上林一县而遂以属之思恩，似于事势为便，而于体统尤宜。何者？

柳州一府所属二州十县，宾州盖柳州所属者，且有上林、迁江两县，今思恩既设流官知府，固亦一府之尊，而反不若柳州所属之一州也，其于体统亦有所未称矣。况宾州自有十五里，而又有迁江一县，虽割上林以与思恩，其地犹倍于思恩，未为遽损也。上林之属宾州，与属思恩均之为一属邑，亦未有所加损也。然以之属于思恩，则思恩始可以成一府之规模，而其间有无相须，缓急相援，气势相倚，流官之体统益尊，则土俗之归向益谨，郡县之政化日新，则夷民之感发日易，固有不可尽言之益也。

夫立新县以扼据地险，改属县以辅成府治，是皆所以又安地方者也。

伏乞圣明裁允。

一，添设流官县治于思龙。

照得南宁自宣化县至于田宁，逆流十日之程。宣化所属如思龙、十图等处，相去尚有五日六日，其间错以土夷村寨，地既隔越，而穷乡小民，畏见官府，故其粮差多在县之宿奸老蠹与之包团，因而以一科十，小民不胜迫胁，往往逃入夷寨，土夷又从而侵暴之，地日凋残，盗贼日起。近年以来，思龙之图乡民屡次奏乞添设县治以便粮差。盖亦内迫于县民之奸，外苦于土夷之暴，不得已而然。臣因入抚田宁，亲历其所。民之拥道控告者以千数，因停舟其地，为之经理相度。得村名那久者，其地亦宽平深厚，江水萦回环匝，傍有一江来会，亦正于此合流。沿江民居千余家，竹树森蔚，烟火相接，且向武各州道路皆经由其傍，亦为四通之地。若于此分割宣化县思龙一、五、六、七、八、九、十、十二及西乡之六、八图共十里之地而设立一县治，则非独以便穷乡小民之粮差赋役，亦足以镇据要害，消沮盗贼。其间小民村居，如那茄、马坳、三颜、那排之类，未可悉数，皆久已沦入于夷，今若县治一立，则此等村寨诸夷自不得而隐占，皆将渐次归复流官，而其地遂接比于田宁，固可以所设之县而遂以属之田宁矣。

夫南宁一府，所属一州三县。而宣化一县，自有五十二里，今虽分割十里之地以与田宁，而宣化尚有四十二里，一县之地，犹四倍于一府也。况田宁又系新创流官府治，所统皆土目巡检，今得此一属县为之傍辅，又自不同。臣于前割上林以属思恩之议已略言之矣。且左江一带，自苍梧以达南宁，皆在流官腹里之地。自南宁以达于田宁，自田宁以通于云、贵、交趾，则皆夷村土寨。稍有疑传，易成阏隔。今田宁、思恩二府既皆改设流官，与南宁鼎峙而立，而又得此新创一县以疏附交连于其间，平居无事，商货流通，厚生利用，一旦或有境外之役，道路所经，皆流官衙门，从门庭中度兵，更无阻隔之患。此亦安民利国之事，势所当为者也。伏乞圣明裁允，仍定赐县名，选官给印，地方幸甚。

一，增筑守镇城堡于五屯。

照得断藤峡诸贼既平，守巡各官议调土、汉官兵数千于浔州，以防不测。该臣看得各贼既灭，纵有一二漏网，其势非三四年亦未能复聚。为今之计，正宜剿抚并行。盖破灭穷凶各贼者，所以惩恶，而抚恤向化诸瑶者，所以劝善。今惩恶之余，即宜急为劝善之政，使军卫有司各官分投遍历向化村寨，慰劳而存恤之，给以告示，赐以鱼盐，因而为之选立酋长，谕以朝廷所以征剿各巢者，为其稔恶也。今尔等向化村寨，自安心乐业，益坚为善之志；但有反侧悖乱者，即宜擒送官府，自当重赏，以酬尔劳；其漏殄诸贼，果能诚心悔恶，亦皆许其归附，待以良民。夫使向化者益劝于为善而日加亲附，则恶党自孤，贼势自散，不复能合，纵遗一二，终将屈而顺服矣。乃今则不然，贼既破剿而犹屯兵不散，使漏殄之徒得以藉口摇惑远近；其向化村分又略不加恤，奸恶之民复乘机而驱胁虐害之。彼见贼已破灭而复聚兵，已心怀惊疑矣，而又外惑于贼党之扇摇，内激于奸民之驱胁，遂勾结相连而起也。近年以来，所以乱始平而变复作，皆迷误于相沿之弊而不察也。今各贼新破，势决未敢轻出，虽屯数千之众，不过困顿坐食，徒秽扰民居，耗竭粮饷，而实无益于事。吾民久被贼苦，今始一解其倒悬，又复自聚无用之兵以重困之，此岂计之得者哉？惟于各寨之中，相其要害之地，创立一镇以控制之，此则事理之所当行，亦正宜乘此扫荡之余而速图之者。

其在断藤、牛肠诸处，则既切近浔州府卫，不必更有所设。至于四方各寨，遍历其要害险阻，则惟五屯正当风门、佛子诸巢穴，而西通府江，北接荔浦各处瑶贼，最为紧要之区，宜设一镇，以控御远迩。而旧已有千户所统率官兵，亦几及一千之数，困于差徭，日渐躲避于附近土目村寨，官司失于清理，止有五百，其后上司不闻地方之艰难，又于五百之中分调哨守于他所，而所余遂不满二百。即而贼乱四起，守御缺乏，则又取调潮州之兵数百以来协守五屯。事既纷乱，人无所遵，兼以统驭非人，故地方遂致大坏。且其屯堡墙垣亦甚卑隘，不足以壮威设险。今宜开拓其地，增筑高城，度可以居二千之众，而设守备衙门于其内，取回五百之中分调哨守于他所之兵，其自潮州调来协守者，则尽数发还原卫，以免两地各兵背离乡土之苦，往复道路之费，仍于附近土寨目兵之中，清查拣补其原避差役者，务足原数一千。选委智略忠勇之官一员，重任而专责之，使之训练抚摩，敷之以威信，而怀之以仁恩。务在地险既设而士心益和，自然动无不克而行无不利。参将兵备各官，又不时新至其地，经理而振作之，或案行其村寨，或劝督其农耕，或召其顽梗，而曲示训惩，或进其善良，而优加奖赐，或救恤其灾患，或听断其是非，如农夫之去稂莠而养嘉禾，渐次耕耨而耘锄之。无事之时，随意取调附近土官兵款，或百人，或七八十人，以协同哨守为名，使之两月一更班，而络绎往来于道路，以惯习远近各巢之耳目。自后我兵出入，自将无所惊疑。果有凶梗，当事举动，然后密调精悍可用土目一二千名，如寻常哨守然，以次潜集城中，畜力养锐，相机而发。夫无事而屯数千之兵，则一月粮饷费逾千金，若每一年无屯军之费，用之以筑城设险，犒赏兵士，招来远人，亦何军不行，何工不就？此增筑城堡以据要害，所谓谋成而敌自败，城完而寇自解，险设而贼自摧，威霸而奸自伏，正宜及今为之，而亦事势之不可已焉者也。伏乞圣明裁允。

查明岑邦相疏 七年七月十九日

准兵部咨，该本部题，节奉钦依："岑邦佐仍武靖知州，岑邦相着王守仁再查明白具奏，钦此。"钦遵。照得先该臣等具题前事，内一件"仍立土官知州以顺土夷之情"。臣等议得岑氏世有田州，久结于人心，岑猛虽没，诸夷莫不愿得复立其后。议于开设流官知府之外，就于该府四十八甲之内，割其八甲，降设田州，立岑猛之子一人，始授以署州事吏目。三年之后，地方宁靖，效有勤劳，则授以为判官。六年之后，地方宁靖，效有勤劳，则授以为同知。九年之后，地方宁靖，效有勤劳，则授以为知州。使承岑氏之祀而隶之流官知府。

当时臣等通拘该府大小土目及乡老人等审问，岑猛之子，应该承立者何人。乃众口一词，以为岑猛四子，长子岑邦佐，系正妻张氏所出，次子岑邦彦，系庶妾林氏所出，三子岑邦辅，系外婢所生，四子岑邦相，系次妾韦氏所出。猛嬖溺林氏，而张氏失爱，故邦佐自幼出继武靖，而以邦彦承袭官职。今邦彦既死，应该承立者莫宜于邦佐。

臣等当看得武靖地方正当瑶贼之冲，而邦佐自幼出继，该州之民信服归戴已久，况其才力，足能制御各瑶。近日该州土目人等，又相继恳恳来告，愿得复还邦佐。今欲改立一人，亦未有可以代邦佐者。臣恐一失武靖各目之心，则于地方又多生一事。莫若仍还邦佐于武靖，一以御地方之患，一以顺各夷之情。至于田州新立，不过苟以无绝岑氏之祀，此其才否优劣，固有不必深论者。因论以邦佐出继武靖既久，朝廷事体已定，不可复还，宜立其次者，岑邦辅则可。于是各目人等又众口一词，以为邦辅名虽岑猛外婢所生，其实来历不明，阖府之民，皆不欲立。惟邦相则次妾所生，实系岑猛的亲骨血。况其质貌厚重谨实，众心归服，立继岑氏，庶不绝其真正一脉。臣等议得仍立土官者，专为不绝岑氏之后，以顺诸夷之情也。今众心若此，亦合俯顺。故当时直断邦辅谓非岑猛之子，而止谓岑猛之子存者二人，亦所以正名慎始，杜日后之纷争也。但具奏之时，因本内事体多端，文以繁琐，若再加详说，诚恐有渎圣听，故遂简略其词。

今蒙朝廷明见万里，洞彻细微，复命臣等查奏。闻命惶惧，无所措躬。因思岑邦辅尚存，当时奏内不曾详开所以不立邦辅之故，而直言岑猛之子存者二人，果系情节脱落，事体欠明。臣等疏漏之罪，万死有不容赦者矣。臣等近复通拘该府土目乡老人等再加审问，而众口一词，执说如前，陈请益笃。臣等反覆思惟，其事诚亦必须如此，而后稳帖无弊。故仍照原议上请。盖此等关系地方之事，臣等言虽或有所不敢尽，而心已无所不用其极，必求事出万全，永久无患，然后乃敢具奏。伏乞圣明宥其疏漏万死之诛，仍敕该部俯从原议，立岑邦相于田州，以曲顺各夷之情。其岑邦辅者，听其以官族名目随住。如此，则名正事成，而人心允服，实地方之幸，臣等之幸。

奖励赏赉谢恩疏 七年九月二十日

准兵部咨，为奏报平复地方事，该臣题，该本部覆题，节奉圣旨："王守仁受命提督军务，莅任未久，乃能开诚布恩，处置得宜，致令叛夷畏服，率众归降，罢兵息民，其功可嘉。写敕差行人赍去奖励，还赏银五十两，纻丝四表里，布政司买办羊酒送用，钦此。"随于本年九月初八日，该行人冯恩赍捧敕书并前项彩币银两等项到，于广州府地方奉迎入城，当除望阙谢恩，钦遵收领外，臣时卧病床褥，已余一月，扶疾兴伏，感激惶惧，颠顿昏眩，莫知攸措。已而渐复苏息，伏自念思恩、田州数万赤子，皆畏死逃生，本无可诛之罪。而前此当事者议欲剿灭，故皆汹汹思乱，既已陷之必死之地，而无复生全之心矣。仰赖皇上好生之仁，轸念远夷，惟恐一物不得其所，特遣臣来勘处。臣亦何能少效一筹，不过宣扬深仁，敷昭神武，而旬月之间，遂皆回心向化，舍死投生，面缚来归。是皆皇上圣德格天，至诚所感，不疾而速，是以绥之斯来，动之斯和，有莫知其所以然而然者，此岂臣等知谋才能致毫发于其间哉？今乃误蒙洪恩，重颁大赏，且又特遣行人赍敕远临，事尤出于常格之外。臣亦何功，而敢当此？臣亦何人，而敢望此？祇受之余，战悚惶惑，徒有感泣，惟誓此生鞠躬尽瘁，竭犬马之劳，以图报称而已。臣病日亟，自度此生恐不复能奔走阙廷，一睹天颜，以少罄其蝼蚁葵藿之诚，臣不胜刻心镂骨，感激恋慕之至！

乞恩暂容回籍就医养病疏 七年十月初十日

臣以忧病，跧伏田野，六年有余。蒙陛下赐之再生之恩，锡之分外之福，每思稽首阙廷，一睹天颜，以申其蝼蚁感激之诚，遂其葵藿倾戴之愿。既困疾病，复畏讥谗，六年之间，瞻望太息，竟未敢一出门庭。

夫蒙人一顾之恩，尚必思其所以为酬，受人一言之知，亦必图其所以为报，何况君臣大义，天高地厚之恩！上之所以施于其下者，如雨露之沾濡，无时或息，而下之所以承乎其上者，乃如顽石朽株，略无生动，此虽禽兽异类，稍有知觉者，亦不能忍于其心。是以每一念及，则哽咽涕下，徒日夜痛心惕骨，行吁坐叹而已。

迩者缪蒙陛下过采大臣之议，授以军旅重寄。自知才不胜任，病不任劳，辄乃触冒上陈辞谢。又蒙温旨眷覆，慰谕有加。伏读感泣，不复能顾其他，即日矢死就道。既而沿途备访其所以致此变乱之由，熟思其所以经理斡旋之计，乃甚有牴牾矛盾者。而其事势既已颠覆破漏，如将倾之屋，半溺之舟，莫知所措。其惟恐付托不效，以孤陛下生成之德，以累大臣荐举之明，于是始益日夜危惧，而病亦愈甚。乃不意到任以来，旬月之间，不折一矢，不戮一卒，而两顽民帖然来服，千里之内，去荆棘而行成坦途。其间虽有数处强大贼巢，素为广西众贼之渊薮根株，屡尝征讨而不克者，亦就湖广撤回之兵而乘其取道之便，用两广新附之民而鼓其报效之勇，财力不至于大费，小民不及于疲劳，遂皆歼厥渠魁，荡平巢穴，而远近略已宁靖，是皆陛下好生之至德昭格于上下，不杀之神武幽赞于神明，是以不言而信，不怒而威，阴宥默相，以克有此。固非愚臣意望之所敢及，岂其知谋才力为能办此哉？窃自喜幸，以为庶得藉此以免于覆败之戮，不为诸臣荐扬之累足矣。而臣之病势乃日益增剧，百疗无施。臣又思之，是殆功过其事，名浮其实，福逾其分，所谓小人而有非望之获，必有意外之灾者也。

臣自往年承乏南赣，为炎毒所中，遂患咳嗽之疾，岁益滋甚。其后退伏林野，虽得稍就清凉，亲近医药，而病亦终不能止，但遇暑热，辄复大作。去岁奉命入广，与旧医偕行，未及中途，而医者先以水土不服，辞疾归去。是后，既不敢轻用医药，而风气益南，炎毒益甚。今又加以遍身肿毒，喘嗽昼夜不息，心恶饮食，每日强吞稀粥数匙，稍多辄又呕吐。当思恩、田州之役，其时既已力疾从事，近者八寨既平，议于其中移卫设所，以控制诸蛮，必须身亲相度，方敢具奏。则又冒暑舆疾，上下岩谷，出入茅苇之中，竣事而出，遂尔不复能兴。今已舆至南宁，移卧舟次，将遂自梧道广，待命于韶、雄之间。

新任太监、总兵，亦皆相继莅任，各能守法奉公，无地方骚扰之患，两省巡按等官，又皆安靖行事，创涤往时烦苛搜刻之弊，方务安民。今日之两广，比之异时，庶可谓无事矣。臣虽病发而归，亦可以无去后之忧者。

夫竭忠以报国，臣之素志也；受陛下之深恩，思得粉身碎骨以自效，又臣近岁之所日夜切心者也。病日就危，尚求苟全以图后报，而为养病之举，此臣之所大不得已也。惟陛下鉴臣一念报主之诚，固非苟为避难以自偷安，而悯其濒危垂绝不得已之至情，容臣得暂回原籍就医调治，幸存余息，鞠躬尽瘁，以报陛下，尚有日也。臣不胜恳切哀求之至！

卷十六 别录八

公移一——提督南赣军务征横水桶冈三浰

巡抚南赣钦奉敕谕通行各属 正德十二年正月

节该钦奉敕谕："江西、福建、广东、湖广各布政司地方交界去处，累有盗贼生发。因地连各境，事无统属，特命尔前去巡抚江西南安、赣州，福建汀州、漳州，广东南雄、韶州、惠州、潮州各府，及湖广彬州地方；安抚军民，修理城池，禁革奸弊，一应地方贼情，军马钱粮事宜，小则径白区画，大则奏请定夺。但有盗贼生发，即便严督各该兵备守御守巡，并各军卫有司，设法剿捕，选委廉能属官，密切体访，及签所在大户，并被害之家，有智力人丁，多方追袭，量加犒赏；或募知因之人，阴为乡导；或购贼徒，自相斩捕；或听胁从并亡命窝主人等，自首免罪。其军卫有司官员中政务修举者，量加旌奖；其有贪残畏缩误事者，径自拿问发落。尔风宪大臣，须廉正刚果，肃清奸弊，以副朝廷之委任。钦此。"钦遵。

照得抚属地方，界连四省；山溪峻险，林木茂深，盗贼潜处其间，不时出没剽劫；东追则西窜，南捕则北奔，各省巡捕等官，彼此推调观望，不肯协力追剿，遂至延蔓日多。当职猥以菲才，滥膺重寄，大惧职业鳏废，仰负朝廷委托。为照前项地方，延袤广远，未能遍历其间；绥抚之方，随时殊制；攻守之策，因地异宜；若非的确询访，难以臆见裁度。为此仰抄案回司，着落当该官吏，照依案验内事理，即行本司该道分巡、分守、兵备、守备等官，并所属大小衙门各该官吏，公同逐一会议：要见即今各处城堡关隘，有无坚完；军兵民快，曾否操练；某处贼方猖獗，作何擒剿；某处贼已退散，作何抚缉；某贼怙终，必须扑灭；某贼被诱，尚可招徕；何等人役，堪为乡导；何等大户，可令追袭；军不足恃，或须别募精强；财不足用，或可别为经画；某处或有闲田，可兴屯以足食；某处或多浮费，可节省以供军；何地须添塞堡，以断贼之往来；何地堪建城邑，以扼贼之要害；姑息隐忍，固非久安之图；会举夹攻，果得万全之策；一应足财养兵弭寇安民之术，皆宜心悉计虑，折衷推求。山川道路之险易，必须亲切画图；贼垒民居之错杂，皆可按实开注；近者一月以里，远者一月以外，凡有所见，备写揭帖，各另呈来，以凭采择。非独以匡当职之不逮，亦将以验各官之所存，务求实用，毋事虚言。

各该官吏俱要守法奉公，长廉远耻，祛患卫民，竭诚报国。毋以各省而分彼此，务须协力以济艰难，果有忠勇清勤绩行显著者，旌劝自有常典，当职不敢蔽贤；其或奸贪畏缩志行卑污者，黜罚亦有明条，当职亦不敢同恶。深惟昧劣，庶赖匡襄，凡我有官，各宜知悉。

选拣民兵

照得府属地方，界连四省；山谷险隘，林木茂深，盗贼所盘，三居其一；乘间劫掠，大为民患。本院缪当巡抚，专以弭盗安民为职。钦奉敕谕，一应军马钱粮事宜，得以径自区画。莅任以来，甫及旬日，虽未偏历各属，且就赣州一府观之，财用耗竭，兵力脆寡，卫所军丁，止存故籍；府县机快，半应虚文；御寇之方，百无足恃，以此例彼，余亦可知。夫以羸卒而当强寇，犹驱群羊而攻猛虎，必有所不敢矣。是以每遇盗贼猖獗，辄复会奏请兵；非调土军，即倩狼达，往返之际，辄已经年；糜费所须，动逾数万；逮至集兵举事，即已魍魉潜形，曾无可剿之贼；稍俟班师旋旅，则又鼠狐聚党，复皆不轨之群。良由素不练兵，倚人成事，是以机宜屡失，备御益弛，征发无救乎疮痍，供馈适增其荼毒，群盗习知其然，愈肆无惮。百姓谓莫可恃，竞亦从非。

夫事缓则坐纵乌合，势急乃动调狼兵，一皆苟且之谋，此岂可常之策？古之善用兵者，驱市人而使战，假吕成以兴师。岂以一州八府之地，遂无奋勇敢战之夫？事豫则立，人存政举。近据江西分巡岭北道兵备副使杨璋呈，将所属各县机快，通行拣选，委官统领操练，即其处分，当亦渐胜于前。但此等机快，止可护守城郭，堤备关隘；至于捣巢深入，摧锋陷阵，恐亦未堪。为此案仰四省各兵备官，于各属弩手、打手、机快等项，挑选骁勇绝群，胆力出众之士，每县多或十余人，少或八九辈；务求魁杰异材，缺则悬赏召募。大约江西、福建二兵备，各以五六百名为率；广东、湖广二兵备，各以四五百名为率。中间若有力能扛鼎，勇敌千人者，优其廪饩，署为将领。召募犒赏等费，皆查各属商税赃罚等银支给。各县机快，除南、赣兵备已行编选外，余四兵备仍于每县原额数内拣选精壮可用者，量留三分之二；就委该县能官统练，专以守城防隘为事；其余一分拣退疲弱不堪者，免其着役，止出工食，追解该道，以益召募犒赏之费。所募精兵，专随各兵备官屯扎，别选素有胆略属官员分队统押。教习之方，随材异技，器械之备，因地异宜；日逐操演，听候征调。各官常加考校，以核其进止金鼓之节。本院间一调遣，以习其往来道途之勤。资装素具，遇警即发，声东击西，举动由己；运机设伏，呼吸从心。如此，则各县屯戍之兵，既足以护防守截；而兵备募召之士，又可以应变出奇。盗贼渐知所畏而格心，平良益有所恃而无恐，然后声罪之义克振，抚绥之仁可施，弭盗之方，斯惟其要。本院所见如此，其间尚有知虑未周，措置犹缺者，又在各官酌量润色，务在尽善，期于可久；亮爱民忧国之心既无不同，则拯溺救焚之图自不容缓。案至，即便举行，或有政务相妨，未能一一亲诣，先行各属，精为选发。先将召募所得姓名，及措置支费银粮，陆续呈报。事完之日，通造文册，以证查考。

十家牌法告谕各府父老子弟

本院奉命巡抚是方,惟欲剪除盗贼,安养小民。所限才力短浅,智虑不及;虽挟爱民之心,未有爱民之政。父老子弟,凡可以匡我之不逮,苟有益于民者,皆有以告我,我当商度其可,以次举行。今为此牌,似亦烦劳。尔众中间,固多诗书礼义之家,吾亦岂忍以狡诈待尔良民?便欲防奸革弊,以保安尔良善,则又不得不然,父老子弟,其体此意。自今各家务要父慈子孝,兄爱弟敬,夫和妇随,长惠幼顺,小心以奉官法,勤谨以办国课,恭俭以守家业,谦和以处乡里,心要平恕,毋得轻意忿争,事要含忍,毋得辄兴词讼,见善互相劝勉,有恶互相惩戒,务兴礼让之风,以成敦厚之俗。吾愧德政未敷,而徒以言教,父老子弟,其勉体吾意,毋忽!

轮牌人每日仍将告谕省晓各家一番。

十家牌式:

某县某坊

某人某籍

某人某籍

某人某籍

某人某籍

某人某籍

某人某籍

某人某籍

某人某籍

某人某籍

右甲尾某人

右甲头某人

此牌就仰同牌十家轮日收掌,每日酉牌时分,持牌到各家,照粉牌查审。某家今夜少某人，往某处，干某事，某日当回；某家今夜多某人，是某姓名，从某处来，干某事。务要审问的确，乃通报各家知会。若事有可疑，即行报官。如或隐蔽，事发，十家同罪。

各家牌式：

某县某坊民户某人。

某坊都里长某下，甲首军户，则云某所总旗小旗某下。匠户，则云某里甲下，某色匠。客户，则云原籍某处，某里甲下，某色人，见作何生理，当某处差役，有寄庄田在本县某都，原买某人田，亲征保住人某某。若官户，则云某衙门，某官下，舍人，舍余。

若客户不报写庄田在牌者，日后来告有庄田，皆不准。不报写原籍里甲，即系来历不明，即须查究。

男子几丁。

某。_{某项官，见任，致仕，在京昕选，或在家。} 某。_{某处生员，吏典。}

某。_{治何生业，成丁，未成丁，或往何处经营。} 某。_{见当某差役。}

某。_{有何技能，或患废疾。} 某。

某。 某。

见在家几丁，若人丁多者，牌许增阔，量添行格填写。

一，妇女儿口。

一，门面屋几间。_{系自己屋，或典赁某人屋。}

一，寄歇客人。_{某人系某处人，到此作何生理，一名名开写浮票写帖，客去则揭票；无则云无。}

案行各分巡道督编十家牌

照得本院巡抚地方，盗贼充斥。因念御外之策，必以治内为先。顾莅事未久，尚昧土俗；永惟抚缉之宜，憺然未有所措。访得所属军民之家，多有规图小利，寄住来历不明之人，同为狡伪欺窃之事；甚者私通掌贼，而与之传递消息；窝藏奸宄，而为之盘据夤缘；盗贼不靖，职此其由。合就行令所属府县，在城居民每家各置一牌，备写门户籍贯及人丁多寡之数，有无寄住暂宿之人，揭于各家门首，以凭官府查考。仍编十家为一牌，开列各户姓名，背写本院告谕，日轮一家，沿门按牌审察动静；但有面目生疏之人，踪迹可疑之事，即行报官究理。或有隐慝，十家连罪，如此，庶居民不敢纵恶，而奸伪无所潜形。为此仰钞案回道，即行各属府县，着落各掌印官，照依颁去牌式，沿街逐巷，挨次编排，务在一月之内了事。该道亦要严加督察，期于着实施行，毋使虚应故事。仍令各将编置过人户姓名造册缴院，以凭查考；非但因事以别勤惰，且将旌罚以示劝惩。

告谕各府父老子弟

告谕父老子弟，今兵荒之余，困苦良甚，其各休养生息，相勉于善。父慈子孝，兄友弟恭，夫和妇从，长惠幼顺，勤俭以守家业，谦和以处乡里，心要平怒，毋怀险谲，事贵含忍，毋轻斗争。父老子弟曾见有温良逊让、卑己尊人而人不敬爱者乎？曾见有凶狠贪暴、利己侵人而人不疾怨者乎？夫嚣讼之人争利而未必得利，求伸而未必能伸，外见疾于官府，内破败其家业，上辱父祖，下累儿孙，何苦而为此乎？此邦之俗，争利健讼，故吾言恳恳于此。吾愧无德政，而徒以言教父老，其勉听吾言，各训戒其子弟，毋忽！

剿捕漳寇方略牌 正月

据福建、广东布、按二司参议等官张简等各呈剿捕事宜，已经行仰遵照案验施行。所有方略，恐致泄露，不欲备开案内。为此另行牌仰广东岭东，福建汀、漳等处兵备佥事顾应祥、胡琏，密切会同守巡纪功赞画等官，于公文至日，便可扬言。

本院新有明文，谓：天气向暖，农务方新，兼之山路崎险，林木蓊翳，若雨水洊至，瘴雾骤兴，军马深入，实亦非便。莫若于要紧地方，量留打手机兵，操练堤备。其余军马，逐渐抽回；待秋收之后，风气凉冷，然后三省会兵齐进。或宣示远近，或晓谕下人，此声既扬，却乃大飨军士，阳若犒劳给赏，为散军之状；实则感激众心，作兴士气。一面亦将不甚紧关人马抽放一处两处，以信其事。其实所散人马，亦可不远，而复预遣间谍，探贼虚实。有间可乘，即便赍粮衔枚，连夜速发。当此之时，却须舍却身家，有死无生，有进无退，若一念转动，便成大害。劲卒当前，重兵继后，伺至其地，鼓噪而入。仍戒当先之士，惟在摧锋破阵，不许斩取首级。后继重兵，止许另分五六十骑，沿途收斩；其余亦不得辄乱行次，违者就便以军法斩首。重兵之后，纪功赞画等官各率数队，相继而进，严整行伍，务令鼓噪之声连亘不绝，使诸贼逃遁山谷者，闻之不得复聚。若贼首未尽，探其所如，分兵速蹑，不得稍缓，使贼复得为计。已获渠魁，其余解散党与，平日罪恶不大，可招纳者，还与招纳；不得贪功，一概屠戮。乘胜之余，尤要振兵肃旅如初；遇敌不得恃胜懈弛，恐生他虞。归途仍将已破贼巢，悉与扫荡，经过寨堡村落，务禁摽掠，宜抚恤者，即加抚恤；宜处分者，即与处分；毋速一时之归，复遗他日之悔。本院奉命而来，专以节制四省沿边军职为务。即今进兵，一应机宜，悉宜禀听本院，庶几事有总领，举动齐一。授去方略，敢有故违，悉以军法论处。各官知会之后，即连名开具遵依揭帖，密切回报。

案行广东福建领兵官进剿事宜

据福建、广东按察司等衙门备呈到院。看得两省剿捕事宜，设施布置，颇已详备。诚使诸将齐心，军士用命，并举夹攻，已有必克之势。但事干各省，举动难一，顿兵既久，变故旋生，则谋算机宜，旬日顿异，亦难各守初议，执为定说。

照得福建军务，整缉既久，兼有海沧、演城、政和诸处打手，足可济事。诸将咸有以功赎罪之心，意气颇锐，当道亦皆协谋并力，期收克捷之功，利在速战。若当集谋之始，掩贼不备，奋击而前，成功可必。今即旷日持久，声势彰闻，各巢贼党，必有连络纠合，阻阴设械以御我师。其为奸党，当亦日加险密，至于今日，已为持久之师，且宜示以宽懈，待间而发。而犹执其乘机之说，张皇于外，以坚贼志，是谓知吾卒之可击，而不知敌之未可击也。

广东之兵，集谋稍缓，声威未震，意在倚重狼达土军，然后举事，利于持久，是亦慎重周悉之谋。谋贼闻之，虽相结聚，尚候土兵之集，以卜战期，其备必犹懈弛。若因而形之以缓，乘此机候，正可奋怯为勇，变弱为强，而犹执其持重之说，必候土军之至，以坐失事机。是徒知吾卒之未可击，而不知敌之正可击也。

善用兵者，因形而借胜于敌，故其战胜不复，而应形于无穷。胜负之算，间不容发，乌可执滞。除江西南、赣地方，凡通贼关隘，已行兵备副使杨璋委官堤备截杀，及将进剿方略，各另差人封付福建佥事胡琏，广东佥事顾应祥，会同守巡等官，密切遵依行事外。仰钞案回司，即行各官，务要同心协德，乘间而动，毋得各守一见，縻军偾事。一应举止，不必呈禀，以致误事。领军等官，随机应变，就便施行，一面呈报。如复彼此偏执，失误军机，定行从重参拿，决不轻贷。其军马钱粮、纪功给赏等项，已行有成规，不再更定。

案行漳南道守巡官戴罪督兵剿贼

据福建漳南道右参政艾洪等呈："准左参政陈策、副使唐泽手本，该三司遵依议委各职，随军纪功，运谋经略，依蒙前诣南靖县小溪中营住扎，查理军情，审验功次。大约贼众以四分为率：一分就擒，一分听抚，俱已审验查处明白；一分远遁广东境界，一分深藏本处山谷。狼子野心，绝岩峻岭，易以计破，难以兵碎，必须通将调募见在官军二万二千余名，再加议处，减冗兵以省费，留精兵以守险，待贼饥疲，随加抚剿，庶几军饷不缺，农业不废。节据各哨委官连日禀报，各贼恃居险阻，公然拒敌官军，不听招抚，合无继处本省钱粮，以坚自守之谋，催请广东狼兵，以助夹攻之计。"等因。随据参政陈策等呈："据镇海卫指挥高伟呈，指挥覃桓，县丞纪镛，被大伞贼众突出，马陷深泥，被伤身死。"等因到院。簿查先据参政陈策等呈，已经批各官酌量事机，公同会议，如是：贼虽据险而守，尚可出其不趋，掩其不备，则用邓艾破蜀之策，从间道以出奇。若果贼已盘据得地，可以计困，难以兵克，则用充国破羌之谋，减冗兵以省费。务在防隐祸于显利之中，绝深奸于意料之外，万全无失，佥谋皆同，然后呈来定夺去后。

今据前因，参照指挥高伟既奉差委督哨，自合与覃桓等相度机宜，协谋并进。却乃孤军轻率，中贼奸计，虽称督兵救援，先亦颇有斩获，终是功微罪大，难以赎准。广东通判陈策，指挥黄春，千百户陈洪、郑芳等，既与覃桓等面议夹攻，眼见摧败，略不应援，挫损军威，坏事匪细，俱属违法。各该领兵守备、兵备、守巡等官，督提欠严，亦属有违，合就通行参究。但在紧急用人之际，姑且记罪，查勘督剿。

及查添调狼兵一节，案查该省节呈：兵粮预备已久，惟俟克日进攻。今始成军而出，一遇小挫，辄求济师。况动调狼兵，往返数月，非但临渴掘井，缓不及事，兼据见在官兵二千有余，数已不少，兵贵善用，岂在徒多。况称粮饷缺乏，正宜减兵省费，安可益军匮财。

除广东坐视官员，及应否动调狼兵，另行查议外。仰钞案回道查勘，指挥覃桓，县丞纪镛，是否领兵夹攻，被伤身死；各官原领军兵若干，见在若干，其指挥仲钦，推官胡宁，道知事曾瑶，知县施祥等缘何不行策应，是否畏避退缩？俱要备查明白，从实开报。其覃桓等所统军兵，就仰高伟管领，戴罪杀贼，立功自赎。仍仰福建布政司作急查处，堪以动支银两，就呈镇巡衙门知会，差官领解军前接济，一面备数呈来，以凭查考，不许稽迟，致误军机。各该官员俱要奋勇协心，乘机进剿，毋顿兵遥制，以失机宜；毋坐待狼兵，以自懈弛；务须连营犄角，以壮我军之威；更休迭出，以蓄我军之锐；多方以误贼人之谋，分攻以疲贼人之守，扫荡巢穴，靖安地方，则东隅可收于桑榆，大捷不计其小挫，事完之日，通查功罪呈来，以凭酌量参奏。

案行领兵官搜剿余贼

据福建左参政陈策，副使唐泽会案呈："准漳南道参政艾洪、佥事胡琏手本，督据委员指挥徐麒等呈称，督领军兵，粘踪追贼，至象湖山贼寨，连营拒守，遵奉本院密谕，佯言犒众退兵，俟秋再举，密切部勒诸军，乘懈奋击云云。除将擒斩功次，审验监候枭挂外，呈乞照详。"等因到院。

卷查先准兵部咨前事，已经备行福建、广东二省漳南、岭东二道守巡、兵备、守备等官，钦遵。调兵上紧相机剿抚，并将进兵方略，行仰各官密切遵照施行，敢有故违，悉以军法论处去后。

续据福建布、按二司守巡漳南道右参政等官艾洪等呈："据委指挥高伟呈称，督同指挥等官覃桓等领兵克期夹攻，不意大伞贼众突出，陷入深泥，被伤身死。广东官兵在彼坐视，不行策救。"呈详到院。参看得各官顿兵日久，老师费财，致此败衄，显是不奉节制，故违方略，正行查勘参提间。随据广东按察司等衙门佥事顾应祥等官会呈前事，开称："约会福建官兵克期进攻间，爪探福建官军被大伞贼徒杀死指挥覃桓等情，各职随即统兵策应，当获贼人一名，审系贼首罗圣钦，执称余贼潜入箭灌巢内。率领官兵直抵地名白上村，遇贼交战，斩获贼级，俘获贼属。"等因，呈报前来。

看得象湖、箭灌最为峻绝，诸巢贼首，悉遁其间。贼之精悍，尽聚于此。自来兵卒所不能攻，今各官虽有前挫，随能密遵方略，奋勇协力，竟破难克之寨，以收桑榆之功，计其大捷，足盖小挫。但象湖虽破，而可塘犹存，贼首颇已就擒，而余猾尚多逃遁，若不乘此机会速行剿扑，薙草存根，恐复滋蔓，狡兔入穴，获之益难。除将功次另行查奏外，为此仰抄案回道，查照先行方略，乘此胜锋，急攻可塘，破竹之势，不可复缓。仍一面分兵搜斩余猾，毋令复聚为奸。罪恶未稔，可招纳者，还与招纳，毋纵贪功，一概屠戮。务收一篑之功，勿为九仞之弃。

本院即日自漳州起程，前来各营督战，仍与各官备历已破诸贼巢垒，共议经久之策。抄案。

奖励福建守巡漳南道广东守巡岭东道领兵官

据福建参政陈策、艾洪，副使唐泽，佥事胡琏，都指挥佥事李胤，广东参议张简，佥事顾应祥，都指挥佥事杨懋各呈称："据委官知府通判等官钟湘、徐玑等，率领军兵夹攻象湖、可塘、箭灌、大伞等处贼巢，前后擒斩贼首詹师富、罗宗旺等共计一千五百余名颗，及俘获贼属牛马器械等数。"到院。看得象湖、箭灌诸寨，皆系极险最深贼巢，自来官兵所不能下，今各官乃能运谋设策，协力夹攻，旬月之间，擒斩贼首，扫荡巢穴，谋勇显著，功劳可嘉。除将功次查奏外，通合先行奖励。为此牌仰汀州府上杭县，即便动支商税银两，买办彩段银花羊酒，委官分投领赍，备用鼓乐，迎送各官处，用旌勤劳，以明奖励之典。其余领哨有功官员知府钟湘等，就行该道照依定去赏格，酌量轻重，径自支给官钱，买办花红等项，一体赏劳。仍具由回报，以凭查考。

告谕新民

尔等各安生理，父老教训子弟，头目人等抚缉下人，俱要勤尔农业，守尔门户，爱尔身命，保尔室家，孝顺尔父母，抚养尔子孙，无有为善而不蒙福，无有为恶而不受殃。毋以众暴寡，毋以强凌弱，尔等务兴礼义之习，永为良善之民。子弟群小中或有不遵教诲，出外生事为非者，父老头目即与执送官府，明正典刑，一则彰明尔等为善去恶之诚，一则剪除莨莠，免致延蔓，贻累尔等良善。

吾今奉命巡抚是方，惟欲尔等小民安居乐业，共享太平。所恨才识短浅，虽怀爱民之心，未有爱民之政。近因督征象湖、可塘诸处贼巢，悉已擒斩扫荡，住军于此，当兹春耕，甚欲亲至尔等所居乡村，面问疾苦；又恐跟随人众，或至劳扰尔民，特遣官赍谕告，及以布匹颁赐父老头目人等，见吾勤勤抚恤之心。余人众多，不能遍及，各宜体悉此意。

钦奉敕谕切责失机官员通行各属

照得本院于本年六月十五日节该钦奉敕："近该巡按福建监察御史程昌奏，今年正月内，被漳州南靖地方流贼杀死领军指挥覃桓，县丞纪镛，射死军人打手一十五名。参称指挥高伟、参政陈策、艾洪、副使唐泽、佥事胡琏、都指挥李胤失机误事，俱各有罪。及称尔膺兹重寄，责亦难辞等因，下兵部议，谓前项贼情，自去年七月已敕彼处抚巡等官，相机抚剿，日久未见成功；今反堕贼计，丧师失事；欲将高伟、陈策等姑免提问，各令住俸，戴罪杀贼；并降敕切责，令尔立效赎罪。朕皆从之。敕至，尔宜亲诣潮、漳二府地方，申严号令，详审机宜，督同守巡领军等官，调集官军民快打手人役，儹运粮饷，指授方略，随贼向往，设法剿捕。其福建、广东、江西官员，悉听尔节制，有急，督令互相策应，约会夹攻，不许自分彼此，执拗误事。如有不用命，及迟误供军者，宜照原奉敕内事理，径自拿问施行。事有应与两广并江西巡抚等官议处者，公同计议而行，务要处置得宜，贼徒殄灭，以靖地方，钦此。"钦遵外。

照得本院于本年正月十六日抵赣莅事，当据福建参政陈策、佥事胡琏等呈："为急报贼情事，已经密具方略，行各官遵照，约会广东官兵，克期夹攻。随据各官呈称，指挥覃桓，县丞纪镛，在广东大伞地方，遇贼突出，抵战身死；又称象湖、可塘等寨，系极高绝险，自来官兵所不能攻，乞添调狼兵，俟秋再举。"等因到院。参看各官顿兵不进，致此败衄，显是不奉节制，故违方略，正宜协愤同奋，因败求胜，岂可辄自退阻，倚调狼兵，坐失机会。本院即于当日选兵二千，自赣起程，进军汀州，一面督令各官密照方略，火速进剿，立功自赎，一面查勘失事缘由，另行参奏间。

随据各官续呈，遵奉本院纸牌密谕，佯言犒众班师，乘贼怠弛，衔枚直捣，攻破象湖等寨。又经行令各官，乘此胜锋，速攻可塘，破竹之势，不可复缓，仍一面分兵搜擒余猾，毋令复聚为奸。本院亦自汀州进军上杭，期至贼寨，亲自督战。随据各官复呈，为捷音事，开称："攻破贼巢三十余处，擒斩首从贼人一千四百二十余名颗，俘获贼属五百七十余名口，烧毁房屋二千余间，夺获牛马赃仗无算。即今余党，悉愿听抚，出给告示，招抚得胁从贼人一千二百三十五名，家口二千八百二十八名口，乞要班师。"等因。已经具本奏报去后。

今奉敕谕切责，不胜惶恐待罪，然犹幸其因人成事，偶获收功，愧虽难当，罪或可免。随又访得各贼徒党，尚多逃遁，诸巢余蘖，又复萌芽，果尔，则忧患方兴，罪累日重，深思其故，恐是各官急于成功，不能扫荡，或是惮于久役，为此隐瞒。本院闻此，实切惭惧，即欲遵奉敕谕事理，亲至漳州体勘查处。但今南、赣盗贼猖獗，方奉钦依来剿，师期紧迫，军马钱粮，必须调度，势难远出。又前项事情，出于传闻，未委虚的，合行查勘。为此仰钞捧回司，照依备奉敕谕，及查照先今案验内事理，即委本司公正堂上官一员，会同守巡该道官，亲诣漳州地方，督同知府等官，将已破贼巢，逐一查勘，前项强贼，曾否尽绝，所获贼首，是否真正，徒党有无逃遁，余蘖有无萌芽，是否各官苟且隐瞒，惟复别贼，各另生发。若贼首果已擒获，巢穴果已扫荡是实，取具各官不致遗患重甘结状，具由呈来。如或有所规避欺蔽，俱要明白声说，以凭参施行。若有脱漏残党，或是别项流贼，乘间啸聚。事出意外，亦要从实开报，就将防剿机宜，作急议处停当。相机行事，一面呈来定夺。无得畏难推诿，以致贻患地方，国典具存，取罪愈大，俱无违错迟延。

兵符节制 五月

先据该道具呈，计处武备以便经久事。议将原选听调人役，如宁都杀手廖仲器之属，尽行查出，顶补各县选退机兵，通拘赣城操演，以备征调，已经批仰施行去后。看得习战之方，莫要于行伍；治众之法，莫先于分数；所据各兵既集，部曲行伍，合先预定。为此仰钞案回道，照依定去分数，将词集各兵，每二十五人编为一伍，伍有小甲；五十人为一队，队有总甲；二百人为一哨，哨有长、协哨二人；四百人为一营，营有官、有参谋二人；一千二百人为一阵，阵有偏将；二千四百人为一军，军有副将。偏将无定员，临阵而设。小甲，于各伍之中选材力优者为之，总甲，于小甲之中选材力优者为之，哨长，于千百户义官之中选材识优者为之。副将得以罚偏将，偏将得以罚营官，营官得以罚哨长，哨长得以罚总甲，总甲得以罚小甲，小甲得以罚伍众。务使上下相维，大小相承，如身之使臂，臂之使指，自然举动齐一，治众如寡，庶几有制之兵矣。编选既定，仍每五人给一牌，备列同伍二十五人姓名，使之连络习熟，谓之伍符。每队各置两牌，编立字号，一付总甲，一藏本院，谓之队符。每哨各置两牌，编立字号，一付哨长，一藏本院，谓之哨符。每营各置两牌，编立字号，一付营官，一藏本院，谓之营符。凡遇征调，发符比号而行，以防奸伪。其诸缉养训练之方，旗鼓进退之节，要皆逐一讲求，务济实用，以收成绩。事完，备造花名手册送院，以凭查考发遣。

预整操练

　　案照先经批仰将听调人役，查拘操演，以备征调。即今兵威士气，已觉渐有可观。但诸色人内尚有遗才，亦合通拘操演。看得龙南等县捕盗老人叶秀芳等部下兵众，亦多经战阵；况各役向化日久，皆有竭忠报效之心。但其勇力虽有，而节制未谙；向慕虽诚，而情意未洽。一时调用，亦恐兵违将意，将拂士情，信义既未交孚，心志岂能齐一。为此仰钞案回道，通将所属向化义民人等，悉行查出，照依先行定去分数，行令各选部下骁勇之士，多者二三百人，少者一百人，或五十人，顺从其便，分定班次。各役若无别故，自行统领，或有事故相妨，许令推选亲属为众所服者代领，前来赣城，皆于教场内操演。除耕种之月，放令归农，其余农隙，俱要轮班上操。仍于教场起盖营房，使各有栖息之地；人给口粮，使皆无供馈之劳；效有功勤者，厚加犒赏；违犯约束者，时与惩戒。如此则号令素习，自然如身、臂、手指之便；恩义素行，自然兴父兄子弟之爱；居则有礼，动则有威，以是征诛，将无不可矣。

选募将领牌

看得所属地方，盗贼充斥，一应抚剿事宜，各该兵备等官，既以地方责任，势难频来面议。若专以公文往来，非惟事情不能该悉，兼恐机宜多致洿漏。为此牌仰郴州兵备道，即于所属军卫有司官，或义官耆老，推选素有胆略、才堪将领，熟知贼寨险夷，备晓盗情向背，忠慎周密，可相信任者一二人前来军门，凡遇地方机务，即与密切商度，往来计议，庶事可周悉，机无疏虞。

批留岭北道杨璋给由呈

据副使杨璋呈给由事。看得朝廷设官，本因保障；臣子尽职，匪专给由。副使杨璋才力精敏，识见练达，久在军中，习知戎务。见今盗贼猖炽，方尔请兵会剿，一应军马钱粮，皆倚赞画，方有次第。若因给由，遽尔轻动，更代之人，岂免事多生疏，交承之际，必至弊乘间隙，遂有出柙之虞，何益噬脐之悔。仰本官勿以循例给由为急，惟以效忠尽职为先，益展谋猷，仍旧供职。地方安靖，足申体国之勤，懋绩彰闻，岂俟天曹之考。仍行抚按衙门知会呈缴。

批广东韶州府留兵防守申

看得本院募兵选士，欲弭盗安民，正恐地利不能齐一，措置或有未周，故期各官酌量润色，务求尽善可久。今据该府各县所呈，非惟不能弭盗，而适以启盗；非徒不能安民，而又以扰民。此岂本院立法之初意哉？行仰各县掌印官，务体本院立法不得已之意，各要酌量事势，通融审处，苟无不尽之心，自无难处之事，兵法谓："守则不足，攻则有余。"今各县所留之兵，止于防守，而兵备所选之士，将以剿袭。防守之兵，虽老弱皆可以备数，而张威剿袭之士，非精锐不可以摧锋而陷阵。况各县所留尚有三分之二，而兵备所取止得三分之一，其于大势未便亏损。今取三分之一，而遂以为地方不复可守，假使原数止此，亦将别无措置之方耶？又况剿袭之兵既集，则兵威日振，声东击西，倏来忽往，贼将瞻前顾后，自然不敢轻出。各县防守愈易为力，此于事理亦皆明白易见。各官类皆狃于因循，惮于振作，惟知取私便之为利，而不知妨大计之为害。宜各除去偏小之见，共为公溥之谋。若复推调迟延，夹攻在迩，已经奏有成命，苟误军机，定以军法从事。

咨报湖广巡抚右副都御史秦防贼奔窜 八月

准巡抚湖广都御史奏咨云云，已经一体钦遵施行。续据江西岭北道副使杨璋看得朱广寨等处，系桂阳、乐平二县界内贼奔要路，今夹攻在迩，要行各道预发精兵把截。又经备行广东、湖广各官，起集骁勇机快，父子乡兵，选委素有能干官员统领，各于贼行要路，昼夜严加把截，或遇前贼奔逃，就便详察险易，相机截捕。或先于朱广、鱼黄贼所潜逃诸山寨，多张疑兵，使贼不敢奔往。务要虑出万全，不得堕贼奸计。各道仍须分投爪探，出奇设伏，先事预防，但得贼中虚实，差人飞报军门。大抵防寇如水，四面提防既固，但有一处渗漏，必致并力溃决。贼所奔逃，尚恐不止前项诸处，仍行各道，再加询访，但有罅隙，即便行文知会，互相关防，必使皆无蚁穴之漏，庶可全收草薙之功。

今准前因，为照前项各贼，屡经夹攻，狡猾有素，今闻大举，预将妻子搬寄，此亦势所必有。照得咨开，龚福全、李斌，皆已搬送妻子，近往桶冈亲识人家。除行岭北道密行擒拿，一面行文湖广各官，将前项窝户姓名，密切知会，或住近桂阳，或住近上犹，就仰各该守把官兵，相机剿捕外，拟合咨报云云。

集钦奉敕谕提督军务新命通行各属 九月

正德十二年九月十一日，节该钦奉敕谕："江西南安、赣州地方，与福建汀、漳二府，广东南、韶、潮、惠四府，及湖广郴州桂阳县壤地相接，山岭相连，其间盗贼不时生发，东追则西窜，南捕则北奔，盖因地方各省，事无统属，彼此推调，难为处置。先年以此之故，尝设有都御史一员，巡抚前项地方，就令督剿盗贼。但责任不专，类多因循苟且，不能申明赏罚，以励人心。致令盗贼滋多，地方受祸。今因尔所奏及该部复奏事理，特改命尔提督军务，常在赣州或汀州住扎，仍往前各处抚安军民，修理城池，禁革奸弊，一应军马钱粮事宜，俱听便宜区画，以足军饷，但有盗贼生发，即便严督各该兵备、守备、守巡，并各军卫有司，设法调兵剿杀，不许踵袭旧弊，招抚蒙蔽，重为民患。其管领兵快人等官员，不拘文职武职，若在军前违期，并逗留退缩者，俱听以军法从事。生擒盗贼，鞠问明白，亦听就行斩首示众。斩获贼级，行令各该兵备、守备官即时纪验明白，备行江西按察司造册奏缴，查照南方剿杀蛮贼事例，升赏激劝，仍要选委廉能官员，密切体访，或佥所在大户，并被害之家，及素有智力人丁，多方追袭，量加粮赏。或募知因之人，阴为乡导；或购令贼徒，自相斩捕；或许令胁从并亡命窝主人等，自行出首免罪。皆听尔随宜处置，不必执定一说。其应捕人员，尤要严加戒约，不许妄拿平人，及容贼挟仇攀引，因而吓诈财物，扰害良善。军卫有司官员中政务修举者，量加奖劝；其有贪残畏缩误事者，文职五品以下，武职三品以下，径自拿问发落。事有应与各该镇巡官计议者，亦须计议而行。尔为风宪大臣，受兹新命，尤宜廉能刚果，肃清积弊，以副朝廷委任之意，如违，责亦有所归焉。尔其钦承之，毋忽，故敕。钦此。"

钦遵，拟合通行。为此仰钞捧回司，照依案验备奉敕谕内事理，并行该道守巡、兵备、守备等官，及府卫等官，及府、卫、所、县大小衙门一体钦遵施行。都司呈镇守，布政司巡抚，按察司呈巡按衙门，各查照施行。

咨报湖广巡抚右副都御史秦夹攻事宜

准巡抚湖广都御史秦咨，内开："夹攻江西，该分哨道，并把截之路，及各该官军,不无追剿,往来过境,必须各给旗号识别,以防错误。凡遇贼势纵横,及攻坚去处,各领哨官即便发兵策应,同舟共济。"又称:"各省窝贼之家,今既各有指实,必须从长计处,绝其祸本,以收全功。烦为参酌行止,并将合行事宜咨报,以凭转行各该领兵等官遵守。"等因,准此。

先该本院访得大庾、南康、上犹三县近附贼巢良民村寨甚多,往年大征,不曾分别善恶,给与良民旗号,及拨兵护守,以致狼、土官兵贪功妄杀,玉石不分。亦有一二良民村寨,给与旗号,拨兵护守,又被不才领兵官员,并良民寨主,受贼重贿,及将有名贼首隐藏其家,事定仍复还巢,至今贻患。及有吉安府龙泉、万安、泰和三县,并南安府所属大庾等三县居民,无籍者往往携带妻女,入峯为盗;行劫则指引道路,征剿则通报消息,尤为可恶。即今闻有大兵夹攻,俱各潜行回家,遇有盘诘,辄称被掳逃归,因而得脱诛戮。若不通行挨究,将来事定,仍复入巢,地方之患,何时可已?就预行上犹等三县,著落当该掌印官员,查出附近贼巢居民村寨通计若干,图画申报,以凭每寨给与良善旗号,临期拨兵护守,仍取各寨主并地方总甲甘结在官。如有应剿贼徒来投,希图隐匿者,许其擒斩送官,照例重赏;容隐者事发,一寨之人通行坐以奸细重罪。其大庾、龙泉等六乡,各给告示晓谕乡村里老人等,但有平昔入峯为盗,即今潜出,许其举首,亦行照例给赏;容隐事发,本家并四邻一体坐罪。如此,庶良善免于玉石俱焚,而盗贼得以根株悉拔,俱经牌仰该道遵照施行外。

又据委官知府等官季斆等呈称,依奉本院方略,分兵于上犹、南康等处防遏,被贼两次纠众出攻南安,俱幸我兵克捷。即今贼势略已衰败,若乘此机会,直捣其巢,旬月之间,可期扫荡云云。本院看得三省夹攻事宜,集兵有先后,期约有迟速,如上犹、大庾之贼,江西先与湖广夹攻,止令广东之兵于仁化把截。候广东兵力已齐,听湖广、广东约会夹攻,江西之兵止于大庾把截。通候广东、湖广夹攻已毕,广东之兵移于惠州,江西之兵移于龙南，又行约会夹攻。如此庶先后有序，事机不失，兵力不竭，粮饷可省。又经移咨贵院查照施行外。

今准前因，看得官军过境，必须各给旗号识别，以防错误。攻坚去处，必须各领哨官即便发兵策应，庶得成功。持论既极公平，所处又甚详悉。除行领哨等官遵照施行外。惟守备指挥李璋所呈窝贼之家，传闻之言，未必皆实，已行该道再行查访，务求的实，拔绝祸源。其进攻次第，惟桶冈一处，该与湖广之兵会合；若长流坑、左溪等处，皆深入南安府所属三县腹心之内，见今不次拥众奔冲，势难止遏。本院欲将前项贼巢，以次相机剿扑。候贵治之兵齐集，会合夹攻桶冈。如此，则江西腹心之害已除，而二省夹攻之举，得以并力从事。拟合移咨前去，烦为查照定处，咨报施行。

征剿横水桶冈分委统哨牌

据守把金坑等处领兵县丞舒富等申称："探得各峯贼首，闻知湖广土兵将到，集众劫掠，猖炽日甚，凿山开堑，为佣益坚。又闻于桶冈后山，陡绝崖壁，结构飞梯，自此直入范阳，大山延袤千里，自来人迹所不能到，今皆搬运粮谷，设有机隘，意在悉力拒战，战而不胜，即奔入此中，截断飞梯，虽有十万之众，亦无所施其力，乞要急为区处。"等因到院。随将各峯擒获贼徒，备细研审，亦与所呈略同。

照得先经具题，及备行两省，将各处贼巢以次攻剿。先约湖广官兵，会攻上犹诸贼，未报。但南、赣兵力，自来疲弱，为贼所轻，必资湖广土兵，然后行事。贼见土兵未至，必以为夹攻尚远。虽若出其不意，奋兵合击，先以一哨急趋其后，夺其隘口，贼既失势，殆可尽殪。若必俟土兵之至，果如各官所呈，陷贼计中，老师费财，复为他日之患，追悔何及。本院节准兵部咨，题奉钦依："南、赣地方贼情，着都御史王守仁自行量调官军，设法剿捕，及近奉敕谕云云，俱听军法从事。钦此。"钦遵。除监督守巡官员外，令分投先往上犹、大庾等处调度催督外，本院身督中军，直捣横水大巢。所据各哨官兵，合就分委督发，依期进剿。

一，仰赣州府知府邢珣，统领后开官兵，自上犹石坑进，由上稍、石溪入磨刀坑，过白封龙，一面分兵搜茶潭、鸾突、井杞州坑，正兵经过朱坑、早坑入杨梅村，攻白蓝、横水，与都司许清，指挥谢昶、姚玺，知县王天与等兵会合，共结为一大营。及各选精锐，用乡导兵引，赍干粮三日，四搜附近各山寨，如茶潭、鸾井、杞州坑、寨下等处。多方爪探，务期尽绝，互相援应，毋致疏虞。左溪诸贼既尽，然后分哨起营，过背乌坑，穿牛角窟，逾梅伏坑，过长流坑，涉果木口，搜芒背，上思顺，过乌地，入上新地、中新地、下新地，攻桶冈峒诸贼，与知府唐淳，指挥余恩、谢昶等兵合势夹击，贼既败散，遂会各营连络犄角，为一大营。各营精锐，开合纵横，分布搜扒，必噍类无遗，候有班师期日，方许回兵。领哨各官及兵快人等，敢有临阵退缩，违犯号令者，仰遵照本院钦奉敕谕内事理，听以军法从事。本官务要竭忠效命，益展才猷，严督诸军，奋勇前进，荡除群丑，以靖地方。如或怠忽乖缪，致有疏虞，国典且存，罪难轻贷。本院即日进屯南康，亲临督战，一应进止机宜，密切差人俱赴营所禀白牌，候事完日缴。

计开：

安远县新民义官某某等名下打手八百名。乾字营哨长赵某某等名下机兵四百名，弓箭手一队，铳手八名，乡导二十名。火药八十斤，地图一张，军令八十张，号色布一千五百件。兵旗大小九十面。令字蓝绢大旗一面。_{奇兵搜扒用为先导，寻常皆卷，遇各营兵始开。}令字黄绢大旗一面。_{正兵行动用为先导，寻常皆卷，遇营兵始开。}

军令：失误军机者斩。临阵退缩者斩。违犯号令者斩。经过宿歇去处，敢有搅扰居民，及取人一草一木者斩。扎营起队，取火作食，后时迟慢者照军法治；因而误事者斩。安营住队，常如对敌，不许私相往来，及辄去衣甲器仗，违者照军法治；因而误事者斩。凡安营讫，非给有各队信牌，及非营门而辄出入者皆斩。守门人不举告者同罪。其出营樵牧汲水方便，而擅过营门外者杖一百。军中呼号奔走惊众者斩。虽遇贼乘暗攻营，将士辄呼动者斩。军中卒遇火起，除奉军令救火人外，敢有喧呼，及擅离本队者斩。军中守夜巡夜之人，每夜各有号色，号色不应者，即便收缚。军中不许私议军机，及妄言祸福休咎，惑乱众心，违者皆斩。凡入贼境哨探，可往而畏难不往，托故推调，及回报不实者斩。军行遇敌人往冲，及有埋伏在傍者，不许辄动，即便整队向贼牢把，相机杀剿，违者斩。军行遇贼众乞降，恐有奸谋，即要驻军严备，一面飞禀中军，令其远退，自缚来投，不许辄与相近；遇有自称官吏，及地方里老来迎接者，亦不许辄与相近，即便驻军严备，一面飞禀中军，审实发落，违者皆斩。贼使入营，及来降之人，将士敢与私语，及问贼中事宜，凡漏泄军情者斩。凡临阵对敌，一队失，全伍皆斩。邻队不救，邻队皆斩。贼败追奔，不得太远。一听号令，闻鼓方进，闻金即止，违者斩。贼巢财物，并听杀贼已毕，差官勘验给赏，敢有临阵擅取者斩。乘胜逐贼，不许争取首级；路有遗下金银宝物，不许低头拾取，违者皆斩。

一，仰统兵官汀州府知府唐淳，统领后开官兵，前往南安府，自百步桥、浮江、合村等处进屯聂都。会同把隘推官徐文英将点集守把乡夫，于内选取堪为乡导者一百名，分引哨路，进袭上关，破下关，乃分兵为三哨。中一大哨逾相见岭，扑密溪，径攻左溪。右一小哨从下关分道搜丝茅坝，复从中人哨丁密溪进攻左溪。左一小哨自密溪搜羊牯脑山，复自密溪从中大哨进攻左溪。三哨复合为一，与本院会于横水，遂会同守备郑文，知府季斆，指挥余恩，县丞舒富等兵，五营犄角合为一大营；乃各选精锐，用乡导分引，赍干粮二三日，四搜山寨，多方爪探，务期尽绝，互相援应，毋致疏虞。左溪诸贼既尽，听候本院再授方略，然后分哨起营，复自密溪回关田。推官徐文英仍于关田厚集营阵，以待奔窜遗贼，勿轻散动。本官自关田率兵由古亭进屯上保，复自上保历茶坑，由十八磊依期进于木坳，攻桶冈诸贼，与知府邢珣，指挥余恩等兵合势夹击。贼既败散，遂会各营连络犄角为一大营；各选精锐，开合纵横，分布搜扒，必使噍类无遗，候有班师之日，方许回兵。领哨各官及兵快人等,敢有临阵退缩、违犯号令者,仰既遵照本院云云。

计开:云云,下同。

一,仰南安府知府季斅,统领后开官兵,自南安府石人背进破义安,分兵搜朱雀坑,入西峰;分兵搜狐狸坑,进船厂;分兵搜李家坑,屯稳下;分兵搜李坑,遂逾狗脚岭,搜阴木坑,攻左溪。与本院会于横水,遂与守备郑文,知府邢珣、唐淳,指挥余恩,县丞舒富等兵合连为一大营;乃各选精锐,赍干粮三日,用乡导分引,四搜附近山寨,多方爪探,务期尽绝,互相援应,毋致疏虞。左溪诸贼既尽,然后分哨起营,过密溪,搜羊牯脑,逾相见岭,历上关、下关、关田,经古亭,分屯上保、茶坑,断胡芦洞等处贼路,四面设伏,以待桶冈奔贼,为都指挥许清之继,探候缓急,相机应援,必使根株悉拔,噍类无遗,候有班师期日,方许回兵。领兵各官及兵快人等,敢有临阵退缩违犯号令者,仰即遵照本院云云。

一,仰江西都司都指挥佥事许清,统领后开官兵,自南康进破溪湖,扑新地,袭杨梅坑,攻白蓝。与本院会于横水,遂与知府邢珣等兵会合,共结为一大营;乃各选精锐,用乡导分引,赍干粮二三日,四搜附近各山寨,多方爪探,务期尽绝,互相援应,毋致疏虞。横水诸贼既尽,听候本院再授方略,然后分哨起营,自横水穿牛角窟,搜川坳、阴木潭,会左溪,入密溪,过相见岭,历下关、上关、关田,上华山,过鳞潭,屯左泉,分断西山界、胡芦洞等贼路,四面设伏,以待桶冈奔贼。仍归屯横水,控制诸巢,遥与知府季斅相机应援。必使根株悉拔,噍类无遗,候有班师日期,方许回兵。领哨各官及兵快人等,敢有临阵退缩违犯号令者,仰即遵照本院云云。

一,仰守备南、赣二府地方以都指挥体统行事指挥使郑文,统领后开官兵,前往南安府,自石人坑度汤瓶岭,破义安,上西峰,过铅厂,破苦竹坑,剿长河洞,搜狐狸坑,攻左溪,与本院会于横水,遂与知府唐淳、季斅、指挥余恩、县丞舒富等兵,五营连络为一大营;乃各选精锐,用乡导分引,赍干粮二三日,四搜附近山寨,如天台庵、狮子山、丝茅坝等处，多方爪探，务期尽绝，互相援应，毋致疏虞。左溪附近诸贼既尽，听候本院再授方略，然后分哨起营，自左溪过密溪，分兵搜丝茅坝，会下关，入关田，过古亭，逾上保，搜茶坑，屯于十八磊，分兵断下章，设伏以待桶冈奔贼，为知府唐淳之继。使人探候消息，相机应援，必使远近各贼噍类无遗，候有班师期日，方许回兵。领兵各官及兵快人等敢有临阵退缩违犯号令者，仰即遵照本院云云。

一，仰赣州卫指挥余恩，统领后开官兵，自上犹官隘逾独孤岭，至营前，进金坑，屯过步，破长流坑，分兵入梅伏坑，破牛角窟、扑川坳、阴木潭，与正兵合攻左溪，与本院会于横水，遂与县丞舒富，知府唐淳、季斅，守备郑文等兵连络为一大营；乃各选精锐，赍干粮二三日，用乡导分引，四搜附近各山寨，多方爪探，务期尽绝，互相援应，毋致疏虞。左溪诸贼既尽，听候本院再授方略，然后分哨起营，过密溪，搜羊牯脑，逾相见岭，历下关、上关、关田，经华山、鳞潭、网夹里，从左溪入西山界，攻桶冈诸贼，与知府邢珣、唐淳、指挥谢昶等兵合势夹击。贼既败散，遂会各营连络犄角为一大营，各选精锐，开合纵横，分布搜扒，必使噍类无遗，候有班师期日，方许回兵。领兵各官及兵快人等，敢有临阵退缩违犯号令者，仰即遵照本院云云。

一，仰宁都县知县王天与，督同典史梁仪，统领后开官兵，自上犹官隘、员坑过琴江口，由白面寨至长潭，经杰坝，屯石玉，分兵搜樟木坑。正兵自黄泥坑过大湾，入员分，与本院会于横水，遂与知府邢珣、都司许清等兵会合，四营共结为一大营；乃合选精锐，用乡导分引，赍干粮二三日，四搜附近各山寨，多方爪探，务期尽绝，互相援应，毋致疏虞。横水等处诸贼既尽，听候本院再授方略，然后分哨起营，过背乌坑、牛角窟、梅伏坑，涉长流渡、果木口，搜芒背、上思顺，入乌地，经上新地、中新地，分屯下新地，分兵搜扒，断绝要路，四面设伏，以待桶冈之贼，为知府邢珣之继。使人探候缓急，乃与县丞舒富声息相接应援，必使噍类无遗，候有班师期日，方许回兵。领兵各官及兵快人等，敢有临阵退缩违犯号令者，仰即遵照本院云云。

一，仰南康县县丞舒富，统领后开官兵，自上犹营前、金坑进屯过步，破长流坑，径攻左溪，与本院会于横水，遂与知府邢珣、唐淳、季斅、守备郏文等兵合，四营共结为一大营；乃分选精锐，赍干粮，用乡导分引，四搜附近贼巢，如鳖坑、箬坑、赤坑、观音山、庵场、仙鹤头、源陂、左溪等处。诸贼既尽，听候本院再授方略，然后分哨起营，复自长流坑过果木口，搜芒背，搜铁木里，徇上池，遍搜东桃坑、山源、竹坝泉、大王岭、板岭诸巢，遂屯锁匙龙外，四面埋伏，以待桶冈奔贼。仍与知县王天与声息相接，彼此相机应援，必使噍类无遗，候有班师期日，方许回兵。领兵各官及兵快人等，敢有临阵退缩违犯号令者，仰即遵照本院云云。

一，仰吉安府知府伍文定，统领后开官兵，前去屯扎稳下，会同守备郏文并谋协力，搜剿稽芜等处贼巢，进屯横水，听候本院再授方略，然后进攻桶冈诸峒。本官仍须详察地理险易，相度机宜，协和行事，毋得尔先我后，力散势分，致失事机。国典具存，决不轻贷。其领哨各官及兵快人等，敢有临阵退缩违犯号令者，许即以军法从事。军中一应事宜，亦听随宜应变，应呈报者，仍呈军门施行。

一，仰广东潮州府程乡县知县张戩，统领部下新民、打手、乡夫人等，搜剿稽芜、黄雀坳、新地等处贼巢，进屯横水，听候本院再授方略，然后进攻桶冈诸峒。本官仍须详察云云。

一，仰中军营参随官。

案行分守岭北道官兵戴罪剿贼

参看稽芜大山，不系进兵隘路，若使郏文、季斅等遵依本院方略，直趋左溪，与诸军连营合势，兵威既振，然后分兵四剿，则稽芜等巢，自然闻风而靡。今乃不遵约束，顿兵僻路，以攻险绝坚小之寇，反致损威挫锐，非但有乖节制，抑且违误师期。若使各哨官兵皆若季斅等后期不进，则左溪、横水贼巢，根本腹心之地，何由攻破，诸军何由得有今日之胜！论情定罪，俱合处以军法。但今各营皆已乘胜追逐，贼徒四散奔溃，正系紧关搜节之际，姑令戴罪剿绝，以赎前辜。为此仰钞案回道，速督各官，分投把截搜剿；俱要励志奋勇，毋徒退缩以自全，毋以小挫而自馁，务奋渑池之翼，以收桑榆之功。如复仍前畏缩违误，军令具存，难再容恕。仍将阵亡千户刘彪，及被伤兵夫人等，查验纪录，量加优恤。

搜剿余党牌

照得本院于本月十二日亲督诸军进破横水等巢，诸军皆奋勇敢死，夺险陷阵，贼乃大败，擒斩功次数多，良已可嘉。但闻余党往往复相啸聚，千百为群，设栅阻险，复为抗拒官兵之备。所据各兵进攻之日，攀崖缘壁，下上险阻，疲困已极，兼之阴雨，连日瘴雾，咫尺不辨，故且容令各兵暂尔休息。今天气渐开，兵力已苏，若不乘此破竹之势，疾速急击，使诸贼声势复得连络，用力益难。为此牌仰该道官吏，严督各营官兵，星夜速进，务在三日之内扫荡余孽，必使噍类无遗。敢有狃于一胜，怠忽因循，逗遛不进，致误军机者，仰即遵照敕谕事理，当时以军法从事。该道亦要身督各官，奋勇前进，毋亏一篑，务在万全。

奖励湖广统兵参将史春牌

据副使杨璋呈称："遵奉本院牌案，监督各营官兵，照依二省刻定日期，于十一月初十日午时，攻破桶冈大峒，贼徒皆已擒斩，巢穴悉已扫荡。但湖广官兵未知，恐仍复前来，非但无贼可剿，抑且徒劳远涉，乞将湖广官兵留屯彼地，免其过境，实为彼此两便。"等因到院。

看得桶冈天险，先经夹剿，围困半年，终不能下。乃今一鼓而破，斯固诸将用命，军士效力，实亦湖广兵威大震，有以慑服其心。故破巢之日，不敢四散奔溃，以克收兹全功。访得湖广统兵参将史春，纪律严明，行阵肃整，故能远扬威武，致兹克捷，虽兵不接刃而先声以张，相应差官奖励。为此牌差千户高睿赍领后开花红礼物，前去湖广郴州亲送本官营内，传布本院奖励之意，以彰本官不显之功。

设立茶寮隘所

照得抚属上犹等县所辖桶冈天险，四面青壁万仞，中盘二百余里，连峰参天，深林绝谷，不睹日月，贼众屯据其间，东出西没，游劫殆遍，人民遭其荼毒，地方受其扰害，先年亦尝用兵夹剿，坐困数月，不能俘其一卒，竟以招抚为名而罢。近该本院奉命征剿，伏赖天威，悉已扫荡。但恐官兵撤后，四方流贼，乘间复聚。必须于紧关去处，设立隘所，分拨军兵，委官防御，庶使地方得以永宁。

本院见屯茶寮，亲督知府邢珣、唐淳等遍历各处险要，相视得茶寮正当桶冈之中，自来盗贼据以为险，西通桂东、桂阳，南连仁化、乐昌，北接龙泉、永新，东入万安、兴国，堪以设隘保障。当因湖广官兵未至，各营屯兵坐候，因以其暇，责委千户孟俊等督领兵夫，先行开填基址，伐木立栅，起盖营房。见今规模草创已具，本院即欲移营上犹，必须委官督工，庶几垂成之功不致废弛。及照茶寮既设隘所，就合摘拨官兵防御，查得皮袍洞隘兵，原非紧要，合改移茶寮，及于邻近上保、古亭、赤水、鲜潭、金坑编选隘夫，兼同防守，庶一劳永逸，事可经久。为此仰钞案回道，坐委能干县官一员，前去茶寮督工完造，务要坚固永久，不得因循迟延。一面查照本院钦奉敕谕随宜处置事理，即将原拨守把皮袍洞隘官兵，尽数移就茶寮住扎；一面于上保、赤水、古亭、鲜潭、金坑等寨，量丁多寡，每寨抽选精壮者一二百名，兼同防御。其合用匠作工食等项，行令上犹、南康、大庾三县量支官钱给用，完日具数，及起拨官兵数目，一并回报查考。仍呈抚镇巡按衙门知会。

牌行招抚官 正德十三年二月

据县丞舒富禀称："横水等处新民廖成、廖满、廖斌等前来投招。随又招出别山余党唐贵安等一百四十二名口，俱称原系被胁无辜，乞要安插，照例粮差。"等因到院。照得横水、桶冈诸贼，已经本院亲调官兵，将贼首蓝天凤等悉已擒剿，奏捷去后。近准兵部咨，奏奉敕旨："横水、桶冈等处贼首谢志山、蓝天凤、萧贵模等，既已擒剿，地方宁靖。有功官兵俱升一级，不愿升者，照例给赏。此后但有未尽余党，务要曲加招抚，毋得再行剿戮，有伤天地之和。其横水建立县治，俱依所奏施行。"备咨，准此。除查照通行外。

看得新民廖成等诚心投抚，意已可嘉，又能招出余党，非但洗其既往之罪，亦当录其图新之功。况今奉有敕旨，方欲大普弘仁，而廖成等投顺，适当其时，相应量加升赏，一以见朝廷之宽仁，一以励将来之向化。为此牌仰县丞舒富，即将新民廖成授以领哨义官，廖满、廖斌等各与巡捕老人名目，令其分统招出新民，编立牌甲，听候调遣杀贼，更立新效，以赎旧愆。就于横水新建县城内立屋居住，分拨田土，令其照例纳粮当差。本官务加抚恤，毋令失所，有亏信义。仍仰谕各新民，俱要洗心涤虑，永为良善，毋得听信仇家恐吓，妄生惊疑，自取罪累。及照见今农时已逼，新民人等牛具田种，尚未能备，今特发去商税银一百两，就仰本官置买耕牛农器，分给各民，督令上紧趁时布种。其有见缺食用者，亦与量给盐米。一应抚安绥来之策，有可施行，俱仰本官悉心议处呈来。

批留兵搜捕呈

看得乐昌等处贼徒，构怨连年，流毒三省。今兵备佥事王大用等，乃能身历险阻，设谋调度，数月之内，致此克平，论厥功劳，良可嘉尚。除具本奏报，及一面先行犒奖外。以据各哨贼徒穴巢，虽已底定，而漏殄难保必无。况闻湖兵撤后，各该巢穴，多复啸聚。河源、龙川诸处残贼，亦复招群集党，连结渐多，逆其将来，必复炽盛。今虽役久兵疲，且宜班师息众，但留兵搜捕，亦不可苟。毋谓斩木之不蘗，死灰之不然，苟涓涓之不塞，将江河之莫御。其狼兵既已罢散，难复追留。若机快乡兵之属，暂令归休，即可起集为轮番迭出之计，务使搜剿之兵，若农夫之耘耨，庶几盗贼之种，如莨莠之可除。该道仍备行搜捕，各官务体此意，悉拔根苗，无遗后患。批呈缴。

批将士争功呈

据兵备佥事王大用呈，乐昌县知县李增缉获大贼首李斌等，审议明白。绩据湖广永州府推官王瑞之呈称，广东差人邀夺等情，已拘知县见在人役，追出原得获李斌金簪银两荷包见在，显是湖广兵快计擒，不得妄报掩饰。

看得迩者大征之举，湖广实首其谋，江、广亦协其力，既名夹攻，事同一体，湖兵有失，是亦广兵之罪，广人有获，斯亦湖人之功。况今贼首既擒，则湖广领哨之官亦复何咎；虽云因虞得鹿，而广东计诱之人亦非无功。但求共成厥事，何必已专其伐，矧各呈词，亦无相远。就如湖广各官所呈，即广人乘机捕获之功居然自见；就如广东各官所呈，则湖官运谋驱逐之劳亦自不掩。获级者匹夫之所能，争功者君子之大耻。仰该道备行湖广守巡等官，彼此同心易气，各自据实造册。

告谕浰头巢贼 正德十二年五月

本院巡抚是方，专以弭盗安民为职。莅任之始，即闻尔等积年流劫乡村，杀害良善，民之被害来告者，月无虚日。本欲即调大兵剿除尔等，随往福建督征漳寇，意待回军之日剿荡巢穴。后因漳寇即平，纪验斩获功次七千六百有余，审知当时倡恶之贼不过四五十人，党恶之徒不过四千余众，其余多系一时被胁，不觉惨然兴哀。因念尔等巢穴之内，亦岂无胁从之人？况闻尔等亦多大家子弟，其间固有识达事势，颇知义理者。自吾至此，未尝遣一人抚谕尔等，岂可遽尔兴师剪灭？是亦近于不教而杀，异日吾终有憾于心。故今特遣人告谕尔等，勿自谓兵力之强，更有兵力强者；勿自谓巢穴之险，更有巢穴险者，今皆悉已诛灭无存。

尔等岂不闻见？

夫人情之所共耻者，莫过于身被为盗贼之名；人心之所共愤者，莫甚于身遭劫掠之苦。今使有人骂尔等为盗，尔必怫然而怒。尔等岂可心恶其名而身蹈其实？又使有人焚尔室庐，劫尔财货，掠尔妻女，尔必怀恨切骨，宁死必报。尔等以是加人，人其有不怨者乎？人同此心，尔宁独不知。乃必欲为此，其间想亦有不得已者，或是为官府所迫，或是为大户所侵，一时错起念头，误入其中，后遂不敢出。此等苦情，亦甚可悯。然亦皆由尔等悔悟不切。尔等当初去从贼时，乃是生人寻死路，尚且要去便去。今欲改行从善，乃是死人求生路，乃反不敢，何也？若尔等肯如当初去从贼时，拚死出来，求要改行从善，我官府岂有必要杀汝之理？尔等久习恶毒，忍于杀人，心多猜疑。岂知我上人之心，无故杀一鸡犬，尚且不忍，况于人命关天，若轻易杀之，冥冥之中，断有还报，殃祸及于子孙，何苦而必欲为此。我每为尔等思念及此，辄至于终夜不能安寝，亦无非欲为尔等寻一生路。惟是尔等冥顽不化，然后不得已而兴兵，此则非我杀之，乃天杀之也。今谓我全无杀尔之心，亦是诳尔；若谓我必欲杀尔，又非吾之本心。尔等今虽从恶，其始同是朝廷赤子，譬如一父母同生十子，八人为善，二人背逆，要害八人，父母之心须除去二人，然后八人得以安生。均之为了，父母之心何故必欲偏杀二子，不得已也；吾于尔等，亦正如此。若此二子者，一旦悔恶迁善，号泣投诚，为父母者，亦必哀悯而收之。何者？不忍杀其子者，乃父母之本心也。今得遂其本心，何喜何幸！如之吾于尔等，亦正如此。

闻尔等辛苦为贼，所得苦亦不多，其间尚有衣食不充者。何不以尔为贼之勤苦精力，而用之于耕农，运之于商贾，可以坐致饶富而安享逸乐，放心纵意，游观城市之中，优游田野之内？岂如今日，担惊受怕，出则畏官避仇，入则防诛惧剿，潜形遁迹，忧苦终身；卒之身灭家破，妻子戮辱，亦有何好？尔等好自思量，若能听吾言改行从善，吾即视尔为良民，抚尔如赤子，更不追咎尔等既往之罪。如叶芳、梅南春、王受、谢钺辈，吾今只与良民一概看待，尔等岂不闻知？尔等若习性已成，难更改动，亦由尔等任意为之。吾南调两广之狼达，西调湖、湘之土兵，亲率大军围尔巢穴，一年不尽至于两年，两年不尽至于三年。尔之财力有限，吾之兵粮无穷，纵尔等皆为有翼之虎，谅亦不能逃于天地之外。

呜呼！吾岂好杀尔等哉？尔等苦必欲害吾良民，使吾民寒无衣，饥无食，居无庐，耕无牛，父母死亡，妻子离散。吾欲使吾民避尔，则田业被尔等所侵夺，已无可避之地；欲使吾民贿尔，则家资为尔等所掳掠，已无可贿之财；就使尔等今为我谋，亦必须尽杀尔等而后可。吾今特遣人抚谕尔等，赐尔等牛酒银两布匹，与尔妻子，其余人多不能通及，各与晓谕一道。尔等好自为谋，吾言已无不尽，吾心已无不尽。如此，而尔等不听，非我负尔，乃尔负我，我则可以无憾矣。呜呼！民吾同胞，尔等皆吾赤子，吾终不能抚恤尔等而至于杀尔，痛哉痛哉！兴言至此，不觉泪下。

进剿浰贼方略

照得抚属龙川县地名浰头，积年老贼池大鬓等，不时纠众突出河源、翁源、安远、龙南、信丰等处，攻打城池，杀掳人口。先年亦尝征剿，皆因预失防御，以致漏网。后虽阳为听招，其实阴图不轨，班师未几，肆出劫掠，数年以来，民受荼毒，控告纷纭，有不忍言。若不趁时计剿，地方何以宁谧？为此仰钞案回道，会同分守守备等官，即行该府知府陈祥，速将合用粮饷等项，一面从长议处，一面即于所属选集精壮骁勇、曾经战阵、机快兵壮人等三千名，少或二千名，各备锋利器械，编成队伍，坐委素能谋勇官员统领。一面密行龙川、河源等附近贼巢等县，亦各选募惯战杀贼兵快二千名，委官分押，督同近巢知因、被害、义官、新民、头目人等，分截要路。就仰知府陈祥总督诸军，亲至贼巢去处，指画方略，克期进剿。仍行先取知因乡导数十人，令其备将贼巢道路险易，画图贴说，要见某处平坦，人马可以直捣；某处险阻，可以把截；某处系贼必遁之路，可以设伏邀击；某处贼所不备，可以间道扑掩；各要一一详察停当，务尽机宜，具由连图差人马上赍报。以凭差官赍执令旗令牌，克期并力进攻，必使根株悉拔，噍类无遗，以靖地方。

克期进剿牌 正德十三年正月

案照浰头老贼池大鬓等，不时纠众攻打城池，杀掳人口，屡征屡叛。近年以来，阴图不轨，恶焰益炽。除将贼首池仲容设计擒获外，其余在巢贼党，若不趁机速剿，不无祸变愈大，地方何由安息？本院已先密切分布哨道，行仰知府陈祥统领典史姚思衡，驿丞何春，巡检张行，报效生员陈经世，新民卢琢等官军，从何平入攻热水巢，五花障巢，钱石障巢，直捣中浰大巢。知府邢珣统领知县王天与，典史梁仪，并老人叶秀芳、黄启济，义官吴明等官兵，从太平入攻芳竹湖巢，白沙巢，黄田坳巢，中村巢，直捣上浰大巢。指挥姚玺统领新民梅南春等兵，从乌虎镇入攻淡方巢，石门由巢，直捣岑冈大巢。指挥余恩统领百长王受、黄金巢等兵，从龙子岭入攻溪尾巢，塘涵洞巢，古地巢，空背巢，直捣下浰大巢。千户孟俊统领义官陈英、郑志高、新民卢琢等官兵，从各平入攻平地水巢，大门山巢，黄狗坳巢，直捣中浰大巢。推官危寿统领义民叶芳，百长孙洪舜等官兵，从南步入攻脱头石巢，镇里寨巢，羊角山巢，直捣中浰大巢。知府季斅兵，从信丰县黄田冈入攻新山径巢，古地巢。县丞舒富兵，从信丰县乌径入攻旗岭巢，顿冈巢。及行仰守备指挥郑文，监督指挥姚玺、余恩，千户孟俊等三哨官兵，分路进剿。本院亦自行督领帐下随征官属兵快人等，从冷水径直捣下浰大巢，亲自督战，刻期俱于本年正月初七日寅时四路并进外。牌仰兵备副使杨璋，不妨本道事务，遵照本院钦奉敕谕事理，前去军前，纪验功次，处置粮饷，及行催督各哨官兵，依期进剿，所获功次，务要审验明白，从实纪录。仍候巡按纪功御史至日覆实，照例造册奏缴。及造清册一本，送院查考。其军中一应进止机宜，俱仰密切呈来定夺。

批汀州知府唐淳乞休申

据知府唐淳申称："患病乞赐放归。"看得知府唐淳，沉勇多智，精敏有为，兼之持守能谨，制事以勤。近因本院调委领兵征剿南安诸贼，效劳备至，斩获居多，虽克捷之奏已举，而赏功之典未颁。况汀州所属，多系新民，投招未久，反侧无常，正赖本官威怀缉抚，以为保障；纵有微疾，不便起居，即其才能，岂妨卧治？仰该府即行本官，不妨养疾，照旧管事，安心职务，善求药饵，务竭委身之忠，勿动乞休之念。申缴。

告谕

告谕百姓，风俗不美，乱所由兴。今民穷苦已甚，而又竞为淫侈，岂不重自困乏。夫民习染既久，亦难一旦尽变，吾姑就其易改者，渐次诲尔：

吾民居丧不得用鼓乐，为佛事，竭赀分帛，费财于无用之地，而俭于其亲之身，投之水火，亦独何心！病者宜求医药，不得听信邪术，专事巫祷。嫁娶之家，丰俭称赀，不得计论聘财妆奁，不得大会宾客，酒食连朝。亲戚随时相问，惟贵诚心实礼，不得徒饰虚文，为送节等名目，奢靡相尚。街市村坊，不得迎神赛会，百千成群。凡此皆靡费无益。有不率教者，十家牌邻互相纠察；容隐不举正者，十家均罪。

尔民之中，岂无忠信循理之人？顾一齐众楚，寡不胜众，不知违弃礼法之可耻，而惟虑市井小人之非笑，此亦岂独尔民之罪？有司者教导之不明与有责焉。至于孝亲敬长、守身奉法、讲信修睦、息讼罢争之类，已尝屡有告示，恳切开谕，尔民其听吾诲，尔益敦毋怠！

仰南安赣州印行告谕牌

照得有司之政，风俗为首，习俗侈靡，乱是用生。本院近因地方多盗，民遭荼毒，驱驰兵革，朝夕不遑，所谓救死不赡，奚暇责民以礼义哉？今幸盗贼稍平，民困渐息，一应移风易俗之事，虽亦未能尽举，姑先就其浅近易行者开道训诲。为此牌仰本府官吏，即将发去告谕，照式翻刊，多用纸张，印发所属各县，查照十家牌甲，每家给与一道。其乡村山落，亦照屯堡里甲分散，务遵依告谕，互相戒勉，共兴恭俭之风，以成淳厚之俗。该府仍行各县，于城郭乡村推选素行端方、人所信服者几人，不时巡行晓谕，各要以礼优待，作兴良善，以励末俗，毋得违错。

禁约榷商官吏

照得商人比诸农夫，固为逐末，然其终岁弃离家室，辛苦道途，以营什一之利，良亦可悯！但因南、赣军资无所措备，未免加赋于民，不得已而为此，本亦宽恤贫民之意。奈何奉行官吏，不能防禁奸弊，以致牙行桥子之属，骚扰客商，求以宽民，反以困商，商独非吾民乎？除另行访拿禁约外。仰钞案回道，即便备行收税官吏，今后商税，遵照奏行事例抽收，不许多取毫厘；其余杂货，俱照旧例三分抽一，若资本微细，柴炭鸡鸭之类，一概免抽。桥子人等止许关口把守开放，不得擅登商船，假以查盘为名，侵凌骚扰，违者许赴军门口告，照依军法拿问。其客商人等亦要从实开报，不得听信哄诱，隐匿规避，因小失大，事发照例问罪，客货入官。及照船税一事，亦被总甲侵扰，今后官府合行船只，俱要实价给顾，就行抽分厂查给票帖，以防诈伪。该道仍将应抽、免抽逐一查议则例呈来。

批赣州府赈济石城县申

看得所申赈济，既该府议许中户籴买，下户给散，准如所议施行。今出籴之数止及二千，而坐济之民不知几许，附郭者得遂先获之图，远乡者必有不沾之惠。近日赣县发仓，其弊可见。仰行知县林顺会同先委县丞雷仁先，选该县殷实忠信可托者十数辈，不拘生员耆老义民，各给斗斛，候远乡之民一至，即便分曹给散。仍选公直廉明之人数辈在傍纠察，如有夤缘顶冒，即时擒拿，昭议罚治，庶几小民得蒙救急之惠，而远乡可免久候之难。

议处河源余贼

看得河源等处贼情，本院屡经批仰该道会同守巡等官，从长计议，相机剿捕。今复据呈，看得贼势渐盛，民患日深，该道既以兵力劳备，势未能克，即须会同守巡守备等官，或亲至贼巢，或于附近贼巢处所屯扎，选差知因通贼晓事人役，赍执告示榜文，权且抚谕各贼，委曲开譬。或姑赐以牛酒、银布、耕具、种子之类，令其收众入巢，趁时耕作，因使吾民亦得暂免防截之役，及时尽力农亩；一面选兵励士，密切分布哨道，候收敛已毕，各巢亦积有粮米，然后的探虚实，克期并举，出其不趋，掩其不备，是乃籍兵于民，因粮于贼，非独可以稍纾日前之急，亦因得以永除日后之患矣。今若兵力不足，既未能剿，又不从权抚插，任其出没往来，则非惟民不安生，穷困愈甚。抑且贼亦失其农业，衣食不给，若非掳掠，何以为生？是所谓益重吾民之苦，而愈长群贼之奸，兵粮日耗，后欲图之，功愈难矣。仰该道会同守巡守备等官，上紧议处施行回报，毋得徒事往复，致酿后艰。其各该官司兵快人等，不论或抚或剿，俱要时时操练整束，密切提备，不得纵弛，致有疏虞。

告谕父老子弟 正德十四年二月

顷者顽卒倡乱，震惊远迩，父老子弟甚忧苦骚动。彼冥顽无知，逆天叛伦，自求诛戮，究言思之，实足悯悼！然亦岂独此冥顽之罪？有司者抚养之有缺，训迪之无方，均有责焉。虽然，父老之所以倡率饬励于平日，无乃亦有所未至欤？今倡乱渠魁，皆就擒灭；胁从无辜，悉已宽贷。地方虽已宁复，然创今图后，父老所以教约其子弟者，自此不可以不预。故今特为保甲之法，以相警戒联属，父老其率子弟慎行之！务和尔邻里，齐尔姻族，德义相劝，过失相规，敦礼让之风，成淳厚之俗。本院奉命抚巡兹土，属有哀疚，未遑匍匐来问父老疾苦，廉有司之不职，究民之利弊而与除之。故先遣谕父老子弟，使各知悉。方春，父老善相保爱，督子弟及时农作，毋惰！

行龙川县抚谕新民

先据推官危寿并龙川县各申：依奉本院钧牌，将新民卢源、陈秀坚、谢凤胜等安插和平，及拨田地耕种；并拘仇家当面开释，各安生理，毋相构害缘由。近访得各民因闻广东征剿从化等贼，自生疑惑，东逃西窜，致令和平居民因而惊扰，似此互相扇惑，地方何时宁靖！本当拿究为首之人，绑赴军门，斩首示众。但念各民意亦无他，姑且记罪晓谕。为此牌仰龙川县掌印官，即将投城居民，谕以前项听抚新民，俱已改恶从善。止因广东调兵征剿，居民素怀仇隙者，因而假此恐吓，致令东奔西窜。各民意在避兵，本非叛招出劫，尔等毋得妄生惊疑。及差人拘集新民卢珂、陈秀坚等，谕以广东官兵征剿，各有界限，尔等缘何轻信恐吓，妄自惊窜，俱各着令回原村寨，安居乐业，趁此春和，各务农作。仍谕卢源、陈秀坚、谢凤胜等，各要严束手下甲众，各念死中得生之幸，悔罪畏法，保尔首领。如或面从心异，外托惊惧之名，内怀反覆之计，自求诛戮，悔后何及。

优奖致仕县丞龙韬牌

访得赣县致仕县丞龙韬，平素居官清谨，迨其老年归休，遂致贫乏不能自存，薄俗愚鄙，反相讥笑。夫贪污者，乘肥衣轻，扬扬自以为得志，而愚民竞相歆羡；清谨之士，至无以为生，乡党邻里，不知以为周恤，又从而笑之。风俗薄恶如此，有司者岂独不能辞其责。孟子云："使饥饿于我土地，吾耻之！"是亦有司者之耻也。为此牌仰赣州府官吏，即便措置无疑官银十两，米二石，羊酒一付，掌印官亲送本官家内，以见本院优恤奖待之意。仍仰赣县官吏，岁时常加存问，量资柴米，毋令困乏。

呜呼！养老周贫，王政首务，况清谨之士，既贫且老，有司坐视而不顾，其可乎？远近父老子弟，仍各晓谕，务洗贪鄙之俗，共敦廉让之风。具依准拜措送过。缴牌。

卷十七 别录九

公移二 巡抚江西征宁藩

牌行赣州府集兵策应 正德十四年六月十八日

照得本院奉敕前往福建公干，于六月初九日自赣州启行，由水路十五日至丰城县地名黄土脑，节据知县顾佖等并沿途地方总甲等禀报，江西城省突然变乱，抚巡三司等官俱遭拘执杀害，远近军民，甚是惊惶，再三阻遏本院，且勿前进。本院原未带有官军，势难轻进，欲驰还赣州起兵，则地里相去益远。已暂回古安府就近仕扎，一面调集兵粮，号召义勇，一面差人分投爪探的确另行外。为此牌仰本府官吏，照牌事理，并行附近卫所，各行所属，起集父子乡兵、军余人等，昼夜加谨，固守城池，以保不测。仍仰知府邢珣查将贮库钱粮，尽数开具印信手本，先行呈报，毋得隐匿。一面行取安远等县原操不论上下班次官兵，各备锋利器械，通到教场，日逐操练，重加犒饷，选委谋勇官员管领，听候本院公文一至，即刻就便发行。敢有违误，定以军法处治，决不轻贷。

咨两广总制都御史杨共勤国难

节该钦奉敕："福州三卫军人进贵等胁众谋反，特命尔暂去彼处地方，会同查议处置，参奏定夺。钦此。"钦遵。于六月初九日自赣启行，于本月十五日行至丰城县地名黄土脑。据知县顾佖等禀称："本月十四日，宁府将巡抚孙都御史、许副使等官杀死，巡按及三司府县大小官员不从者俱被执缚，各衙门印信尽数收去，库藏搬抢一空，声言直取南京，一面分兵北上。"各官竞阻本职，不宜轻进。本职自顾单旅危途，势难复进，方尔回程。随有兵卒千余，已夹江并进来追，偶遇北风大作，本职亦张疑设计，整舟安行，兵不敢逼，幸而获免。

本月十八日回至吉安府。据知府伍文定等禀称："地方无主，乞留暂为区画。"远近居民，亦皆遮拥呼号。随又据临江府并新淦、丰城、奉新等县，各差人飞报宁府遣兵四出攻掠，拘收印信等因。本职奉有前旨，欲遂径往福建，但天下之事，莫急于君父之难。若彼顺流东下，万一南都失备，为彼所袭，彼将乘胜北趋，动摇京辅，如此则胜负之算，未有所归。此诚天下安危之大机。虑念及此，痛心寒骨，义不忍舍之而去，故遂入城，抚慰军民，督同知府伍文定等调集兵粮，号召义勇，定谋设策，收合涣散之心，作起忠义之气，牵其举动而使进不得前，捣其巢穴而使退无所据，庶几叛逆可擒，大难可靖。

本职自惟弱劣多病，屡疏乞休，况地方之责，亦非本职原任。今兹扶疾赴闽，实亦意图便道归省，适当君父之急，不忍失此事机，姑复暂留，期纾国难。除具奏外，为照前项事情，系国家大难，存亡所关。虽经起调吉安等府兵快，非惟武艺无素，尤恐兵力不敷，必须添调兵马，方克济事。

照得南、韶、惠、潮等府，各有惯战精兵，堪以调用，拟合移咨督发，为此合咨贵院，烦为选取骁勇精壮兵快夫款打手人等大约四五千名，各备锋利器械，选委谋勇胆略官员，或就委岭南道兵备佥事王大用监统，给与各兵行粮，不分昼夜，兼程前来，共勤国难。谅贵院素秉忠孝之节，久负刚大之气，闻此必将奋袂而起，秉钺长驱，当在郭汾阳之先，肯居祖士远之后哉。纷扰之中，莫罄悬切，惟高明速图之！

案行南安等十二府及奉新等县募兵策应 六月二十六日

　　切照叛逆天下之大恶，讨贼天下之大义。国家优礼藩封，恩德隆重，乃敢辄萌异图，以千宪辟，上逆天道，下犯众怒，灭亡之期，计日可待。本院职任虽非专责，危难安忍坐视，仗顺伐逆，鼓率忠义，豪杰四起，发谋协力。除行吉安等府县，起调兵快，防守地方，及行广东、福建、湖广等处各调兵策应外，照得本省所属各府、州、县、卫、所，见今巡、抚、都、布、按等衙门俱各缺官，事无统束，拟合通行。为此仰抄案回府，即行所属县分并卫所衙门，各起调官军乡兵，固守城池，保障地方。仍一面分调兵快，散布关隘，严加把截；一面选募骁勇精兵，大县约四五千名，小县约二三千名以上，各备锋利器械，供给粮草，择委能干勇力官员管领操练，其各项钱粮费用，听将在官钱粮动支，随申本院查考。其滨江去处，多备船只，听候本院差官赍捧旗牌至日，即刻依期启行进攻。仍选差惯便人役，多方探听消息，不时飞报，以凭区画。此系守土官员切责，而臣子效忠致身，正在今日，各宜奋发义气，鼓动军民，共成灭贼之功，以输报国之念，毋得迟违观望，失误军机，自取罪戾。

宽恤禁约

　　照得江西省城，近遭变乱，各府州县，兵戈骚动，供亿劳费，兼值天时亢旱，秋成无望，人民窘迫，言之痛心，中间恐有无赖之徒，乘机窃发，惊扰地方，理合宽恤禁约。但巡抚衙门见今缺官，本院驻军境内，不容坐视，合就权宜处置通行。为此除一面奏闻外，仰抄案回府，照依案验内事理，并行所属各县官员，务须轸念地方，痛恤民隐，凡一应不急词讼工役，俱各停止。其军事合用兵夫粮草，各官俱要持廉秉公，亲自编派，毋得因而科扰，及听信下人，受财作弊。仍严加晓谕军民人等，务要各守本分，安居田里，不许扇惑搬移，妄生事端。大户毋逼债负，小民毋激仇嫌。乡落居民各自会推家道殷实、行止端庄一人，充为约长，二人副之，将各人户编定排甲，自相巡警保守，各勉忠义，共勤国难。敢有抗违生事、惊扰地方者，就便拿解赴官，治以军法。约长若有乘机侵害众户，及受财不举，许被害之人告发重治。仍仰各县将前项宽恤禁约事宜，翻刻告示，发仰乡村张挂晓谕，俟巡抚官员到日，再行议处，俱无违错。

奖瑞州府通判胡尧元擒斩叛党 六月二十七日

据瑞州府通判胡尧元报称："擒获从叛仪宾李蕃，斩获叛党九十四名。"等因，看得逆贼称乱，天怒人怨，诛灭非久，然今势焰正张，本官乃能独奋忠勇，首挫贼锋，远近闻之，义气自倍，合行奖劳，以励人心。为此牌仰瑞州府官吏，即行动支官钱，买办花红羊酒，委官率领官吏师生送至本官，用见本院奖劝之意。其余有功人员，分别等第，量加犒赏，被伤兵夫，给与汤药，阵亡者，厚恤其家。候功成之日，通行造册申报升赏。仍一面起调骁勇精兵，固守城池，听候本院调发，毋得违误。

策应丰城牌

据丰城县知县顾佖禀称："本县起调乡兵，固守城池，惟恐兵力不敷，必须请兵策应，庶保无虞。"等因，看系地方重务，已经调发龙泉、安福、永新等县，并吉安千户所机快军兵，陆续前去策应。照得发去官兵，必须选委谋勇胆略官员统领，庶几调度得宜。为此仰通判杨昉，即将后开军兵名数，督同千户萧英监统，协同知县顾佖等，计议攻守方略，相度险夷要害，远斥堠以防奸，勤训练以齐众，探知贼人入境，即便设奇布伏，以逸待劳，击其不意，务在先发制人，毋令乘间抵隙。军兵人等，务要严为约束，毋令侵扰，敢有违犯退缩，许以军法从事，各官尤要同心并力，协和行事，共效忠贞之节，以纾国家之难，如或执拗参错，观望逗留，违犯节制，致有疏虞，军令具存，决难轻贷。

调取吉水县八九等都民兵牌

访得吉水县八九等都民人王益题、曾思温、易弘爵、王昭隆等各户下人丁，素习武勇，人多尚义，前任知县周广曾经起调征进，皆系骁勇惯战之人，今兹逆党倡乱，民遭荼毒，应合调取，以赴国难。为此访差致仕县丞龙光赍牌前去吉水县，着落当该官吏，即将各户义兵，照数调集，各备锋利器械，编成行伍，佥选百长总小甲管领，就该县查支官钱，给与口粮，暂且就屯本县，操演武艺，听本院指日东下，随军进剿。

照得江西一省人民，久被宁府毒害，侵肌削骨，破家荡产，冤困已极，控诉无门。今其恶贯满盈，天假义兵，为民除暴，尚闻愚昧之徒，阻避宁府威势，不敢举动。殊不知宁府未叛之前，尚为亲王，人不敢犯。今逆谋既著，即系反贼，人人得而诛之，复何所惮！尔等义民，正宜感激忠义，振扬威武，为百姓报仇泄愤，共立不世之勋，以收勤王之绩，毋得稽迟观望，自取军法重究。差去官员不许假此扰害，妄生事端，体访得出，罪不轻贷。

预备水战牌

案照已经行仰起调军马前来策应，日久尚未见到。近据探报，逆党南下，将攻南都。计此时南都必已有备，各逆党进无所获，必退保九江，如此，则水战之具为急，不可不备。为此牌仰福建布政司即行选募海沧打手一万名，动支官库不拘何项银两，从厚给与衣装行粮，各备锋利器械，就仰左布政使席书、兵备佥事周期雍自行统领，星夜前赴军门，相机前进，并力擒剿。仍行巡抚等衙门，同心协力，后先监督应援。

此系叛逆谋危宗社，天下荼毒，所关呼吸存亡，旦暮成败，间不容发，非比寻常贼情，不得迟违观望，有亏臣节。呜呼！主忧臣辱，主辱臣死，凡有血气，孰无是心。况各官忠义自任，刚大素闻，必将奋臂疾驱，有不容已。兵快及领兵人等，敢有违犯节制有误军机者，仰即遵照本院钦奉敕谕事理，许以军法从事，无得姑息。

咨都察院都御史颜权宜进剿 七月初五日

节该钦奉云云。除具题及咨南京兵部知会外，为照前项事情，系国家大难，安危所关。已经起调吉安等府兵快前去征剿，并备行湖广、广东、福建各调兵策应外，照得南畿系朝廷根本重地，今宁王谋逆构乱，举兵北行，图据南都，必得四面合攻，庶克有济。及照贵院奉命行勘前事，即今逆迹已露，别无可勘事情，合咨前去，烦为随处行令所属，选取骁勇精兵，及民间忠义约二三万名，选委谋勇官员分领，会约邻近省郡，合势刻期进讨，仍烦贵院亲督兼程前来，共勤国难。谅贵院平日忠义存心，刚直自许。况今奉命查勘宁藩，正可权宜行事，号召远迩，主忧臣辱，主辱臣死，他复何言。纷扰之中，莫罄恳切，惟高明速图之！

权处行粮牌

据抚州府申称："建昌、抚州、广信、饶州四府，正德十三年兑军粮米，不下十余万石，原蒙拨在龙窟，听与抚州、建安、铅山、广信、饶州五所军旗交兑。因运船阻冻回迟，于今年六月始行较斛开兑，其已兑者装载军船，未兑者仍在民艘，不意十五日省城有变，遂行停兑，至十八日逆党乘机劫夺，各船顺流放至饶州河下，得天惊扰。但今江河梗塞，难以兑运，节奏明文，动调大军，征讨叛逆。要将兑军淮粮，暂留以备军饷。"申详到院。

查得先据吉安等府申称，为各府官军将临，欲将官库纸米赃罚等银，并京库等银，及将兑淮粮米，从权给支借用等情，已经批仰依拟查取去后。今申前因，拟合准行，为此仰府官吏即行掌印官，查将见在饶州湾泊兑军淮粮，准从权宜，坐委能干官员无分雨夜督运江西省城，听候支给各兵行粮，毋违时刻，候事平之日，备造印信文册缴报查照，仍令委官前去查照，免致下人因而侵欺未便。

牌行吉安府敦请乡士夫共守城池 七月初八日

照得宁府反叛，本院调兵进剿，即日启行，各府县掌印正官，既该统兵前进，所据各该府县城池，虽已行委各佐贰官防守，但艰危之际，事变不测，必须历练老成之人，相与维持镇定，庶几人心不致惊疑，政务有所倚赖。为此案行吉安府官吏，通行各县署印官员，径自以礼敦请老成乡宦，众所推服者一二员在城，以备紧急，协同行事。该府城池，关系尤重。查得致仕按察使刘逊素有才望，忠义奋激，就仰该府请至公馆，仍仰署印官待以宾师之礼，托以咨决之事，一应军机事宜，咨禀计议而行，以安人心，以济大事。仍行本官务以国家大难为心，尽心竭力，共图殄贼，毋以休致自嫌。谅朝廷报功之典，当亦自不相负。如误大事，咎亦有归，通无违错。

牌行各哨统兵官进攻屯守 七月十七日

仰一哨统兵官吉安府知府伍文定，即统部下官军兵快四千四百二十一员名，进攻广润门；就留兵防守本门，直入布政司屯兵，分兵把守王府内门。

仰二哨统兵官赣州府知府邢珣，即统部下官军兵快三千一百三十余员名，进攻顺化门；就留兵防守本门，直入镇守府屯兵。

仰三哨统兵官袁州府知府徐琏，即统部下官军兵快三千五百三十员名，进攻惠民门；就留兵防守本门，直入按察司察院屯兵。

仰四哨统兵官临江府知府戴德孺，即统部下官军兵快，新、喻二县三千六百七十五员名，进攻永和门；就留兵防守本门，直入都察院提学分司屯兵。

仰五哨统兵官瑞州府通判胡尧元、童琦，即统部下官军兵快四千员名，进攻章江门；就留兵防守本门，直入南昌前卫屯兵。

仰六哨统兵官泰和县知县李楫，即统部下官军兵快一千四百九十二员名，夹攻广润门；直入王府西门，屯兵守把。

仰七哨统兵官新淦县知县李美，即统部下官军兵快二千员名，进攻德胜门；就留兵防守本门，直入王府东门，屯兵守把。

仰中军营统兵官赣州卫都指挥余恩，即统部下官军兵快四千六百七十员名，进攻进贤门；直入都司屯兵。

仰八哨统兵官宁都知县王天与，即统部下官军兵快一千余员名，夹攻进贤门；留兵防守本门，直入钟楼下屯兵。

仰九哨统兵官吉安府通判谈储，即统部下官军兵快一千五百七十六员名，夹攻德胜门；直入南昌左卫屯兵。

仰十哨统兵官万安县知县王冕，即统部下官军兵快一千二百五十七员名，夹攻进贤门；就守把本门，直入阳春书院屯兵。

仰十一哨统兵官吉安府推官王暐，即统部下官军兵快一千余员名，夹攻顺化门；直入南、新二县儒学屯兵。

仰十二哨统兵官抚州通判邹琥、知县傅南乔，即统部下官兵三千余员名，夹攻德胜门；就留兵防守本门，随于城外天宁寺屯兵。

承委官员，务要竭忠奋勇，擒剿叛逆，以靖国难。如或退缩观望，违犯节制，定以军法论处。军兵人等敢有临阵退缩者，就仰本官遵照本院钦奉敕谕事理，就于军前斩首示众。牌候事完日缴。

告示在城官兵 七月十八日

照得宁王造谋作乱，神人共愤，法所必诛，在城宗支郡王仪宾皆被逼胁，如钟宁王无罪削爵，建安王父子俱死，军民人等或覆宗灭族，或荡家倾产，或勒取子女，皆恨入骨髓，敢怒而不敢言，今日之事，岂其本心。本院仰仗朝廷威灵，调集两广并本省狼达汉土官兵二十余万，即日临城，亦无非因民之怨，惟首恶是问。告示至日，宗支郡王仪宾各闭门自保，商贾买卖如故，军民弃甲投戈，各归生理，无得惊疑。该府内臣校尉把守人员开门出首，或反兵助顺，擒斩首恶，一体奏闻升赏。其有怀奸稔恶、从逆不悛者，必杀不赦。凡我良善军民，即便去恶从善，毋陷族灭，故示。

示谕江西布按三司从逆官员

照得宁王悖逆天道，造谋作乱，杀戮大臣，都、布、按三司官员，各悚于暴虐，保其妻子，以致临难之际不能自择。或俯首幽囚，或甘心降伏，贪生畏死，反而事仇，《春秋》之义，虽严于无将之诛，而志图兴复者，尚不忍于峻绝。探得各官见今在城团门自讼者有之，临城巡间者有之，出入府库运筹划策者有之，此皆大义未分，孤立无助，揆之法理，固不容诛，推之人情，实为可悯。即今本院统集狼达汉土官军二十余万，后先临城，各官果能去逆归顺，尚可转祸为福。故今特遣牌谕，兵临之日，仰各开门出首，仍一面将本院发去告示给散张挂，抚谕良善百姓。宗支仪宾人等，各闭门自保，毋轻出街市，横遭杀戮，该府把守内臣校尉人等，亦各谕以大义，俾知背逆向顺，尚可免死。投甲释戈，蓬头面缚，候本院临审定夺。敢有从恶不悛，执迷不悟，拒敌官兵者，必杀无赦。仍具改正缘由，亲赍投首，以凭施行，毋得迟违，自取族灭。牌具依准缴来。

告示七门从逆军民 七月二十一日

督府示谕：省城七门内外军民杂役人等，除身犯党逆不赦另议外。其原被宁府迫胁，伪授指挥、千、百户、校尉、护卫及南昌前卫一应从乱杂色人役家属在省城者，仰各安居乐业，毋得逃窜。有能寄声父兄子弟改过迁善，擒获首恶，诣军门报捷者，一体论功给赏；逃回报首者，免其本罪。仍仰各地方将前项人役一名名赴合该管门官处开报，令各亲属一名，每五日一次打卯，其有收藏军器，许尽数送官，各宜悔过，毋取流亡。

牌行江西二司安葬宁府宫眷

照得宁王造反，称兵向阙，行委伪官万锐等把守省城，音信不通。本院所行告示，负固不纳，以致讨贼安民之义，俱未知悉。及至统兵攻城，该府官眷，一闻铳炮震响，闭门缢死，烧焚宫室。虽宁王背逆，罪在不赦,而朝廷惇睦之仁,何所不至。本院已同宗支,并原任布、按二司,及吉安等府知府等官伍文定等亲赴该府验看,未焚库藏,已封号讫。所据各宫眷身尸,相应埋葬。为此合行案仰布、按二司,即便启知建安王选委各郡王府老成内使火者三四员,会同南昌府南、新二县官,措置棺木,以礼安葬,毋得违错不便。

手本南京内外守备追袭叛首 七月二十三日

本年七月二十日,准钦差南京内外守备揭帖内开:"烦念南京根本重地,宗庙陵寝所在,作急整点精锐军兵数万名,择将统领,星夜兼程前来,粘踪追袭,攻击其后,保固根本重地。所统官军,烦沿途经过去处,应付廪给口粮马匹草料,事宁之日,获功官军,具奏升赏,请勿迟延。"等因。

卷查先为飞报地方谋反重情事,照得本院奉敕前往福建地方公干,行至丰城县,闻宁府谋反,遂返吉安住扎。看系谋危宗社重情,随即具题,并行吉安、赣州等府起调官兵,俟衅而发。及咨南京兵部,并巡抚应天都御史李,烦为通行在京大小衙门,会谋集议,作急缮完城守,简练舟师,设伏沿江。旁檄列郡,先发操江之兵,声义而西,约会湖、湘,互为犄角。本院亦砥钝策驽,牵蹑其后,以义取暴,以直加曲,不过两月之间,断然一鼓可缚去后。

续据本院爪探人役回报,宁王已下南京,留有逆党内官,驱胁官民人等一万余员名,固守城池,虐焰昌炽,阻绝往来等因。又经节催府县兵快,分布哨道,亲自统领,刻期于七月二十日寅时直抵省城进攻,仍被逆党砌塞城门,分兵固拒。当幸官兵用命,奋勇攻破城门,各贼遂皆奔溃,当即分兵擒搜,及差人分投爪探叛首向往的确,并发官兵前去追袭外,今准前因,合用手本前去,烦为查照施行。

咨两广总督都御史杨停止调集狼兵

案照本院看得前项事情,系国家大难,存亡所关,虽调各府兵快,非惟武艺无素，尤恐兵力不敷，即随备咨钦差总督右都御史杨，烦为选取骁勇兵快大约三五千名，就委岭南道兵备佥事王大用监统，给与各兵行粮，兼程前来，共勤国难；及行广东布政司，转行各道，并呈镇守抚按等衙门一体查照知会去后。节据知县顾佖等，报宁王已下南京，留有逆党内官，驱胁官民人等一万余员名，固守城池，阻绝往来等情。随该本院催督所调兵快，分有哨道，亲自统领，刻期于七月二十日寅时直抵省城进攻；仍被逆党砌塞城门，分兵固拒。当幸官兵用命，奋勇攻破城门，各贼遂皆奔溃，随即分兵搜擒外。今照前项事情，见该钦命京边官军二十余万前来会剿，及本院见统官兵五万余员名，俱在江西省城，即今分遣委员监督前去约会，并势追袭。所据原调广东土汉狼兵人等，未审曾否齐集？但今南赣、吉安、南昌等处沿江人民，俱各畏惧狼兵，悉皆惊惶。及又访得狼达土兵，曾受宁王赃物，私许助谋效力。今调各兵，本以为国除害，惟恐返为民害，不无有误大事，拟合停止。为此合行移咨贵院，烦为查照，希将起调兵快停留本省应用施行。

牌行抚州知府陈槐等收复南康九江 七月二十四日

照得宁王谋反，兴兵向阙，南康、九江见被攻破，分留逆党，据守二府城池，意图西扼湖兵之应援，南遏我师之追蹑，仰赖宗社威灵，克复省城，除遣知府伍文定等分布哨道，邀击宁贼，务在得获外，所据逆党占据府县，应合分兵剿复。为此牌仰知府陈槐等各选精兵，身自统领，星夜前去南康、九江地方，相机行事，务要攻复城池，平靖反侧。仍将地方人民加意赈恤，激以忠义，抚以宽仁，权举有司之职，以理庶事。查处仓库之积，以足军资。一面分兵邀诱宁贼，毋令东下，并差人爪探飞报军门。各官务要同心并力，协和行事，毋得人怀一心，彼此参错，致误事机。兵快人等敢有违犯节制者，仰照本院钦奉敕谕事理，以军法从事。一应事机，呈禀往复，虑有稽缓，俱听一面从宜区画，一面呈报军门。仍备查名官弃城逃走，致贼焚掠屠戮之故，具由申报，以凭参拿究治。

犒赏福建官军

据福建按察司整饬兵备兼管分巡漳南道佥事周期雍呈称："依奉本院案验，起取上杭等处军兵，共五千余名，分委指挥刘钦、知县邢暄等，及起取漳州府海沧打手三千余名，行委通判李一宁等管领。本道躬亲统督，先后启行前来。"等因到院。

案照先为飞报地方谋反重情事，看系国家大难，存亡所关，随即备咨南京兵部，及巡抚两广、湖广等衙门，并福建三司等官选取骁勇兵快，选委谋勇官员监统，兼程前来，共勤国难，去后。

今据前因，看得逆贼已经成擒，余党悉渐殄灭，除将各该官兵先行发回外，切照福建漳南相距江西省城，约计程途有一千七八百里之遥。该道乃能不满旬月，调集各军兵快八千员名之众，首先各省而至。足见本官勇略多谋，预备有素，忠义之诚，足以感激人心，敏捷之才，足以综理庶务，故一呼而集，兼程赴难。除另行旌奖外，及照调来官兵，冲冒炎暑，远赴国难，忠义既有可嘉，劳苦尤为足悯，合加犒赏，以励将来。为此除将支出官银，差官领赍该道；仰抄案回司，即将原调领兵官员，并军兵乡夫人等酌量犒赏，用见本院奖劳之心，以为将来忠勤之劝。

仍仰该道备查各兵，原系操练者，照旧在班操练，以备紧急调用。添募者，省令回还田里，各安生业，务为良善之民，共飨太平之福，毋得分外为非，致招身家之累。备行巡按衙门知会。

释放投首牌

据吴国七、林十一等口称："闵念四等落水身死。"今访得闵念四等见在宁州界上，告要投招。前者已曾发有告示，许令胁从新民，俱准投首免死，给照复业生理。近日朝廷降有黄榜，亦准投首免死。今闻各地方居民，不体朝廷及本院好生之意，辄便起兵剿杀，激使不敢出身投首，反使朝廷及本院失信于人，本当绑拿重究，姑且再行诚谕，为此牌仰宁州知州汪宪探访前项一起投首之人，是否闵念四等正身，若果有投首真情,即便带领前赴军门发落,准与杨子桥等一例释放,给与执照,各自复业当差。如或聚众不散,星夜飞报军门,以凭发军剿灭,俱毋违错。

牌仰沿途各府州县卫所驿递巡司衙门慰谕军民

照得先因宁王谋反,请兵征剿。续该本院亲督各哨于七月二十日攻复省城,二十四等日在鄱阳湖连日与贼大战,至二十六日遂将宁王俘执,及其谋党李士实等,贼首林十一等,俱已前后擒获,余党荡平,地方稍靖,已于本月三十日具本奏捷讫。近因传报京军复来,愚民妄相逃窜,往往溺水自缢,本院亲行抚谕,尚未能息。殊不知朝廷出兵,专为诛剿宁贼,救民水火之中,况统兵将帅,皆系素有威望,老臣宿将,纪律严明,远近素所称服,纵使复来,亦必自无扰害。况今宁贼已擒,地方已靖,京军岂有无事远涉之理,愚民无知,转相惊惑,深为可悯。诚恐沿途一带居民,亦多听信传闻不实之言,而北来京军,尚或未知宁王已就擒获,合行差官沿途晓谕军民,及一面迎候北来官兵,烦请就彼回转。除将宁王反逆党与,本院亲自量带官兵,径从水路解赴京师外。仰沿途军卫有司驿递等衙门,照牌事理,即行抄牌备出告示,晓谕远近乡村军民人等,使知宁贼已擒,京军已转,免致为疑,酿成他变。差去官员,仍仰程程护送,同与迎候京军,坚请就彼回转,以免沿途百姓供给之苦。仍谕以本院押解贼犯,量带官兵,皆自备行粮廪给,沿途经过有司等衙门,止备人夫牵拽船只,及略供柴草,给付各兵烧用。其他一无所扰,不得因此科害里甲军民。差去官员,昼夜前进,毋得在途迟滞。抄牌官吏,各俱依准,候本院经过日缴。

案行江西按察司停止献俘呈

据江西按察司呈:"奉钦差提督军务御马监太监张札付内开:'会同钦差提督军务平贼将军充总兵官左都督朱,议得止兵息民,不为无见,但照奔溃党恶,见该各属日报啸聚流劫,亦非已靖。党恶闵念四等,又系职等行文之后，拿获之数，亦或尚多。抚按守臣，当此新乱之余，正宜留心抚绥地方，听候勘明解京，良由不知前因，固执一见，辄要自行获解，私请回师。再照妃媵系宗藩眷属，外官押解，恐有妨碍，设或越分擅为，咎归何人？职等体念民力不堪供给军饷，责令将官将所领官兵分布各府住扎听掣，当职止带合用参随执打旗号等项人员，径趋江西，公同巡抚等官查验巢穴，及遍给告示晓谕，抚安地方；一面具请定示另行，除差委锦衣卫都指挥佥事马骥前来外，札仰本司各该官吏，照依札付内事理，即便遵照钧帖内事理，备行巡抚都御史王等，将已获贼犯留彼，听候明旨钦遵施行。'"等因，备呈到院。

卷查先为飞报地方谋反重情事云云，本职将宁王并其逆党，亲自量带官兵，径赴水路，照依原拟日期启行，解赴京师，已至广信地方，今准前因，为照前项逆党，俱已擒获；其余胁从，遵照钦降黄榜事例，俱已许令投首解散；宗藩眷属，俱系取到各将军府内便管伴监守，保无他嫌。今钦差提督赞画机密军务御用监太监张，及钦差提督军务御马太监张，钦差提督军务平贼将军充领兵官左都督朱，忧国爱民之心，素闻远近，况号令严明，秋毫无犯。今来体勘逆贼巢穴果已破平，百姓贫困颠连，必能大加抚谕安辑，以仰布朝廷怀惠小民之仁。本职纵使复回省城，亦安能少效一筹，不过往返道途，违误奏过程期，有损无益，为此仰抄案回司，着落当该官吏，照依案验内事理，即便备呈前去，烦请径自查照施行。

咨兵部查验文移

照得本职已将宁王宸濠并其党与及宫眷人等，照依原拟具奏日期起程亲自解赴阙下。随据南康府申，并江西按察司呈，各"奉钦差提督军务御马监太监张札付内开：'访得宸濠已该本职擒获，克复省城等语，未曾亲到江西，又无堪信文移，止是见人传说，遽难凭据；况系宗藩人众，中间恐有拨置同谋，逆党未尽'"等因。及节准钦差提督赞画机密军务御用监太监张揭帖开称："将各犯委的当人员，用心防守，调摄饮食，献俘阙下，会官封记库藏，俱候按临地方区画。"等因。又准钦差提督军务充总兵官安边伯朱手本开称："即查节次共擒斩叛贼级若干，内各处原奏报有名若干，无名若干，有名未获漏网并自首及得获马骡器械等项各若干，连获官军卫所职役姓名，备查明白，俱各存留江西省城，听候审验；仍查余党有无奔溃，及曾否殄灭尽绝缘由，通行开报，以凭回报。"等因各到职。

为照宸濠并其同谋党与，俱已擒获，余孽亦就诛戮，虽有胁从，数亦不多，皆非得已，随即遵奉钦降黄榜，晓谕俱赴所在官司投首解散，其库藏等项，该本职会同多官，于未准揭帖之先，眼同封贮在官，听候命下定夺。官军兵快，擒斩功次，见该原经奏留两广监察御史谢源、伍希儒查造奏缴。及照宸濠并各重犯宫眷人等，见解广信地方，设若往返，恐致疏虞，及违误本职奏报原拟日期，除照旧督解前赴阙下献俘，以照圣武，及具揭帖各另回覆外。

今照前因，照得本职缪当军旅重奇，地方安危所关，三军死生攸系，一应事机，若非奉有御宝敕旨，及兵部印信咨文，安敢轻易凭信；今前项各官文移，既非祖宗旧章成宪，就便果皆出于上意，亦须贵部行有知会公文，万一奸人假托各官名目，乘间作弊，致有不测变乱，本职虽死，亦何所及？除奉钦差总督军务威武大将军总兵官后军都督府太师镇国公朱钧帖，曾奉朝旨，相应遵奉，其余悉遵旧章施行外。缘前项各官文移，未委虚的，俱合备行咨报贵部，为此备抄揭帖，粘连咨请查验施行。

案行浙江按察司交割逆犯暂留养病 十月初九日

照得当职先因患病，具本乞休间，奉敕扶病前往福建公干。六月十五日，行至江西丰城地方，适遇宁王兴兵作乱，看系君父大难，义不忍去，复回吉安府，督同知府伍文定等起调兵夫，招集义勇，扶病亲行统领，于七月二十日攻复省城，本月二十四五六等日于鄱阳湖连日大战，擒获宁王宸濠，及逆党李士实、刘养正、王春等，贼首吴十三、凌十一、闵念四、吴国七、闵念八等，先后具本奏报外，随闻大驾南征，礼当解赴军门。又因宸濠连日不食，虑恐物故，无以献俘奏凯，彰朝廷讨贼之义，兼之合省内外，人情汹汹，或生他变，当具本题知，于九月十一日启行，将宸濠及逆党宫眷解赴军门。当职力疾，沿途医药，亲自押解，行至广信地方，又奉钦差总督军务钧帖："备仰照依制谕内事理，即便转行所属司、府、卫、所、州、县、驿、递等衙门钦遵施行。"等因，遵依通行间，续准钦差提督军务御马太监张照会，及准钦差总督军务充总兵官安边伯朱手本，各遣官邀回本职，并将所解宸濠等逆犯回省听候会审。

本职看得，既奉总督军门钧帖，自合解赴面受节制，若复退还省城，坐待驾临，恐涉迟谩，且误奏过程期。又复扶病日夜前进，行至浙江杭州府地方，前病愈加沉重，不能支持，请医调治间，适遇钦差提督赞画机密军务御用监太监张，奉命前来江西体勘宸濠等反逆事情，及查理库藏、宫眷等事，当准钧帖开称："宸濠等，待亲临地方，覆审明白，具奉军门定夺。"等因。

为照本职先因父老祖丧，累疏乞休，未蒙俞允，随扶病赴闽，意图了事，即从彼地冒罪逃归，旬日之前，亦已具奏，不意行至中途，遭值宁王反叛，此系国家大变，臣子之义，不容舍之而去；又阖省巡抚地方等官，无一人见在，天下事机，间不容发，故复忍死暂留，为牵制攻讨之图，候命师既至，地方稍靖，即从初心，死无所避。臣区区报国血诚，上通于天，不辞灭宗之祸，不避形迹之嫌，冒非其任，以勤国难，亦望朝廷鉴臣此心，不以法例绳缚，使得少申乌鸟之私等情，具奏外。今照前事，本职自度病势日重，猝未易愈，前进既有不能，退回愈有不可。若再迟延，必成两误。除本职暂留当地，请医调治，俟稍痊可，一面仍回省城，或仍前进，沿途迎驾，一面具本乞恩养病另行外。所据原解逆犯，合就查明交割，带回省城，听候驾临审处通行。为此仰抄案回司，着落官吏备呈钦差提督军务赞画机密军务御用监太监张，烦请会同监军御史，公同当省都、布、按三司等官，将见解逆首宸濠及逆党刘吉等各犯，并宫眷马匹等项，逐一交查明白，仍请径自另委相应官员兵快人等管押，带回省城，从宜审处施行。仍备呈兵部查照知会，抄案依准，并行过日期，先行呈来。

告谕军民 十一月十五日

告谕军民人等，尔等困苦已极，本院才短知穷，坐视而不能救，徒含羞负愧，言之实切痛心。今京边官军，驱驰道路，万里远来，皆无非为朝廷之事，抛父母，弃妻子，被风霜，冒寒暑，颠顿道路，经年不得一顾其家。其为疾苦，殆有不忍言者，岂其心之乐居于此哉？况南方卑湿之地，尤非北人所宜，今春气渐动，瘴疫将兴，久客思归，情怀益有不堪。尔等居民，念自己不得安宁之苦，即须念诸官军久离乡土，抛弃家室之苦，务敦主客之情，勿怀怨恨之意，亮事宁之后，凡遭兵困之民，朝廷必有优恤。今军马塞城，有司供应，日不暇给，一应争斗等项词讼，俱宜含忍止息，勿辄告扰，各安受尔命，宁奈尔心。本院心有余而力不足，聊布此苦切之情于尔百姓，其各体悉无怨。

钦奉诏书宽宥胁从

节该伏睹诏书："朕亲统六师，正名讨罪，除首恶宸濠，并同谋有名逆贼不赦外，其余胁从之徒，尽行宽宥释放，钦此。"钦遵。

照得先因宁府作乱，该本院出给告示，官兵临城之日，惟首恶是问，宗支郡王仪宾人等，各闭门自保，商贾买卖如故，军民弃甲投戈，各归生理，毋得惊疑，其有怀奸稔恶不悛者，必杀无赦。胁从人等，但能赴官投首，即与释放免罪等情，已经发仰远近张挂晓谕外。后宸濠既擒，被胁之徒，前后赴官投首，不下千余，皆经查审释放。其间尚有欲赴首官司，多被地方拦阻。本院随又督解逆犯出外，以是一向迟疑，未即出投。

续该钦差提督军务各衙门临省，前项被胁之人，始各赴官投首，就与本院事体一同，即是去恶从善之民。近访得有等无籍之徒，用言扇惑，乘机诈害，致使惊疑，未安生理。除访拿究问外，仰按察司抄捧回司，即便大书出给告示，发仰人烟辏集去处，常川张挂晓谕，自破城以后，但有被胁旗校军民人等，改恶迁善，已经赴官投首，验有执照者，皆系良善，俱仰遵照前项诏书内事理，尽行宽宥释放，各安生理，毋得信人恐吓，自生猜疑。地方里邻总甲人等，敢有怀挟私仇，罗织扰害，斑言扇惑，诈骗财物者，仰即赴院告理，以凭拿问发遣。仍取各首到官姓名，并给过告示晓谕缘由呈报。

批追征钱粮呈

据江西布政司呈，看得江西一省，重遭大患，民困已极，屡经奏免粮税，日久未奉明旨。近因南科奏停，随复部使催督，一以为蠲免，一以为追征，非惟下民无所遵守，亦且官府难于施行。今该司议谓兑淮起运，系京储额数，而王府禄米，亦岁月难缺，要行所属先纳兑淮，次及京库折银，次及南京仓米，次及王府禄米，其余俱候明降等因。此亦深睹民患，欲济不能，委曲调停，计出无奈，仰司即如所议，备行各该府州县查照施行。后有恩旨，当亦止免十五年以后钱粮，其十四年以前拖欠，必须带征，终有不免，莫若速了为便，各府州县宜以此意备晓下民，姑忍割肉之痛，以救燃眉之急。

呜呼！目击贫民之疾苦而不能救，坐视征求之急迫而不能止，徒切痛楚之怀，曾无拯援之术，伤心惨目，汗背赧颜，此皆本院之罪，其亦将谁归咎！各府州县官务体此意，虽在催科，恒存抚字，仍备出告示，使各知悉。此缴。

再批追征钱粮呈

据江西布政司呈，看得本省十四年以前，一应钱粮，已经给事等官奉奏明旨:"果系小民拖欠,俱准暂且停征,还着各该官司设法赈济,毋视虚文。"此朝廷之深仁厚德,悯念穷民,诚爱恻怛之所发,小民莫不欢欣鼓舞,臣子所当遵守奉行。乃今停征之令甫下,而催并之檄复行,赈济之仁未布,而棰挞之苦已加,法令如此,有司何以奉行,下民何所取信?夫为人臣者,上有益于国,下有益于民,虽死亦甘为之。今日所行,上使朝廷失信于民,下使百姓归怨于上,重贫民之困,益地方之灾,纵使钱粮果可立办,忍心害理,亦不能为。况旬月之间,而欲追并了绝,便使神输鬼运,亦于事势不能,徒使敛怨殃民,何益于事。除本院身为巡抚,不能为国为民,自行住俸待罪外。仰布政司行各该府县官,以理劝化小民,且谕以今日之举,非关朝廷失信,实由京储缺乏,司国计者势不得已,兴起其忠君亲上之心,勉令渐次刻期完纳,果克济事,两月之后,亦未为迟。其各该官员,本非其罪,不必住俸,革去冠带。行令照旧尽心职业,勿因事变之难,有灰爱民之志。后有违慢之戮,本院自当其罪。仍呈提督漕运行督粮官及巡按衙门知会。此缴。

批南昌府追征钱粮呈

据南昌府所申凋弊征求之苦,本院缪当斯任,实切忧惭!部堂诸公,非无恤民之念,但身司国计,不得不以空乏为虞;在外有司,非无国计之忧,但目击民瘼,不能不以抚恤为重。若使平民尚堪朘削,一时忍痛并征,以输国用,岂非臣子之心。但恐徒尔虐民,无济国事,非徒无济,兼恐生虞,斟酌调停,事在善处。仰布政司会同二司各官,将该府所申事理,即加酌议,或先征新粮,将旧粮减半带征;或尽其力量可及,分作几限,令民依期逐渐办纳。但可通融调摄,皆须悉心议处,务使穷民不致重伤,而国用终亦无损。一面备行各该府县查照施行,一面具由呈来,以凭咨奏。此缴。

褒崇陆氏子孙 正德十五年正月

据抚州府金谿县三十六都儒籍陆时庆告,看得宋儒陆象山先生兄弟,得孔孟之正传，为吾道之宗派，学术久晦，致使湮而未显，庙堂尚缺配享之典，子孙未沾褒崇之泽，仰该县官吏将陆氏嫡派子孙差役，查照各处圣贤子孙事例，俱与优免。其间有聪明俊秀堪以入学者，具名送提学官处，选送学肄业。务加崇重之义，以扶正学之衰，俱依准缴。

告谕安义等县渔户

告谕安义县等渔户，及远近军民人等，地方不幸，近遭大变，加以师旅征输，人民困苦已极，府官思欲休养赈恤而无由。近闻渔户人等曾被宁王驱胁者，虑恐官府追论旧恶，心不自安，往往废弃生业，询其所以，皆由仇家煽动，意在激使为恶，因而陷之死地，以快其愤。不知朝廷已屡有榜文，凡被宁贼驱胁者，一概释而不问。况访得安义等处渔户，各系诗礼大家，素敦良善，虽或间有染于非僻，及为王府所胁诱者，然乡里远近，自有公论，善恶终不可混。

近据通判林宽禀称："各户痛惩既往，已将渔船拆卸，似此诚心改行，亦复何所忧惧。"为此特仰南康府通判林宽，将本院告谕，真写翻刊，亲赍各户，逐一颁谕，务使舍旧图新，各安生理，不得轻信人言，妄有疑猜，自求罪累。其素敦诗礼良善者，愈加劝勉，务益兴行礼让，讲信修睦，以为改恶从善者之倡。族党之中，果有长恶不悛，不听劝谕者，众共拘执送官，明正典刑，以安善类，毋容莨莠，致害嘉禾。若旧虽为显恶，今能诚心改化者，亦不得怀记旧仇，搜求罗织，激使为非，事发究竟，责有所归。

呜呼！吾民同胞，不幸陷于罪戮，恻然尚不忍见，岂有追寻旧恶，必欲置之死地之理？本院旧在南赣，曾行十家牌式，军民颇安，盗贼颇息。除各该地方行分巡分守官编置外，前项渔户人等，就仰通判林宽照式逐一编置，务在着实举行，以收成效，特兹告谕，各宜知悉。

批按察使伍文定患病呈

据江西按察使呈，看得按察使伍文定茂著戎功，新膺宪命，当其众难交攻，尚以一身独任，偶兹微恙，岂妨供职？谅本官自切百姓疮痍之忧，岂遑一身痛痒之顾。仰该司即行本官，照旧管事，果有疾患，一面调理，毋得再呈辞，致旷职业。缴。

批临江府耆民建立生祠呈

据临江府清江县耆民董惟谦等呈立知府戴德孺生祠，看得知府戴德孺素坚清白之守，久著循良之政，今其去任，而郡民建祠报德，此亦可见天理之在人心，自不容已。仰该府县官俯顺民情，量行拨人看守，非徒激励后人，俾有所兴，且以成就民德，使归于厚。缴。

批吉安府救荒申

据吉安府申，备卢陵县申，看得所申要将陈腐仓谷，赈给贫民。此本有司之事，当兹灾患，正宜举行。但诚于爱民者，不徒虚文之举，忠于谋国者，必有深长之思，故目前之灾，虽所宜恤，而日后之患，尤所当防，以今事势而观后患，决有难测。近据崇仁县知县祝鳌申，要将预备仓谷，凶荒之时则倍数借给，以济贫民；收成之日则减半还官，以实储蓄。颇有官民两便，已经本院批准照议施行。看得各县事体，不甚相远，此议或可通行，仰布政司再加裁酌议处施行，各属遇灾地方，凡积有稻谷者，俱查照此议而行。仍仰各该掌印官，务要身亲给散，使贫民得实惠之沾，官府无虚出之弊乃可。其一应科派物料等项，当兹兵乱之余，加以水灾，民不聊生，岂堪追并，仰布政司酌量缓急，分别重轻，略定征收先后之次，备行各属，以渐而行，庶几用一缓二之意，少免医疮剜肉之苦，通仰该司定议施行回报。

批抚州府同知汪嵩乞休呈

据抚州府同知汪嵩呈，看得同知汪嵩久存恬退，遇难复留，以尽报国之忠，仍坚归田之请，出处得宜，诚可嘉尚。但本官政素获民，年未甚老，已经勉留照旧供职，而本官称疾愈笃，求退益恳，仰府再行查看，如果病势难留，准令就彼致仕，该府以礼起送还乡，仍行备原籍官司，岁时以礼优待，务奖恬退，以励鄙薄。此缴。

批提学佥事邵锐乞休呈

据江西按察司呈，看得提学佥事邵锐，求归诚切，坚守《考槃》之操，而按察使伍文定挽留恳至，曲尽《缁衣》之情，是亦人各有志，可谓两尽其美。然求归者，虽亦明哲保身，使皆洁身而去，则君臣之义或几乎息；挽留者虽以为国惜贤，使皆靦颜在位，则高尚之风亦日以微。况本院自欲求退而未能，安可沮人之求退。仰该司备行本官，再加酌量，于去就之间，务求尽合于天理之至，必欲全身远害，则挂冠东门，亦遂听行所志。若犹眷顾宗国，未忍割情独往，且可见危受命，同舟共艰，稍须弘济，却遂初心，则临难之义，既无苟免于抢攘之日，而恬退之节，自可求伸于事定之余。兴言及此，中心怆切！

礼取副提举舒芬牌

照得当职奉命提督军务，兼理巡抚，深虑才微责重，无以仰称任使，合求贤能，以资赞翼。访得福建市舶提举司副提举舒芬志行高古，学问深醇，直道不能趋时，长才足以济用，合就延引，以匡不及。为此牌仰福建布政司官吏，即行泉州府，措办羊酒礼币，赍送本官，用见本院优礼之意。仍照例起关应付，前赴军门，以凭谘访。本官职任，就委别官暂替。

南赣乡约

咨尔民，昔人有言："蓬生麻中，不扶而直；白沙在泥，不染而黑。"民俗之善恶，岂不由于积习使然哉！往者新民盖常弃其宗族，畔其乡里，四出而为暴，岂独其性之异，其人之罪哉？亦由我有司治之无道，教之无方。尔父老子弟所以训诲戒饬于家庭者不早，薰陶渐染于里闬者无素，诱掖奖劝之不行，连属叶和之无具，又或愤怨相激，狡伪相残，故遂使之靡然日流于恶，则我有司与尔父老子弟，皆宜分受其责。呜呼！往者不可及，来者犹可追。故今特为乡约，以协和尔民，自今凡尔同约之民，皆宜孝尔父母，敬尔兄长，教训尔子孙，和顺尔乡里，死丧相助，患难相恤，善相劝勉，恶相告戒，息讼罢争，讲信修睦，务为良善之民，共成仁厚之俗。呜呼！人虽至愚，责人则明；虽有聪明，责己则昏。尔等父老子弟，毋念新民之旧恶而不与其善，彼一念而善，即善人矣；毋自恃为良民而不修其身，尔一念而恶，即恶人矣。人之善恶，由于一念之间，尔等慎思吾言，毋忽！

一，同约中推年高有德为众所敬服者一人为约长，二人为约副，又推公直果断者四人为约正，通达明察者四人为约史，精健廉干者四人为知约，礼仪习熟者二人为约赞。置文簿三扇，其一扇备写同约姓名，及日逐出入所为，知约司之；其二扇一书彰善，一书纠过，约长司之。

一，同约之人，每一会，人出银三分，送知约，具饮食，毋大奢，取免饥渴而已。

一，会期以月之望，若有疾病事故不及赴者，许先期遣人告知约；无故不赴者，以过恶书，仍罚银一两公用。

一，立约所于道里均平之处，择寺观宽大者为之。

一，彰善者，其辞显而决，纠过者，其辞隐而婉；亦忠厚之道也。如有人不弟，毋直曰不弟，但云闻某于事兄敬长之礼，颇有未尽，某未敢以为信，姑案之以俟。凡纠过恶皆例此。若有难改之恶，且勿纠，使无所容，或激而遂肆其恶矣。约长副等，须先期阴与之言，使当自首，众共诱掖奖劝之，以兴其善念，姑使书之，使其可改；若不能改，然后纠而书之；又不能改，然后白之官；又不能改，同约之人执送之官，明正其罪；势不能执，戮力协谋官府请兵灭之。

一，通约之人，凡有危疑难处之事，皆须约长会同约之人与之裁处区画，必当于理济于事而后已。不得坐视推托，陷人于恶，罪坐约长约正诸人。

一，寄庄人户，多于纳粮当差之时躲回原籍，往往负累同甲。今后约长等劝令及期完纳应承，如蹈前弊，告官惩治，削去寄庄。

一，本地大户，异境客商，放债收息，合依常例，毋得磊算；或有贫难不能偿者，亦宜以理量宽；有等不仁之徒，辄便捉锁磊取，挟写田地，致令穷民无告，去而为之盗。今后有此告，诸约长等与之明白，偿不及数者，劝令宽舍；取已过数者，力与追还；如或恃强不听，率同约之人鸣之官司。

一，亲族乡邻，往往有因小忿投贼复仇，残害良善，酿成大患。今后一应对殴不平之事，鸣之约长等公论是非；或约长闻之，即与晓谕解释。敢有仍前妄为者，率诸同约呈官诛殄。

一，军民人等，若有阳为良善，阴通贼情，贩买牛马，走传消息，归利一己，殃及万民者，约长等率同约诸人指实劝戒，不悛，呈官究治。

一，吏书、义民、总甲、里老、百长、弓兵、机快人等，若揽差下乡，索求赍发者，约长率同呈官追究。

一，各寨居民，昔被新民之害，诚不忍言。但今既许其自新，所占田产，已令退还，毋得再怀前仇，致扰地方，约长等常宜晓谕，令各守本分，有不听者，呈官治罪。

一，投招新民，因尔一念之善，贷尔之罪。当痛自克责，改过自新，勤耕勤织，平买平卖，思同良民，无以前日名目，甘心下流，自取灭绝。约长等各宜时时提撕晓谕，如蹈前非者，呈官征治。

一，男女长成，各宜及时嫁娶。往往女家责聘礼不充，男家责嫁妆不丰，遂致愆期。约长等其各省谕诸人，自今其称家之有无，随时婚嫁。

一，父母丧葬，衣衾棺椁，但尽诚孝，称家有无而行。此外或大作佛事，或盛设宴乐，倾家费财，俱于死者无益。约长等其各省谕约内之人，一遵礼制。有仍蹈前非者，即与纠恶簿内书以不孝。

一，当会前一日，知约预于约所，洒扫张具于堂，设谕牌及香案南向。当会日，同约毕至，约赞鸣鼓三，众皆诣香案前序立，北面跪听约正读告谕毕，约长合众扬言曰："自今以后，凡我同约之人，祗奉戒谕，齐心合德，同归于善。若有二三其心，阳善阴恶者，神明诛殛。"众皆曰："若有二三其心，阳善阴恶者，神明诛殛。"皆再拜，兴，以次出会所，分东西立，约正读乡约毕，大声曰："凡我同盟，务遵乡约。"众皆曰："是。"乃东西交拜。兴，各以次就位，少者各酌酒于长者三行，知约起，设彰善位于堂上，南向置笔砚，陈彰善簿；约赞鸣鼓三，众皆起，约赞唱："请举善！"众曰："是在约史。"约史出就彰善位，扬言曰："某有某善，某能改某过，请书之，以为同约劝。"约正遍质于众曰："如何？"众曰："约史举甚当！"约正乃揖善者进彰善位，东西立，约史复谓众曰："某所举止是，请各举所知！"众有所知即举，无则曰："约史所举是矣！"约长副正皆出就彰善位，约史书簿毕，约长举杯扬言曰："某能为某善，某能改某过，是能修其身也；某能使某族人为某善，改某过，是能齐其家也；使人人若此，风俗焉有不厚？凡我同约，当取以为法！"遂属于其善者；善者亦酌酒酬约长曰："此岂足为善，乃劳长者过奖，某诚惶怍，敢不益加砥砺，期无负长者之教。"皆饮毕，再拜会约长，约长答拜，兴，各就位，知约撤彰善之席，酒复三行，知约起，设纠过位于阶下，北向置笔砚，陈纠过簿；约赞鸣鼓三，众皆起，约赞唱："请纠过！"众曰："是在约史。"约史就纠过位，扬言曰："闻某有某过，未敢以为然，姑书之，以俟后图，如何？"约正遍质于众曰："如何？"众皆曰："约史必有见。"约正乃揖过者出，就纠过位，北向立，约史复遍谓众曰："某所闻止是，请各言所闻！"众有所闻，即言，无则曰："约史所闻是矣！"于是约长副正皆出纠过位，东西立，约史书簿毕，约长谓过者曰："虽然姑无行罚，惟速改！"过者跪请曰："某敢不服罪！"自起酌酒，跪而饮：："敢不速改，重为长者忧！"约正副史皆曰："某等不能早劝谕，使子陷于此，亦安得无罪！"皆酌自罚。过者复跪而请曰："某既知罪，长者又自以为罚，某敢不即就戮，若许其得以自改，则请长者无饮，某之幸也！"趋后酌酒自罚。约正副咸曰："子能勇于受责如此，是能迁于善也，某等亦可免于罪矣！"乃释爵。过者再拜，约长揖之，兴，各就位，知约撤纠过席，酒复二行，遂饭。饭毕，约赞起，鸣鼓三，唱："申戒！"众起，约正中堂立，扬言曰："呜呼！凡我同约之人，明听申戒，人孰无善，亦孰无恶。为善虽人不知，积之既久，自然善积而不可掩；为恶若不知改，积之既久，必至恶极而不可赦。今有善而为人所彰，固可喜；苟遂以为善而自恃，将日入于恶矣！有恶而为人所纠，固可愧；苟能悔其恶而自改，将日进于善矣！然则今日之善者，未可自恃以为善；而今日之恶者，亦岂遂终于恶哉？凡我同约之人，盍共勉之！"众皆曰："敢不勉。"乃出席，以次东西序立，交拜，兴，遂退。

旌奖节妇牌

访得吉水县民人陈文继妻黄氏，庐陵县生员胡兖妻曾氏，俱各少年守制，节操坚厉，远近传扬，士夫称叹，当兹风俗颓靡之时，合行旌奖，以励浇薄。为此仰府官吏即行吉水、庐陵二县掌印官，支给无碍官钱，买办礼仪，前去各家，盛集乡邻老幼之人，宣扬本妇志节之美，务使姻族知所崇重，里巷知所表式，用奖贞节，以激偷鄙。仍备述各妇节操志行始末，及将奖励过缘由，同依准随牌缴报，以凭施行。

兴举社学牌

看得赣州社学乡馆，教读贤否，尚多淆杂。是以诗礼之教，久已施行，而淳厚之俗，未见兴起。为此牌仰岭北道督同府县官吏，即将各馆教读，通行访择。务学术明正，行止端方者，乃与兹选。官府仍籍记姓名，量行支给薪米，以资勤苦。优其礼待，以示崇劝。以各童生之家，亦各通行戒饬，务在隆师重道，教训子弟，毋得因仍旧染，习为偷薄，自取愆咎。

颁定里甲杂办

据龙南县申称："先年里甲使用，俱系丁粮分派，照日应当，以致多寡不均。要将正德十六年里甲通行查审，除逃绝人丁外，将一年使用，春秋祭祀，军需岁报，使客夫马等项，俱于丁粮议处，每石出银若干，陆续称收贮库。推举老人，公同里长，使用注簿，倘有余剩，照多寡给还。"等因到院。簿查，先该赣州府知府盛茂，同知夏克义议过赣县里长额办杂办，已经批仰岭北道再加酌议。

续据副使王度呈称："查算本县额办使用，该银三千七百三十一两七分二厘四毫九丝；原辖里长一百一十里内除十里逃绝，止有一百里；十六年分每粮一石算一分，人丁二丁算一分，一年丁粮共该一千一百二十六分半，每分该出银三两三钱一分二厘一毫一丝一忽；合行该县印钤收银文簿一扇，将各都该办银两，分为二次查追贮库；又置文簿二扇，一写本县支出数目，一发支用人役注附；每月选有行止老人二名，公同直日里长，赴县支领；每月备具用过揭帖三本，一送都察院，一分巡道，一本府，各不时稽察，年终羡余，并听上司查处，以补无名征需，府县不得擅支。仍将各里该纳分数，刷印告谕，遍张乡村晓谕；如有官吏额外科派，及收银人役多取火耗秤头，并里甲恃顽不办，许各呈告，以凭拿问，呈乞照详。又经批仰照议即行该县，永永查照，仍备刻告示，遍行晓谕；及多行刷印，颁给各里收照，以妨后奸。"

今申前因，看与本院新定则例相同，及照宁都等九县，及南安所属大庾等县事体民情，当不相远，合就通行查编。为此仰抄案回道，即便速行各县，俱查本院近定规则，各照丁粮多寡，派编银两，追收贮库，选委行止端实老人，公同该日里长支用，置簿稽察，刊榜晓谕，禁约事宜，悉照原议施行。敢有违犯者，就便拿问。呈详通取各县派定过缘由，类报查考。

批江西布政司设县呈

据江西布政司呈将新淦县知县田韦杰建言设县缘由。看得近来各处设县，皆因穷山绝谷，盗贼盘据，人迹罕通，声教不及，不得已而为权宜之计。若腹裹平衍，四通五达之区，止宜减并，不贵增添。盖增一县，即增一县之事，官吏供给，学校仓库，囹狱差徭，一应烦费，未易悉举。且又有彼此推避之奸，互相牵制之患，计其为利，不偿所害。古人谓省吏不如省官，省官不如省事，凡今作事，贵在谋始。仰布政司再行会同二司各官从长计议，设县之外，果无别策，可以致理，具议呈夺。缴。

议处官吏禀俸

照得近来所属各州、县、卫、所、仓、场等衙门大小官吏，以赃问革者相望，而冒犯接踵，究询其由，皆云家口众多，日给不足。俸资所限，本以凉薄，而近例减削，又复日甚。加有上下接应之费，出入供送之繁，穷窘困迫，计出无聊。中间亦有甘贫食苦、刻励自守者，往往狼狈蓝缕，至于任满职革，债负缠结，不得去归其乡。夫贪墨不才，法律诚所难贷，而其情亦可矜悯！夫忠信重禄，所以劝士，在昔任人，既富方谷，庶民在官，禄足代耕，此古今之通义也。朝廷赋禄百司，厚薄既有等级，要皆使各裕其资养，免其内顾，然后可望以尽心职业，责以廉耻节义。今定制所限，既不可得而擅增，至于例所应得，又从而裁削之，使之仰事俯育，且不能遂；是陷之于必贪之地，而责之以必廉之守，中人之资，将有不能，而况其下者之众乎？所据前项事理，非独人情有所未堪，其于政体，亦有所损，合行会议查处，参酌事理轻重，及查在外官员，自二品至九品，并杂职吏胥等俸米，除本色外，其折色原例，每石作银若干，于何年月裁减，作银若干，应否复旧，或量行加增，务要议处停当，呈来定夺施行。

咨六部伸理冀元亨

照得湖广常德府武陵县举人冀元亨，忠信之行，孚于远迩；孝友之德，化于乡间。本职往年谪官贵州，本生曾从讲学。近来南赣，延之教子，时因宁藩宸濠潜谋不轨，虐焰日张，本职封疆连属，欲为曲突从薪之举，则既无其由；将为发奸摘伏之图，则又尤其实。偶值宸濠饰诈要名，礼贤求学，本职因使本生乘机往见宸濠，冀得因事纳规，开陈大义，沮其邪谋；如其不可劝喻，亦因得以审察动静，知其叛逆迟速之机，庶可密为御备。本生既与相见，议论大相矛盾，宸濠以本职所遣，一时虽亦含忍遣发，而毒怒不已，阴使恶党，四出访缉，欲加陷害。本生素性愿恪，初不之知，而本职风闻其说，当遣密从间道潜回常德，以避其祸。后宸濠既败，痛恨本职起兵攻剿，虽反噬之心无所不至；而天理公道所在，无因得遂其奸。乃以本生系本职素所爱厚之人，辄肆诋诬，谓与同谋，将以泄其仇愤。且本生既与同谋，则宸濠举叛之日，本生何故不与共事，却乃反回常德，聚众讲学？宸濠素所同谋之人如李士实、刘养正、王春之流，宸濠曾不一及，而独口称本生与之造始，此其挟仇妄指，盖有不待辩说，行道之人皆能知者。但当事之人，不加详察，辄尔听信，遂陷本生一至于此。

本生笃事师之义，怀报国之忠，蹈不测之虎口，将以转化凶恶，潜消奸宄，论心原迹，尤当显蒙赏录。乃今身陷俘囚，妻孥奴虏，家业荡尽，宗族遭殃。信奸人之口，为叛贼泄愤报雠，此本职之所为痛心刻骨，日夜冤愤不能自已者也。本职义当与之同死，几欲为之具奏伸理，而本生虽在拘囚，传闻不一，或以为既释，或以为候旨。兼虑当事之人，或不见谅，反致激成其罪，故复隐忍到今。又恐多事纷纭之日，万一玉石不分，竟使忠邪倒置，徒以沮义士之志，而快叛贼之心，则本职后虽继之以死，将亦无以赎其痛恨！为此合行具咨贵部，烦请咨询鉴察，特赐扶持，分辨施行。

奖励主簿于旺

看得近来所属下僚，鲜能持廉守法。访得兴国县主簿于旺，独能操持清白，处事详审，近委管理抽分，纤毫无玷，奸弊铲革，抚属小官之内，诚不多见，相应奖励，以劝其余。为此牌仰官吏即便支给商锐银两，买办花红、彩缎、羊酒各一事。并将本院发去官马一匹，带鞍一付，备用鼓乐，差官以礼送付本官，用见本院奖励之意。

申谕十家牌法

本院所行十家牌谕，近来访得各处官吏，类多视为虚文，不肯着实奉行查考，据法即当究治，尚恐未悉本院立法之意，故今特述所以，再行申谕。

凡置十家牌，须先将各家门面小牌挨审的实，如人丁若干，必查某丁为某官吏，或生员，或当某差役，习某技艺，作某生理，或过某房出赘，或有某残疾，及户籍田粮等项，俱要逐一查审的实。十家编排既定，照式造册一本留县，以备查考。及遇勾摄及差调等项，按册处分，更无躲闪脱漏。一县之事，如视诸掌。每十家各今挨报甲内平日习为偷窃，及唎唬教唆等项不良之人。同具不致隐漏重甘结状，官府为置舍旧图新簿，记其姓名。姑勿追论旧恶，令其自今改行迁善。果能改化者，为除其名。境内或有盗窃，即令此辈自相挨缉。若系甲内漏报，仍并治同甲之罪。又每日各家照依牌式，轮流沿门晓谕觉察。如此即奸伪无所容，而盗贼亦可息矣。十家之内，但有争讼等事，同甲即时劝解和释，如有不听劝解，恃强凌弱，及诬告他人者，同甲相率禀官，官府当时量加责治省发，不必收监淹滞。凡遇问理词状，但涉诬告者，仍要查究同甲不行劝禀之罪。又每日各家照牌互相劝谕，务令讲信修睦，息论罢争，日渐开导，如此则小民益知争斗之非，而词讼亦可简矣。

凡十家牌式，其法甚约，其治甚广。有司果能着实举行，不但盗贼可息，词讼可简，因是而修之，补其偏而救其弊，则赋役可均；因是而修之，连其伍而制其什，则外侮可御；因是而修之，警其薄而劝其厚，则风俗可淳；因是而修之，导以德而训以学，则礼乐可兴。凡有司之有高才远识者，亦不必更立法制，其于民情土俗，或有未备。但循此而润色修举之，则一邑之治真可以不劳而致。今特略述所以立法之意，再行申告。言之所不能尽者，其各为我精思熟究而力行之，毋徒纸上空言搪塞，竟成挂壁之虚文，则庶乎其可矣！

申谕十家牌法增立保长

先该本院通行抚属，编置十家牌式，为照各甲不立牌头者，所以防胁制侵扰之弊。然在乡村，遇有盗贼之警，不可以无统纪，合立保长督领，庶众志齐一。为此仰抄案回司，即行各道守巡兵备等官，备行所属各府州县，于各乡村推选才行为众信服者一人为保长，专一防御盗贼。平时各甲词讼，悉照牌谕，不许保长干与，因而武断乡曲。但遇盗警，即仰保长统率各甲设谋截捕。其城郭坊巷乡村，各于要地置鼓一面，若乡村相去稍远者，仍起高楼，置鼓其上，遇警即登楼击鼓。一巷击鼓，各巷应之，一村击鼓，各村应之。但闻鼓声，各甲各执器械齐出应援，俱听保长调度，或设伏把隘，或并力夹击。但有后期不出者，保长公同各甲举告官司，重加罚治。若乡村各家皆置鼓一面，一家有警击鼓，各家应之，尤为快便。此则各随财力为之，不在牌例之内，俱仰督令各县即行推选增置，仍告谕远近，使各知悉。各府仍要不时稽察，务臻实效，毋得虚文搪塞，查访得出，定行究治不贷。

颁行社学教条

先该本院据岭北道选送教读刘伯颂等，颇已得人。但多系客寓，日给为难，今欲望以开导训诲，亦须量资勤苦，已经案仰该道通加礼貌优待，给薪米纸笔之资。各官仍要不时劝励敦勉，令各教读务遵本院原定教条尽心训导，视童蒙如己子，以启迪为家事，不但训饬其子弟，亦复化喻其父兄；不但勤劳于诗礼章句之间，尤在致力于德行心术之本；务使礼让日新，风俗日美，庶不负有司作兴之意，与士民趋向之心，而凡教授于兹土者，亦永有光矣。仍行该县备写案验事理，揭置各学，永远遵照去后。今照前项教条，因本院出巡忙迫，失于颁给，合就查发，为此牌仰本道府，即将发去教条，每学教读给与二张，揭置座右，每日务要遵照训诲诸生。该道该府官员亦要不时亲临激励稽考，毋得苟应文具，遂令日就废弛。

清理永新田粮

据参议周文光呈，看得江西田粮之弊，极于永新，相传已非一日。今欲清理丈量，实亦救时切务，但恐奉行不至，未免反滋弊端，依议定委通判谭储，推官陈相，指挥高睿，会同该县知县翁玑设法丈量。该道仍要再加区画，曲尽物情，务仰各官秉公任事，正己格物，殚知竭虑，削弊除奸，必能一劳永逸，方可发谋举事。如其虚文塞责，则莫若熟思审处，以俟能者。事完之日，悉照该道会议造册，永永遵守施行。缴。

批宁都县祠祀知县王天与申

据宁都县申，看得知县王天与旧随本院征剿横水、桶冈诸贼，屡立战功。后随本院讨平宁藩，竟死勤事。况其平日居官，政务修举，威爱兼行。仰该县即从士民之请，建祠报祀，用伸士夫之公论，以慰小民之遗思。

晓谕安仁余干顽民牌 正德十五年二月

照得安仁、余干各有梗化顽民数千余家，近住东乡，逃避山泽，沮逆王化，已将数年，即其罪恶，俱合诛夷无赦。但本院抚临未及，况查本院新行十家牌谕，各官因各民顽梗，尚未编查，若遽行擒剿，似亦不教而杀。为此牌仰抚州府同知陆俸，督同东乡县知县黄堂，及安仁县知县汪济民，余干县知县马津亲诣各民村都，沿门挨编，推选父老弟子知礼法者晓谕教饬，令各革心向化，自求生路，限在一月之内，仇者释其怨，愤者平其心，逋者归其负，罪者伏其辜，具由呈来，仍旧以良善。若过限不改，不必再加隐忍姑息，徒益长奸纵恶，即便密切指实申来，以凭别有区处施行。

告谕顽民 十二月十五日

告谕安仁、余干、东乡等县父老子弟，自本院始至江西，即闻三县间有顽梗背化之民数千家，其时本院方事剿平闽、广、湖、彬诸蛮寇，且所治止于南赣，政教有所未及。自去岁征讨逆藩，朝廷复有兼抚是方之命，随因圣驾南巡，奔走道路，故亦未遑经理。今复还省城，备询三司府县各官，及远近士夫军民，皆谓尔民梗化日久，积恶深重，已在必诛无赦。夫朝廷威令，雷厉风行于九夷八蛮之外，而中土郡县之民，乃敢悖抗若此，不有诛灭，以示惩戒，亦将何以为国？欲即发兵剿捕，顾其间尚多良善，恐致玉石无辨，且前此有司所以处之，亦有未善，何者？

安仁、余干里分，本少于东乡，而地势又限以山谷，顾乃割小益大，以启尔民规避之端。其失一矣。既而两邑之民徭赋不平，争讼竞起，其时若尽改复旧，亦有何说。顾又使其近东乡者归安仁，近安仁者附东乡，以益尔民纷争之谤。其失二矣。及尔等抗拒之迹既成，尚当体悉尔等中间或有难忍之怨，屈抑不平之情，亦须为之申泄断理，或惩或戒，俾两得其平。若终难化谕者，即宜断然正以国法。顾乃惮于身任其劳，一切惟事姑息，欲逃租赋，遂从而免其租赋；欲逃逋债，遂从而贷其逋债。于彼则务隐忍之政，而听其外附；于此又信一偏之词，而责其来归。纪纲不立，冠履倒置，长奸纵恶，日增月炽，以成尔民背叛之罪，而陷之必死之地。其失三矣。

然尔等罪恶，皆在本院未临之前。自本院抚临以来，尚未曾有一言开谕尔等。况查本院新行十家牌谕，以弭盗息讼，劝善纠恶，而各该县官又因尔等恃顽梗化，皆未曾编查晓谕，尔等皆未知悉，其间或有悔创自新之愿，亦未可知。若遽行擒剿，是亦不教而杀，虽尔等在前之恶，受此亦不为过，然于吾心终有所未尽也。近日抚州同知陆俸来禀，尔等尚有可悯之情，各怀求生之愿，故特委同陆俸亲赍本院告谕，往谕尔等父老子弟，因而查照本院十家牌式，通行编排晓谕，使各民互相劝戒纠察，痛惩已往之恶，共为维新之民。

　　尔等父老子弟，其间知识明达者，盍亦深思熟虑之。世岂有不纳粮，不当差，与官府相对背抗，而可以长久无事终免于诛戮者乎？世岂有恃顽树党，结怨构仇，劫众拒捕，不伏其辜，而可以长久无事终免于诛戮者乎？就使尔等各有子弟奴仆，与尔抗拒背逆若此，尔等当何以处之？夫宁王宸濠挟奸雄之资，借宗室之势，谋为不轨，积十余年，诱聚海内巨寇猾贼，动以万计，夺其财力甲兵之强，自以为无敌于天下矣，一旦称乱举事，本院奉朝廷威令，兴一旅之师，不旬日而破灭之，如扈匹雏。尔辈纵顽梗凶悍，自以为孰与宸濠？吾若声汝之罪，不过令一偏裨，领众数百，立齑粉尔辈如几上肉耳。顾念尔等皆吾赤子，其始本无背叛之谋，止因规利争忿，肆恶长悖，日迷日陷，遂至于此。夫父母之于子，岂有必欲杀之心。惟其悖逆乱常之甚，将至于覆宗灭户，不得已而后置之法。苟有改化之机，父母之心，又未尝不欲生全之也。前此官府免尔租税，蠲尔债负，除尔罪名，而遂谓尔可以安居复业，是终非所以生汝。吾今则不然，不免尔租赋，不蠲尔债负，不除尔罪名，尔能听吾言，改恶从善，惟免尔一死，限尔一月之内，释怨解仇，逃税者输其赋，负债者偿其直，有罪者伏其辜，吾则待尔如故。尔不听吾言，任汝辈自为之，吾心既无不尽，吾可以无憾矣！尔后无悔。

批江西都司掌管印信

　　看得三司各官推举该卫所掌印佥书等官，颇已得宜。俱依议，仰行按察司将本院原发贮库印信，看验明白，照议给领掌官。兹当该卫改革之初，仍行各官务在图新更始，端本澄源，共惟同心同德之美，以立可久可大之规，不独显功业于当时，必欲垂模范于来裔，上不负庙堂之特选，而下可副诸司之举任。其或庸碌浮沉，甚至欺公剥下，岂徒败其身名，亦难免于刑宪。其余空闲各官，观其才识，皆可器使。但以阙少人多，未及尽用。各官惟务持身励志，藏器待时，但恐见用而无才，勿虑有才而未用，若果囊中之锥，无不脱颖而出。毋谓上人不知，辄自颓靡，是乃自弃，非人弃汝矣。俱仰备行各官查照施行。

牌行崇义县查行十家牌法

看得新开崇义县治，虽经本院委官缉理，经画大略，规模已具，终是草创之初，经制未习。该县官员若不假以威权，听其从宜整理，则招徕安习之功，亦未可责效。除行守巡兵备等衙门外。牌仰知县陈瓒上紧前去该县，首照十家牌谕，查审编排，连属其形势，辑睦其邻里，务要治官如家，爱民如子，一应词讼、差徭、钱粮、学校等项，俱听因时就事，从宜区处。应申请者申请，应兴革者兴革，一务畜众安民，不必牵制文法。大抵风土习尚虽或有异，而天理民彝则无不同，若使为县官者果能殚其心力，悉其聪明，致其恻怛爱民之诚，尽其抚辑教养之道，虽在蛮貊，无不可化。况此中土郡县之区，向附新民，本多善类，我能爱之如子，彼亦焉有不爱我如父者乎？夫仁慈以惠良善，刑罚以锄凶暴，固亦为政之大端。若此新民之中，及各县分割都图人户，果有顽梗强横不服政化者，即仰遵照本院钦奉敕谕事理，具由申请，即行擒拿，治以军法。毋容纵恣，益长刁顽。

牌谕都指挥冯勋等振旅还师

牌谕都指挥冯勋、通判林宽、典史徐诚等，本月二十一日，据知县熊价所禀，已知安义叛贼略平，所漏无几，俟余党一尽，各官即行振旅而还。就将所擒叛贼，通行牢固绑缚，分领解赴军门。各官在途，务要肃整行伍，申严纪律，禁缉军兵，不得犯人一草一木，今差参随官詹明赍执各官原领令旗令牌，监军而回。但有违令侵扰于人者，即行斩首示众。其夺命当先，被杀被伤义勇之士,及获功人役,各官务要从公从实开报,以凭优恤给赏。不得互分彼此,辄有偏私轻重。但能推功让美者,勤劳虽微,亦在褒赏。若有争功专利者,功绩虽茂,亦从摈抑。其奉新兵快,往年从征,多犯禁令,今既效有勤劳,尤宜保全始终,毋蹈前非,自取军法重罪。知县熊价,不必解贼,且可在县抚安被扰军民,令各安居乐业。既行申严十家牌谕,互相保障,仍量留九姓义勇,分班守县,候事体定帖,以渐散回。

批瑞州知府告病申

看得知府胡尧元,始以忠义,兴讨贼之功;继以刚果,著及民之政;虽获上之诚,或有未孚;而守身之节,初无可议。据申告病情由,亦似意有所为,大抵能絜矩者,必推己及人;当大任者,在动心忍性。仰布政司即行本官,照旧尽心管理府事,毋因一朝之忿,遂忘三反之功,事如过激,欲抗弥卑,理苟不渝,虽屈匪辱。此缴。

赈恤水灾牌

据南康、建昌、抚州、宜黄等县申称:非常水灾,乞赐大施赈恤,急救生灵流移等情。看得横水非常,下民昏垫,实可伤悯!但计府县所积无多,实难溥赈,其地方被水既广,而民困朝不谋夕,若候查实报名,造册给散,未免旷日迟久,反生冒滥。已行二府各委佐贰官,及行所属被水各县掌印等官,用船装载谷米,分投亲至被水乡村,验果贫难下户,就便量行赈给。

为照南昌所属,水灾尤剧,但居民稠杂,数多顽梗,,非守巡临督于上,或致腾踊纷争。为此仰分守巡南昌官吏,即便分督该府县官于预备仓内米谷,用船装运,亲至被水乡村,不必扬言赈饥,专以踏勘水灾为事,其间验有贫难下户,就便量给升斗,暂救目前之急。给过人户,略记姓名数目,完报查考,不必造册扰害。所至之地,就督各官申严十家牌谕,通加抚慰开导,令各相安相恤。仍督各官俱要视民如子，务施实惠，不得虚文搪塞，徒费钱粮，无救民患，取罪不便。

仰湖广布按二司优恤冀元亨家属

照得湖广常德府武陵县举人冀元亨，忠信之行，孚于远迩云云，已经备咨六部院寺等衙门详办去后。今照冀元亨该科道等官，交章申暴。各该官司，办无干碍，先已释放。不期复染虐痢身故。该部司属官员，及京师贤士大夫莫不痛悼，相与资给衣棺。本院亦已具舟差人扶柩归葬。但恐本生原籍官司，一时未知详悉，仍将家属羁监，未免枉受淹禁。除将本生节义，另行具本奏请褒录外，拟合通行，为此牌仰抄案回司，即行常德府速将举人冀元亨家属，通行释放。财产等项，亦就查明给还收管。仍将本生妻子，特加优恤，使奸人知事久论定之公，而善类无作德降殃之惑。其于民风土习，不为无补矣。

批江西按察司故官水手呈

看得佥事李素，处心和易，居官清谨，生既无以为家，死复无以为殓，寡妻弱妾，旅榇万里，死丧之哀，实倍恒情。该司议欲加拨长夫水手护送，非独僚友之情，实亦惇廉周急之义，准议行令各府佥拨长夫水手，照例起关，差人护送还乡。

仰南康府劝留教授蔡宗兖

据南康府儒学申，看得教授蔡宗兖，德任师儒，心存孝义，今方奉慈母而行，正可乐英才之化。况职主白鹿，当宋儒倡道之区；胜据匡庐，又昔贤栖隐之地。偶有亲疾，自可将调，辄兴挂冠之请，似违奉檄之心。仰布政司备行南康府掌印官，以礼劝留，仍与修葺学宫，供给薪水，稍厚养贤之礼，以见崇儒之意。缴。

批江西布政司礼送仕官呈

据江西布政司呈："查勘新建知县李时，告送佥事李素丧归云南，任内无碍。"缘由。看得知县李时所呈，量才能而知止，已见恬退之节。因友丧而求去，尤见交谊之敦。既经查勘明白，亦合遂其高致。仰司即行该府听，令本官以礼致仕，动支无碍官银，置备彩帐羊酒，从厚送饯。加拨长夫水手，资送还乡。该司仍将本官致仕缘由，行原籍官司，用彰行谊之美，以为风俗之劝。缴。

卷十八　别录十

公移三 总督两广　平定思田　征剿八寨

钦奉敕谕通行 嘉靖六年十月初三日

嘉靖六年七月初七日，节该钦奉敕谕："先该广西田州地方逆贼岑猛为乱，已令提督两广等官、都御史姚镆等督兵进剿，随该各官奏称，岑猛父子悉已擒斩，巢穴荡平，捷音上闻，已经降敕奖励，论功行赏，及将该设流官添设参将等事条陈，又经该部议拟覆奏施行，去后。续该各官复奏，恶目卢苏倡乱复叛，王受攻陷思恩，又经切责各官计处不审，行令将失事官员戴罪督兵剿捕，及调江西畬兵，湖广永、保二司土兵，并力剿杀，务收全功。并敕巡按御史石金纪功外，但节据石金所奏前项地方，卢苏、王受结为死党，互相依倚，祸孽日深，将来不可收拾。又参称先后抚臣举措失当，姚镆等攘夷无策，轻信寡谋，图田州已不可得，并思恩胥复失之，要得通行查究追夺。朕以事难遥度，姚镆等前功难泯，后有疏虞，得旨切责之后，能自奋励，平寇有功，亦未可知，难遽别议。乃下兵部议奏，以各官先后所论事宜，意见不同，且兵连两广，调遣事干邻境地方，必得重臣前去，总制督同议处，方得停当。今特命尔提督两广，及江西、湖广等处地方军务，星驰前去彼处，即查前项夷情，田州因何复叛，思恩因何失守，督同姚镆等斟酌事势，将各夷叛乱未形者，可抚则抚，反形已露者，当剿则剿，一应主客官军，从宜调遣，主副将官及三司等官，悉听节制，治以军法，明示威信，务要计处合宜。仍令御史石金随军纪验功次，从实开报，以凭升赏。贼平之后，公同计处，应设土官流官，何者经久利便，并先今抚镇等官，有功有过，分别大小轻重，明白奏闻区处。凡用兵进止机宜，及一应合行之事，敕内该载未尽者，悉听便宜从长处置；事体十分重大者，具奏定夺。朕以尔勋绩久著，才望素隆，特兹简任，尔务以体国为心，闻命就道，竭忠尽力，大展谋猷，俾夷患殄除，地方安靖，以纾朕西南之忧。仍须深虑却顾，事出万全，一劳永逸，以为广人久远之休，毋得循例辞避，以孤众望。尔钦哉！故谕，钦此。"

钦遵。照得当爵猥以菲才，滥膺重寄，多病之余，精力既已减耗。久废之后，事体又复阔疏，大惧弗堪，有负委托。及照两广之与江西、湖广，虽云相去辽远，而壤地相连，士夫军民，往来络绎。传闻既多，议论有素，况在无嫌之地，是非反得其真。且处傍观之时，区画宜有其当，合行谘询，以辅不逮。除委用职官，及调遣军马，临时相机另行外，拟合通行。为此仰抄捧回司，照依案验备奉敕谕内事理，即行本司掌印佐贰及各道分巡兵备守备等官，并所属大小衙门各该官吏，凡有所见，勿惮开陈。其间或抚或剿，孰为得宜；设土设流，孰为便利；与凡积弊宿蠹之宜改于目前，远虑深谋之可行于久远者，备写揭帖，各另呈来，以凭采择。各该官吏俱要守法奉公，长廉远耻，祛患卫民，竭忠报国。毋以各省而分彼此，务在协力以济艰难，果有忠勇清勤、绩行显著者，旌劝自有常典，当爵不敢蔽贤；其或奸贪畏缩、志行卑污者，黜罚亦有明条，当爵亦不敢同恶。深惟昧劣，庶赖匡襄，凡我有司，各宜知悉。仍行镇守抚按等衙门知会，一体钦遵施行。

湖兵进止事宜 十月

据广西桂林道右参政龙诰、佥事申惠会禀："原调永、保二司宣慰官舍土兵共六千余员名，八月自辰州府起行，九月尽可到省城，各职即日起程前去全州、兴安等处接应督押。为照大兵进止，自有机宜。今未奉节钺抚临，莫知适从。查得旧规，兵至即发哨径趋宾州听遣；如至宾州而未用，恐接境思、田二府不无致生疑变，合无将各兵前赴梧州府屯扎，听候军门抚临调度。"等因。照得本年八月二十四日，先准兵部咨，该本爵看得先任总督巡抚都御史姚，已蒙钦准致仕，而本爵又以扶病就医，听候辞本命下，未即起程。况湖兵未至，秋暑尚深，遥计贼情，正在懈弛，机有可乘，事宜从便，已经行仰各该失事带罪立功守巡参将，及各领兵督哨等官，务要相度机宜，若各叛目诚心投抚，中间尚有可怜之情，朝廷岂以必杀为事，且宜从权抚插，听候本爵督临查处。若是阳投阴叛，谲诈反覆，度其事势，终难曲全，则宜密切相机乘间行事，务在获厥渠魁，不得滥加无罪，各官务要协和行事，既无参错牴牾有乖共济之义，亦无贪功轻率仰戾好生之仁，又经行仰各遵照施行去后。

今据前因，看湖兵既至，势难中止，非徒无事漫行，有失远人之信。亦且师老财费，重为地方之忧。但闻诸道路，传诸商旅，皆谓各目投抚之诚，今已甚切。致乱之情，尚有可原。且朝廷以好生为德，下民无必死之仇，是以本爵尚尔迟疑，欲候督临，乃决进止。顾传闻未真，兵难遥度，各官身亲其事，必皆知之。况原任总督虽已致政，尚在统领，老成慎重，当无随策。若果事在不疑，即宜乘机速举，一劳永逸，以靖地方。如其尚有可生之道，亦且毋为必杀之谋，匪曰姑息，将图久安。及照各处流贼，素为民患，非止一巢，若用声东击西之术，则湖兵之来，未为徒行。各官俱密切慎图，务出万全。本爵亦已扶病昼夜速进，军中事宜，从便施行。一面呈禀抚镇巡按等衙门一体通行知会，俱毋违错。

牌谕安远县旧从征义官叶芳等 十一月

往年本爵提督南、赣、汀、漳等处军务，因地方盗贼未平，身亲军旅，四出剿除。尔叶芳等乃能率领兵夫，来随帐下奋勇杀贼，效劳为多。后遭宁藩之变，尔叶芳又能坚辞贼贿，一闻本爵起调牌到，当即统领曾德礼等及部下兵众，昼夜前来，远赴国难，一念忠义，诚有可嘉，备历辛苦，立有战功，赏未酬劳，予心慊慊，尝欲表奏尔一官，以励忠勤。随因本爵守制还家，未及举行。今兹奉命总制四省军务，复临是境，看得旧时从征军士，多被忌功之徒，百般屈抑，心殊为之不平。念尔叶芳，旧劳未酬，合就先行奖励。故特差典史张缙将带花红羊酒，亲至尔家，用旌尔功。尔其益谨礼法，以缉下人，益殚忠勤，以报上德，省谕部下之人，务要各安生理，各守家业。人惟不为善，未有为善而不获善报者；人惟不为恶，未有为恶而不受恶殃者。闻尔所居之地，傍近各寨新民，虽云向化，其间尚多与尔为仇，尔宜高尔墙垣，严尔警备，以戒不虞。尔等尝与杜柏、孙洪舜等不和，各宜消释，讲信修睦，安集地方。吾所以惓惓诲谕尔等者，实念尔等辛勤从我日久，吾视尔等不啻如父子，虽欲已于言，情有所不容已也。吾今以军机重务，即赴两广，不得久留赣城，尔等但体吾教戒之意，各安室家，不必远来候见，徒劳无益。其曾德礼等，俱各谕以此意。

批南康县生员张云霁复学词

看得张云霁原系本院檄召起兵从征人数，立有功次，已经核实造报，皆本院所亲知。后因忌功之徒，搜求罗织，遂令此生屈抑至此，言之诚为痛愤。仰分巡岭北道即与查审教官费廷芳招案，有无干涉；功赏银两，曾否收给；仍行提学道收送复学，则有功之士，不至于抱冤愤，而本生仗义勤王之节，庶亦不负其初心矣。批赣县生员雷瑞词同。

放回各处官军牌 十二月二十五日

照得先因田州等处变乱，前任军门抽拨两省官军，及差官取调左右两江土官目兵前赴南宁等处驻扎，听候征剿。今照各夷皆来告，要诚心向顺，已渐有平复之机，且各处城池边隘缺人防守，往往来告，盗贼乘间窃发，亦不可不为之虑。况今春气萌动，东作方兴，各兵屯顿日久，霜眠草宿，劳苦万端，应合放回。为此牌仰本官，即将军门原调各处官军机兵打手，及土官目兵尽数撤散，放回休息，及时农种，防守城池。惟湖广永、保二司土兵，姑留听候，俟沿途夫马粮草完备，然后发回。各具由回报，毋得违错。

犒谕都康等州官男彭一等 十二月二十八日

看得广西某州县官孙族某，官男头目某等，统领土兵前来南宁宾州地方，屯哨日久，劳苦良多。即今岁暮天寒，各兵远离乡土，岂无室家之念？故今特加犒劳，通放归复业安生。本族官目，务要严整行伍，经过地方，毋得侵扰人家一草一木，有犯令者，即时照依军法斩首。到家之后，仰本州县官仍要爱惜下人，辑和邻境，毋得恃强凌弱，倚众暴寡，越理逾分，自取罪累，遵守朝廷法制，保尔土地人民。牌仰本州县官执照遵守，到家之日，俱依准回报。

札付永顺宣慰司官舍彭宗舜冠带听调

据湖广永顺等处军民宣慰使司领征言带舍把彭明伦、田大有等呈称："统兵土舍彭宗舜，系致仕宣慰彭明辅嫡生次男，伊兄彭宗汉身故，本舍应该袭替。嘉靖五年，宗汉奉征田州，蒙军门札付冠带杀贼。惟本舍见统目兵听用，又自备家丁三千报效，窃恐未授官职，军威无所瞻肃。呈乞比照故兄彭宗汉事体，授职便益。"等因到爵。

为照军旅之政，非威严则不肃；等级之辨，非冠带无以章。今官舍彭宗舜于常调之外，自备家丁，随父报效，不避艰险，勤劳王事，固朝廷之所嘉与，况又勘系应袭次男，今以土舍领兵，于体统未肃，合就遵照敕谕便宜事理，给与冠带，以便行事。除事宁另行具奏外。为此札仰官舍彭宗舜先行冠带，望阙谢恩，仍须秉节持身，正己律下，申严约束，而使兵行所在，无犯秋毫；作兴勇敢，而使兵威所加，有如破竹。务竭忠贞，以图报称，功成之日，具奏旌赏，国典具存。先具冠带日期，依准缴报。仍行本省镇巡衙门知会，毋得违错。

批广西布按二司请建讲堂呈

据参政汪必东、佥事吴天挺呈请建讲堂号舍，以便生员肄业事。看得感发奋励，见诸生之有志；作兴诱掖，实有司之盛心。不有藏修之地，难成讲习之功，况境接诸蛮之界，最宜用夏变夷，而时当梗化之余，尤当敷文来远，虽亦俎豆之事，实关军旅之机，准如所议，动支军饷银两，即为起盖，务为经久之计，毋饰目前之观。完日，开数缴报。

批立社学师耆老名呈 嘉靖七年正月

据思明府申称："要令土人谭勋、苏彪加以社学师名号，乡老黄永坚加以耆老名号。"看得教民成俗，莫先于学。然须诚爱恻怛，实有视民如子之心，乃能涵育薰陶，委曲开导，使之感发兴起。不然，则是未信而劳其民，反以为厉己矣。据本县所申，是亦良法，但须行以实心，节用爱民，施为有渐，不致徒饰一时之名，务垂百年之泽，始可。该道守巡官仍加劳来匡直，开其不逮。备行该府查照施行。

议处江古诸处瑶贼

节据各道哨守官兵呈报，照得广西府江、古田、洛容诸处瑶贼，日来势益猖炽，皆由近年以来，大征之举，既为虚文，而雕剿又复绝响，是以为彼所窥，肆无忌惮。今思、田事体渐就平息，湖兵西归有日，正可相机行事。为此牌行左布政严纮，密切会同参政龙诰，按察使钱宏，副使李如圭、翁素，将各稔恶贼巢，务访的确，密拘知因乡道，备询我兵所由道路险夷远近，及各贼巢所在。议谋既定，即可迎约湖兵决机行事。

要在声东击西，后发先至，但诛其罪大恶极者一处两处，其余且可悉行宽抚，容令改恶从善，务在去暴除残，惩一戒百，不必广捕多杀，致令玉石无分，惊疑远迩，后难行事。若其事势连络广远，关系重大，亦且不宜轻动。本院尚驻南宁，彼中事机，势难遥度，谅各官平日素有深谋沉勇，秉义奋功，一切机宜，自能周悉。近报划平之获，已见用心之勤，尚须后效，一并奏请。凡有申禀，密切封来。

批岭西道立营防守呈 二月

据金事李香呈称，"顾募打手，立营防守"缘由。看得所议，既得其要略，但屯兵固不可分，而合兵又不宜顿，必须该道及统兵官时将屯聚之兵，督率于贼盗出没要害，往来巡视操演。因而或修复营堡，或开通道路，或戒饬反侧瑶寨，或抚安凋弊民村，巡行惯熟，远近不疑，择其长恶不悛者，间行雕剿，惩一戒百。如农夫之植禾，必逐渐而耕耨；如园丁之去草，必以次而芟除。庶屯聚之兵，无坐食之患，而有日新之功矣。仰备行各官查照施行。

犒送湖兵

照得先该军门奏调湖广永顺、保靖二宣慰司土官目兵前来征剿田州等处。今照各夷自缚归降，地方平靖。为照宣慰彭明辅、彭九霄虽未及冲冒矢石，摧坚破敌，然跋涉道途，间关山海，不但劳苦之备尝，且其勤事之忠，赴义之勇，不战而胜，全师以归，隐然之功，亦不可掩。所据宴劳之礼，相应照旧举行。其沿途该用廪给口粮等项，亦合计算总支，庶免阻滞，及省偏州下邑之扰。为此牌仰本官，行会左参政龙诰，金事吴天挺，参议汪必东督行南宁府，于赏功彩缎金银花枝银两内，照依开数支出，赍送各宣慰，并给赏各舍目收领，以慰其劳。仍将永、保二司官舍头目人等合用廪给口粮等项，查取见在确数各有若干，亦行南宁府查自本府起，至梧州府止，计算几县，每驿扣算该银若干，就于军饷银内支给。又自梧州起，至桂林府止，查算县驿若干，亦就行该府支银应付。又自桂林府起，照前计算至全州止，银两亦行该府查给。其各州县止是应付人夫，再不许别项科派于民。仍通行南宁、浔州、梧州、平乐、桂林、全州各查照单内预行整办犒劳，下程听候各官舍目到彼，分送犒劳给赏施行。

批岭西道抚处盗贼呈

看得各处盗贼，全在抚处得宜，绥柔有道，使之畏威怀德，岁改月化，自然不敢为恶，乃为善策。虽雕剿之举，亦不得已而后一行。至于待其猖獗肆恶，然后悬金以购首级之获，掩袭以求斩捕之多，抑亦末矣。今后该道官务思抚处绥柔之长策，如驾舟之舵，御马之辔，操持有要，而运动由己。若舍舵与辔而广求驾御之术，虽极功巧习熟，终亦不免倾跌之虞。一应赏罚，量功大小以为多寡。军门原有旧规，军职累功升级，亦有见行事例。临阵退缩，仰遵敕谕事理，当时以军法从事。俱仰查照施行。缴。

禁革轻委职官

据广东布政司呈参："广州左等四卫掌印指挥王冕、海信、杜隆、冯凝，千户陆宗等，百户刘恺等，不修职业，委弃城池，远出经旬，肆无忌惮，应合参问。"参看擅离职役，律有明条。今各处军卫有司官往往辄因私事，弃职远出；或因上司经由，过为趋谄，越境送迎，往回动经旬月，上下相安，恬不为异，仰布政司通行禁革究治。今后不系紧急军机重务，其余问候申请等项，虽亦公事，势有轻缓者，止役吏胥差使，不许轻委职官，非但廪给夫马，骚扰道途，劳费不少，抑且城池库狱，一有亏失，贻累匪轻。各该衙门首领官，今后俱要置立文簿，凡遇掌印佐贰及带俸等官公事出入，俱要开记月日。因某事到某处送迎，或承何衙门到某处差委，某年月日回任，岁终缴报本院，以凭查究。

大抵天下之不治，皆由有司之失职；而有司之失职，独非小官下吏偷惰苟安，侥倖度日，亦由上司之人，不遵国宪，不恤民事，不以地方为念，不以职业经心，既无身率之教，又无警戒之行，是以荡弛日甚，亦宜分受其责可矣。仰布政司备行各该守巡、各兵备、守备及府、州、县、卫、所等大小衙门，仰各查照施行。该卫掌印等官姑记未究。其陆宗、刘恺，遵照本院钦奉敕谕事，先行提究，以警其将来。此缴。

分派思田土目办纳兵粮 四月

照得思恩、田州二府，各设流官知府治以土俗。其二府原旧甲分城头，除割田州八甲分立土官知府，以存岑氏之后。其余悉照旧规，不必开图立里。但与酌量分析，各立土目之素为众所信服者以为土官巡检，属之流官知府，听其各以土俗自治，照旧办纳兵粮，效有勤劳，递加升授。其袭授调发，必皆经由于知府；其官职土地，皆得各传其子孙。除具题外。为照各甲城头，既已分析，若不先令各自暂行分管，诚恐事无统纪，别生弊端。为此牌仰田州府土目龙寄等，遵照后开甲分，每岁应该纳办官粮，查照开数，依期完纳，出办一应供役征调等项事情，悉听知府调度约束。本目仍要守法奉公，正己律下，爱养小民，保安境土，毋得放纵恣肆，逾分干纪，自取罪累，后悔无及，候奏请命下，仰各钦遵施行。

计开：

凌时甲。 每年纳夏税秋粮米八十八石八斗七升七合。 每调出兵三百八十四名。 每年表笺用银三钱二分。 须知一本，赴广西用银一钱一分。 须知二本，赴京用银八钱八分。 每年纳官猪等例银一十三两。

每年纳官禾四十担，重一百斤。 每年供皂隶禾七担。

完冠砦陶甲。

案行广西提学道兴举思田学校

照得田州新服，用夏变夷，宜有学校。但疮痍逃窜之余，尚无受廛之民，即欲建学，亦为徒劳。然风化之原，终不可缓云云。除具题外，拟合就行。为此仰抄案回道，著落当该官吏，备行所属儒学遵照，但有生员，无拘廪增，愿改田州府学，及各处儒生愿附籍入学者，各赴告本道，径自查发，选委教官一员，暂领学事，相与讲肄游息，或兴起孝弟，或倡行乡约，随事开引，渐为之兆，俟休养生息一二年后，该府建有学校，然后将各生徒通发该学肄业，照例充补增廪，以次起贡，俱无违错。

揭阳县主簿季本乡约呈 四月

据揭阳县主簿季本呈为乡约事。足见爱人之诚心，亲民之实学，不卑小官，克勤细务，使为有司者，皆能以是实心修举，下民焉有不被其泽，风俗焉有不归于厚者乎！但本官见留军门听用，该县若无委官相继督理，未免一暴十寒。况本院近行十家牌谕，虽经各府县编报，然访询其实，类是虚文搪塞，且编写人丁，惟在查考善恶，乃闻加以义勇之名，未免生事扰众，已失本院息盗安民之意。访得潮州府通判张继芳持身端确，行事详审，仰该府掌印官将发去牌式，再行晓谕所属，就委张继芳遍历属县，督令各该县官勤加操演，务要不失本院立法初意。仍先将牌谕所开事理，再四绅绎，必须明白透彻，真如出自己心，庶几运用皆有脉络，而施为得其调理。该县乡约，仰委县丞曹森管理，毋令废堕。

赈给思田二府 四月

照得近因思、田二府攘乱，该前总镇等官奏调三省汉土官军兵快人等前来南宁府屯住防守，军民大小，男不得耕，女不得织，而湖兵安歇之家，骚扰尤甚。今虽地方平靖，湖兵已回，然疮痍未起，困苦未苏，况自三月已来，天道亢旱，种未入土，民多缺食，诚可悯念！已经行仰同知史立诚遍查停歇湖兵之家，开报相应，量行赈给。为此牌仰南宁府着落当该官吏，专委同知史立诚即将十名以上七十一家，各给米二石，咸鱼二十斤；五名以上三百五十六家，各给米一石三斗，咸鱼十三斤；

五名以下四百五十四家，各给米一石，咸鱼十斤。就于该府军饷米鱼内支给开报。其余大小军民之家，谕以本院心虽无穷，而钱粮有限。各宜安心生理，勤俭立家，毋纵骄奢，毋习游惰，比之丰亨豫大之日虽不足，而方之兵戈扰攘之时则有余矣。

牌行灵山县延师设教 六月

看得理学不明，人心陷溺，是以士习日偷，风教不振。近该本院久驻南宁，该府及附近各学师生前来朝夕听讲，已觉渐有奋发之志。但穷乡僻邑，本院既未暇身至其地，则诸生亦何由耳闻其说，合行委官，遍行训告。

看得原任监察御史，今降合浦县丞陈逅，理学素明，志存及物，见在军门，相应差委。除行本官外。为此牌仰灵山县当该官吏，即便具礼敦请本官于该县学安歇，率领师生，朝夕考德问业。务去旧染卑污之习，以求圣贤身心之功。该县诸生应该赴试者，临期起送；不该赴试者，如常朝夕听讲。或时出与经书策论题目，量作课程；不得玩易怠忽，虚应故事，须加时敏之功，庶有日新之益。该县仍要日逐供给薪米之类。候该县掌印官应朝之日，本官不妨训迪诸生，就行兼署该县印信。

牌行委官陈逅设教灵山

看得理学不明云云。除行廉州府及所属县外，牌仰本官即便前去该府及所属县，行各掌印官，召集各该县师生，遍行开导训告，各行立志敦本，求为身心之学，一洗旧习之陋，度量道里，折中处所，于灵山县儒学住歇，令各县师生可以就近听讲。其诸生该赴试者，临期起送；不该赴试者，如常朝夕聚会，考德问业，毋令一暴十寒，虚应文具。亦或时出经书策论题目，量作课程；就与讲析文义，以无妨其举业之功。大抵学绝道丧之余，人皆骇于创闻，必须色蒙俯就，涵育薰陶，庶可望其改化。谅本官平日素能孜孜汲引，则此行必能循循善诱。该县掌印官应朝之日，本官不妨训迪诸生，就行兼署该县印信，待后县官应朝回日，方许交还。

牌行南宁府延师设教

看得理学不明，人心陷溺，是以士习益偷，风教不振。近该本院久住南宁，与该府县学师生朝夕开道训告，颇觉渐有兴起向上之志。本院又以八寨进兵，前往贵州等处调度，则兴起诸生，未免又有一暴十寒之患。看得原任监察御史，今降揭阳县主簿季本，久抱温故知新之学，素有成己成物之心，即今见在军门，相应委以师资之任。除行本官外，仰南宁府掌印官即便具礼率领府县学师生，敦请本官前去新创敷文书院，阐明正学，讲析义理。各该师生务要专心致志，考德问业，毋得玩易怠忽，徒应虚文。其应该赴省考试者，扣算程期，临时起送；不该赴试者，仍要如常朝夕质疑问难。或时出与经书题目，量作课程。务加时敏之功，以求日新之益，该府县仍要日逐量送柴米供给。

牌行委官季本设教南宁

看得理学不明，人心云云。除行该府掌印官率属敦请外，仰本官就于新创敷文书院内安歇。每日拘集该府县学诸生，为之勤勤开诲，务在兴起圣贤之学，一洗习染之陋。其诸生该赴考试者，临期起送；不该赴试者，如常朝夕聚会。考德问业之外，或时出与经书论策题目，量作课程；就与讲析文义，以无妨其举业之功。大抵学绝道丧之余，未易解脱旧闻旧见。必须包蒙俯就，涵育薰陶，庶可望其渐次改化。谅本官平素最能孜孜汲引，则今日必能循循善诱。诸生之中，有不率教者，时行夏楚，以警其惰。本院回军之日，将该府县官员师生查访勤惰，以示劝惩。

批岭东道额编民壮呈 六月

据岭东道巡守官呈："议将各额编民壮存留，照旧守城，并追工食，雇募打手调用。"看得本院自行十家牌式，若使有司果能着实举行，则处处皆兵，家家皆兵，人人皆兵，防守之备既密，则追捕之兵自可以渐减省，以节民财，以宽民力。但今有司类皆视为虚文，未曾实心修举。一旦遂将额设民壮三分减一，则意外不测之虞，果亦有如各官所呈者。合且姑从所议，将各民壮照旧存留，备行该道所属查照施行。仍仰各官务要用心举行十家牌式，不得苟且因循，惟事支吾。目前徒倚繁难自弊之术以为上策，反视易简久安之法以为迂缓，噫！果有爱民之诚心，处官事如家事者，其忍言者之谆谆，而听之乃尔其藐藐耶？凡我各官，戒之敬之！此缴。

裁革文移

据布政司呈："今后但有牌案行属者，则于备仰语后止令奉行官吏具遵行过缘由回报。"看得近来官府文移日烦，如造册依准等项，果系徒劳徒费，虚文无补。本院欲革此弊久矣，因军务纷剧，未及举行。据呈前因，可谓先得我心之同然者。自今事关本院，除例该奏报及仓库钱粮金帛赃罚纸价预备稻谷等项，仍于每岁终开项共造手册一本，送院查考外，其余一应不大紧要文册，及依准等项，通行裁革，务从简实，以省劳费。凡我有官皆要诚心实意，一洗从前靡文粉饰之弊，各竭为德为民之心，共图正大光明之治，通备行各该衙门查照施行。缴。

批右江道调和寨目呈

据副使翁素呈，湖润寨目兵径赴镇安取调，准议备出印信下帖，给与该府该司，各永永执照，以杜后争。湖润既已自知原属镇安，自此必益供事大之职；镇安既欲自求仍统湖润，自此必益施字小之仁。须要诚心协和，庶可永绝祸患。若徒追胁矫诬于一时，终必反覆变乱于日后，此自取灭亡，后悔何及。仰各知悉遵照毋违。此缴。

批南宁府表扬先哲申

据南宁府申称："北门外高岭原有庙宇，以祠宋枢密使狄武襄公青，经略使余公靖，枢密直学士孙公沔，邕州太守忠壮苏公缄，推官忠愍谭公必缘，年久倾颓，止存基址。今思、田既平，所宜修复，以系属人心，以耸示诸夷。"看得表扬先哲，以激励有位，此正风教之首。况旧基犹存，相应修复，准支在库无碍官银，重建祠宇。其牌位祭物等项，照旧修举。完日具由回报。此缴。

批增城县改立忠孝祠申

据增城县申称："参得广东参议王纲，字性常，洪武年间，因靖潮寇，父子贞忠大孝，合应崇祀，于城南门外天妃庙改立忠孝祠。"看得表扬忠孝，树之风声，以兴起民俗，此最为政之先务。而该县知县朱道澜乃能因该学师生之请，振举废坠。若此则其平日职业之修，志向之正，从可知矣。仰行该县悉如所议施行，其神像牌位及祭物等项，俱听从宜酌处。完日具由回报。此缴。

批参政张怀奏留朝觐官呈

据左参政张怀所呈，悯念兵荒，欲留府县正官，足见留心地方。但今岁应朝事体颇重，朝廷励精图治，必有维新之政。各该正官正宜一行，以快观感。似难通行奏留，仰各照例依期起程。况该道守巡，既得贤能官员，各肯忧劳尽心，若此，各府州县虽无正官，其各佐贰亦必警戒修省，自堪驱策。其间果有阘冗不才，不任委寄者，该道即行别委相应官员署管。仰即通行查照施行，毋再疑滞。缴。

经理书院事宜 八月

据佥事吴天挺呈称："将南宁城东西二壕花利，通收府库，支与书院师生应用，剩银修理，仍置教官私宅号房，以为定规。"看得所呈事宜，足见该道官留心学校，兴起士习之美意，俱准照议施行。但事无成规，难垂久远，而管理非人，终归废坠。该道仍须置立文簿，将区处过事宜，逐件开载，给付该府县学及管理书院官，各收一本存照，相继查考举行，以防日后埋没侵渔之弊。仍于各教官内推举学行端方、堪为师范者呈来定委，专管书院诸务，训励诸生，庶几法立事行，人存政举，而今日书院之设为不虚矣。仍行提督学校官知会，一体查督举行，及备行该府县学官吏师生查照施行，俱毋违错。此缴。

牌行南宁府延师讲礼 八月

照得安上治民，莫善于礼，冠婚丧祭诸仪，固宜家谕而户晓者，今皆废而不讲，欲求风俗之美，其可得乎？况兹边方远郡，土夷错杂，顽梗成风，有司徒事刑驱势迫，是谓以火济火，何益于治？若教之以礼，庶几所谓小人学道则易使矣。近据福建莆田儒学生员陈大章前来南宁游学，进见之时，每言及礼。因而扣以冠婚乡射诸仪，果亦颇能通晓。看得近来各学诸生，类多束书高阁，饱食嬉游，散漫度日。岂若使与此生朝夕讲习于仪文节度之间，亦足以收其放心，固其肌肤之会，筋骸之束，不犹愈于博弈之为贤乎。为此牌仰南宁府官吏。即便馆谷陈生于学舍，于各学诸生之中，选取有志习礼及年少质美者，相与讲解演习。自此诸生得于观感兴起，砥砺切磋，修之于其家，而被于里巷，达于乡村，则边徼之地，自此遂化为邹鲁之乡，亦不难矣。诸生讲习已有成效，该府仍要从厚措置礼币，以申酬谢。仍备由差人送至广西提督学校官，以次送发各府州县，一体演习。其于风教，要亦不为无补。

札付同知林宽经理田宁

照得思、田二府平复，议将田宁府改设流官，见今无官管理。看得化州知州林宽，才识通敏，干办勤励。本爵巡抚江西，知其可用，近因改建府治，修复城垣，已经委令经理。即若升以该府同知，而使久于其职，必有可观。已经具题，奉有明旨。

续该本院看得南宁自宣化县至于田宁，逆流十日之程，其间错以土夷村寨，奸弊百出，本爵近因躬抚南宁思龙诸图，乡民拥道控告，愿立县治，因为经理。相度得村名那久者，宽平深厚，江水萦回，居民千余家，竹树森翳，且向武各州道路皆经由其傍，亦为四通之地，堪以设立县治，属之田宁，亦足以镇据要害，消沮盗贼，又经具题外。

为照新升知府张钺尚未到任，合就扎仰本官即便管理府事，抚绥目民。其修筑城垣廨宇，及那久新立县治等项事宜，公同各该委官用心督理，务在修筑坚固，工程早完，以图经久。候知府张钺到任，仰本官专督思龙县治，务要清查所割图里钱粮明白，毋令奸民飞诡影射，致贻纷争。本官素有才识，志在建功立业，况奉新命，擢佐专城，远近土目人等侧耳注目，思有维新之政，本官务要竭心殚力，展布才猷，以仰答朝廷之恩，俯慰下民之望，中无负于车门之委托。如其因循玩愒，隳事废功，不但声名毁辱，抑且罪责难逃。

札付同知桂鏊经理思恩

照得思、田二府平复，已经具题将柳州府同知桂鏊经理思恩府事，休劳息困，当有所济。续该本爵看得岑浚新移府治，皆斩山绝壁，如处戈矛剑戟之中，况瘴雾昏塞，薄午始开。本爵近因督剿八寨，亲往相度，看得地名荒田，宽衍膏腴，可以建府治。而上林县地名三里者，乃在八寨之间，其地多良田茂林，村落相望，堪以移设凤化县治，量筑城垣廨宇，招抚逃亡，可以成一方之保障。仍将上林一县，通割以属思恩，似于事势为便等因，又经具题外。

为照署掌府印，迁筑府城，新创县治，及盖廨宇等项，皆不可缺人督理，合就札仰本官即便星驰前去思恩府署掌印信，抚绥目民，其迁筑府城于荒田，移设县治于三里，及创建廨宇等项一应事宜，公同各该委官用心督理云云。如其因循玩愒，隳事废功，岂徒身名毁辱，兼亦罪责难逃。

牌行南昌府保昌县礼送故官

　　照得保昌县县丞杜洞，久在军门，管理军赏，清介自持，贤劳茂著，郡属之中，实为翘然。今不幸病故，使人检其行橐，萧然无以为归殡之资，殊可伤悼！今寻常故官小吏，无洞一日之劳者，犹且有水手殡殓之例，况洞从征恶寇，跋涉险阻，冲冒瘴毒，又且平日才而且贤，所谓以死勤事者矣！焉可以不从厚待之，是贤不肖略无所辨也。为此牌仰本府官吏，即于库贮无碍官钱内，给与水夫二名，棺殓银十两，就行照例起关，应付船只脚力，查照家属名数，给与口粮，务要从厚资送还乡开报。及仰保昌县官吏，即便佥拨长行水手二名，棺殓银二十两，及将本官应得俸粮马夫银两，照数支给，交付伊男。及差的当人役，护送还乡，毋致稽误。

调发土兵 十月

　　照得各州土兵，征调频数，本非良法，非但耗费竭财，抑且顿兵锉锐。必须各州轮年调发，一以省供馈之费，一以节各兵之劳，庶几土人稍有休息之期，而官府亦获精锐之用。已经行仰该司遵照备行南丹州官族莫振亨，即就拣选勇敢精锐目兵三千名，躬亲统领，照依克定日期，前赴广西省城，听调杀贼，果能输忠报效，立有奇功，即与具奏准袭该州官职，自今八月初一日为始，至下年八月初一日止，却调东兰州土兵依期更替。自今各州目兵，军门断不轻易调发，致令奔疲劳苦，亦决不姑息隐忍，纵令骄惰玩弛。但有稽抗迟误，违犯节制，轻则量行罚治，重则拿究，革去冠带，又重则贬级削地，又重则举兵诛讨，断不虚言，通行各土官兵目知悉，俱仰改心易虑，毋蹈前非，自贻后悔去后。

　　今据所呈，为照本院军令既出，难再轻改，失信下人。但本官呈称雕剿缺兵，固亦一时权宜，况称原系本州先年自愿报效，不在秋调之数，亦合姑从所请，暂准取调。为此牌仰本官即便会同镇守太监傅伦，行仰该州土官韦虎林，照数精选目兵，前赴省城，听各官调遣剿贼。待三两月间事毕，随即撤放回州，遵照军门批行事理，依期更班听调，不许久留失信。其所呈雕剿事宜，悉听会同三司掌印守巡兵备等官依拟施行。事完之日，通将获过功次，用过钱粮数目，开报查考，俱毋违错。仍行总镇总兵镇巡等衙门知会。

犒奖儒士岑伯高

照得思、田之乱，上廑九重，命将出师，动调四省军马钱粮，汹汹两年，功未告成，而变日不测。本院前来勘处，是固仰赖皇上好生之仁，格于天地，至诚动物，不疾而速，是以宣布威德，而旬月之间，诸夷即尔革心向化，翕然来归。然而奔走服役，固有效劳于下者，其间乃有深谋秘计之士，潜开默导，以会合事机，其功隐而难见，此惟主将知之，功成行赏，是所谓首功者也。

照得儒士岑伯高，素行端介，立心忠直，积学待时，安贫养母。一毫无所苟取，而人皆服其廉；一言不肯轻发，而人皆服其信；游学横州、南宁之间，远近士夫，及各处土官土夷，莫不闻风向慕，仰其高节。本院抚临之初，即用此生，使之深入诸夷，仰布朝廷之德，下宣本院之诚，是以诸夷孚信之速，至于如此，本生实与有力焉。当时平复奏内，即欲具列本生之功；而事变方息，深谋秘计，未欲张布于诸夷，但本生志在科第发身，不肯异途苟进，坚辞力请，本院不欲重违雅志，遂尔未及奏列。今思、田既已大定，凡有微劳于兹役者，莫不开列；而本生之功，泯然未表，其于报功励忠之典，诚有未当。仰抄案回司，即于军饷银内动支一百两，及置买彩币羊酒，礼送本生，以见本院慰赏犒劳之意。仍仰遵本院钦奉敕谕便宜事理，给与军功冠带，以荣其身。该司仍备给扎付执照，并行原籍官司，以礼优待，免其杂泛差徭，明朝廷赏功之典，彰军门激励之道，既以遂其养母之愿，且以遂其高尚之心；是后本生志求科第，其冠带自不相妨。仍行两广总镇总兵镇巡等衙门知会。

征剿八寨断藤峡牌 七年三月。以下俱征八寨。

据留抚田州、思恩等处地方右布政使林富，原任副总兵都指挥同知张祐连名呈称，田州、思恩平复，居民悉已各安生理，土夷亦皆各事农耕，地方实已万幸；惟八寨瑶贼云云。合就仰遵敕谕事理，量拨官兵，协同卢苏、王受等士兵，分路进剿。除差官舍赍捧令旗令牌分投督押士兵，本院亲至宾州、思恩等处相机调度，面授方略外。为此牌仰右布政使林富、副总兵张祐即便督领官军，督发土目卢苏、王受等兵夫，从公尧、思恩取路进剿后开寨分，务要声言各贼累年杀害良民，攻劫州县乡村之罪，歼厥渠魁，及其党与罪恶显著者，明正天讨，以绝祸根。除临阵擒斩外，其余胁从老弱，一切皆可宥免。今兹之举，惟以定乱安民为事，不以黩武多获为功。各官务要仰体朝廷忧悯困穷之心，俯念地方久遭盗贼屠戮之苦，督各官兵目兵人等，务歼真正恶目，一洗民冤，永除民患，以靖地方。仍禁兵马所过乡村，毋得侵扰民间一草一木，有犯令者，仰即遵本院钦奉敕谕事理，当即处以军法，俱毋有违节制方略，自取罪戾。

牌行领兵官

牌行左参将署都指挥佥事张经，会同该道守巡守备官，及湖广督兵佥事汪溱，都指挥谢珮，督永顺宣慰彭明辅，统兵进剿牛肠诸贼云云。及监都保靖宣慰彭九霄，统兵进剿六寺、磨刀等寨诸贼云云。未至信地三日之前，停军中途，候约参将张经，与同守巡各官集议，先将进兵道路之险易远近，各巢贼徒之多寡强弱，及所过良民村分之经由往复，面同各乡道人等逐一备细讲究明白，务要彼此习熟通晓，若出一人。然后克定日时，偃旗息鼓，寂若无人，密至信地，乘夜速发，务使迅雷不及掩耳，将各稔恶贼魁，尽数擒剿，以除民害，以靖地方。除临阵斩获外，其余胁从老弱，一切皆可宥免。今兹之举，惟以定乱安民为事，不以多获首级为功。各官务要仰体朝廷忧悯困穷之心，俯念地方久罹荼毒之苦，仍要禁约军民人等，所过良民村分，毋得侵扰一草一木，有犯令者，当以军法斩首示众。本官既有地方责任，兼复素怀忠义，当兹委用，务竭心力，大展才猷，以祛患安民。一应机宜，牌内该载不尽者，听公同各官计议，从便施行，一面呈报。事完之日，通将获过功次，开报纪功御史衙门纪验，以凭奏报。仍密行总镇镇巡等衙门知会，俱毋违错。

戒谕土目 五月

案照先经行委副总兵张祐，督率官土目兵人等进剿思恩八寨瑶贼，今据头目卢苏、王受等禀报，皆已攻破各寨，斩获贼级，虽未日久，苦亦无多。且又未见获有真正首恶，中间恐有容隐脱放情弊，合行戒谕督促。为此牌仰本官，上紧亲行督谕各头目及土兵人等，俱要协力齐心，竭忠报效，务图剿灭，以绝祸根，庶可以表明各目尽忠图报之真心。若是少有纵容，复留遗孽，亦是徒劳一场，不足为功，适足为罪，非惟不能仰报朝廷再生之恩，其于本院所以勤勤恳恳，不顾利害是非，务要委曲成就尔等之意，亦辜负矣。牌至，即以此意勉谕各目各兵，此举非独为除地方之害，亦为尔等建子孙久长之业，尽此一番辛苦，便可一劳永逸矣。发去良民，其榜可给则给，可止则止，一应事机，俱仰相机而行。其号色等项，已付思、田报效人役径自带回分表，亦宜知悉。

追捕逋贼

据同知桂鏊禀报："领兵土目卢苏、王受等，各已屯兵八寨，斩获贼首贼从数多，巢穴悉已破荡，即今方在分兵四路搜剿。"及称："附近上林县一十八村，俱搬移上山躲住。又访得铁坑、那埋二堡贼村，界连迁江、洛春、高径、大潘、思卢、北三、向北夷獞村分，今皆逃往潜住。又访得八寨贼徒，我兵未进之前，陆续出劫乡村，今皆不敢回巢，散入宾州渌里，并贵县凉伞、叠纸等夷獞村分藏躲，合行分兵搜捕。"等因。

看得八寨瑶贼，稔恶多年，攻劫乡村，杀害人民，掳掠财畜，百姓怨恨，痛入骨髓。今恶贯满盈，民怨神怒，巢穴破荡，分崩离析，如失林之枭，投罝之兔，迷魄丧魂，正可蒐搜猎而尽，是乃上天欲亡此贼之秋，若不乘此机会，奉行天讨，以雪百姓之冤，以舒神人之怒，以除地方之祸，存其遗孽，复为他日根芽，此岂为民父母之心乎？及访得平日哨守八寨官兵人等，往往与贼交通者，据法俱应明正典刑，今且姑未拿究，容其杀贼报效，立功自赎。除各差官督剿外。为此牌仰指挥程万全，督率迁江所土官指挥黄禄、千户黄瑞、百户凌显等，各起集管下土兵人等，前去北三、思卢等处搜捕各贼。仍行晓谕各良善向化村寨，务将逃躲各贼，尽数擒斩，以泄军民之愤，获功解报，一体给赏。若是与贼通谋，容留隐蔽，访究得出，国宪难逃。如是各贼果有诚心悔罪，愿来投抚，立功报效者，亦准免其一死，带来军门，抚谕安插。各官务要尽忠竭力，上报国恩，下除民患，副军门之委托，立自己之功名。仍督平日与贼交通之人，令其向道追捕，痛加惩改，及此机会，立功自赎。果能奋不顾身，多获真正恶贼，非但免其既往之罪，抑且同受维新之赏。若犹疑贰观望，意图苟免，定行斩首示众，断不虚言。本院数日之后，亦且亲临地方，躬行赏罚，仰各上紧立功，毋自取悔。

牌行委官林应骢督谕土目 五月

　　看得田州、思恩领兵头目卢苏、王受等所领目兵，皆系骁勇惯战之人。今又各为身家子孙之计，自愿出力报效，立功赎罪，既已攻破贼巢，分屯其地，则其搜捕溃散之贼，当如探囊取物，数日可尽。今已半月有余，尚未见有成功，气势日见委靡，此必军中收有贼巢妇女等项，贪恋女色财物，不肯割舍脱离，奋勇杀贼，苟且偷安，遂致兵气日衰，军威不振。若诸贼闻此消息，乘此懈怠，掩袭不备，我军必致挠败。如此，则是各目此举，本欲立功而反败事；本欲赎罪而反增罪。非惟不能仰报朝廷之德，抑且有损军门之威矣。正名定罪，后悔何及！

为此牌仰原任户部郎中、今降徐闻县县丞林应骢，赍执令旗令牌，会同总兵监军等官，公同署田州府事知州林宽，身督头目卢苏等，阅视各营，但有收得贼巢妇女财物者，通行搜出，俱各开纪名数，别立老营一所，选委老成头目，另拨谨实小心兵夫，昼夜管守。将各贪恋女色财物、不肯奋勇杀贼头目兵夫，姑且免其罚治，责令即出搜山，果能多有擒斩，旬日之内功成班师，仍将前项妇女财物，照名给还，亦不追失前罪。若有贪恋女赃，违犯军令，仍前不肯效力者，仰即遵照军门号令，当时斩首示众，断毋姑息容忍，致败三军大事。

盖前日之招抚，专以慈爱恻怛为念者，乃是本院怜悯两府之民无罪而就死地，乃是父母爱子之心，惟恐一民不遂其生也。至于今日用兵，却须号令严明，有功必赏，有罪必戮者，乃是本院欲安两府之民，使之立功赎罪，以定其良家，而因以除去地方之患，是乃帅师行军之道，不如此不足以取胜而成功也。差去旗牌官员，务要星火催督，毋事姑息，若旬日之后，再无成功，本院亲临分地，定先将监军督军等官明正军法。其推托避事，不肯奋勇杀贼头目，通行斩首，决不虚言。

牌委指挥赵璇留剿余贼 六月

牌仰指挥赵璇，前去督哨副总兵张祐处，查审各寨稔恶瑶贼，曾否剿绝。各兵见在何处，闻已出屯三里，仰就各营土兵目夫，凡有疾病老弱者，俱令在营将息调理。其精壮骁勇目兵，仍仰本官务要三四日，或五六日，督令入山巡剿一番，出意外之奇，以示不测之武，须候各山果无潜逃之奸，各巢已无复归之贼，俟军门牌至，方许回兵。仍谕土目卢苏、王受等，以如此炎毒天气，如此暑雨连绵，各兵久在山中，辛勤劳苦，本院非不惓惓忧念。但一则欲为尔等立功，一则欲为地方除害，心虽不忍久劳尔等，而势有所不能已也。尔等其务体本院之意，再耐旬日之苦，以成百年之功，毋得欲速一时，致贻后悔。事完之日，通至宾州，本院亲行犒赏，就领牌札，仰各知悉。

牌行副总兵张祐搜剿余巢七月

　　访得上林相近地方，如渌茅等村，皆系阳招阴叛，与八寨诸贼里应外合，积年流毒地方，即其罪恶，尤有甚于八寨诸贼，若不剿灭，终遗祸根。为此今差指挥赵璇，赍牌前去督哨副总兵张祐处计议，仰即密召领兵头目卢苏、王受等，令各挑选精兵一千，或一千五百，以搜巡八寨为名，当日乘夜速发，分道夹剿后开各贼村分，务要歼除党与，荡平巢穴。若是各贼奔窜大名深山，各兵就可留屯其地，食其禾米六畜，分兵探贼向往追捕。本院先曾发有武缘乡兵，分搜大名诸山，遥计此时，各贼正回山下各村躲住，及今往剿，正合事机。仰谕各目，务要潜机速发，不得迟留隔宿，必致透漏消息，徒劳无功。发兵进剿之后，一面差人飞报。

　　计开：

　　渌茅。　通亲。　渌小。　批头。　罗暖。

　　其余各巢，不能尽开，须要量其罪恶大小，可剿则剿，可抚则抚，相机而应。

犒劳从征土目八月

　　照得思、田二府头目卢苏、王受等率领部下兵夫，自备衣粮，征剿八寨瑶贼，渠魁殄灭，群党削平，即今地方宁靖，旋师奏凯，实由各目兵夫不避炎蒸，奋勇效劳。但进兵以来，妨废一年耕种，况今青黄不接之时，部下兵夫家属，未免缺乏，相应量为赈给，以慰人心。为此牌仰同知桂鏊，即便会同南宁府掌印官，将该府军饷粮米鱼盐内，照依开数支给各头目收领。但念思恩、南宁道里相去隔远，粮米搬运不便，合就于武缘县见贮军饷米内支给，与各领用，以见本院体恤之心。仍开给散过数目缴报查考，毋得违错。

绥柔流贼五月

接左江道参议等官汪必东等呈称："古陶、白竹、石马等贼，近虽诛剿，然尚有流出府江诸处者，诚恐日后为患，乞调归顺土官岑瓛兵一千名，万承、龙英共五百名，或韦贵兵一千名，住扎平南、桂平冲要地方。"及该府知府程露鹏等亦申："量留湖兵，及调武靖州狼兵防守。"等因。

始观论议，似亦区画经久之图；徐考成功，终亦支吾目前之计。盖用兵之法，伐谋为先；处夷之道，攻心为上。今各瑶征剿之后，有司即宜诚心抚恤，以安其心。若不服其心，而徒欲久留湖兵，多调狼卒，凭借兵力以威劫把持，谓为可久之计，则亦末矣。殊不知远来客兵，怨愤不肯为用，一也。供馈之需，稍不满意，求索訾詈，将无柢极，二也。就居民间，骚扰浊乱，易生仇隙，三也。困顿日久，资财耗竭，适以自弊，四也。欲借此以卫民，而反为民增一苦；欲借此防贼，而反为吾招一寇。各官之意，岂不虞各贼乘间突出？故欲振扬兵威，以苟幸目前之无事，抑亦不睹其害矣。前岁湖兵之调，既已大拂其情，乃今复欲留之，其可行乎？

夫刑赏之用当，而后善有所劝，恶有所惩；劝惩之道明，而后政得其安。今稔恶各瑶，举兵征剿，刑既加于有罪矣。然破败奔窜之余，即欲招抚，彼亦未必能信。必须先从其傍良善各巢，加厚抚恤，使为善者益知所劝，而不肯与之相连相比，则党恶自孤，而其势自定。使良善各巢传道引谕，使各贼咸有回心向化之机，然后吾之招抚可得而行，而凡绥怀御制之道，可以次而举矣。

夫柔远人而抚戎狄，谓之柔与抚者，岂专恃兵甲之盛，威力之强而已乎？古之人能以天地万物为一体，故能通天下之志。凡举大事，必须其情而使之，因其势而导之，乘其机而动之，及其时而兴之。是以为之但见其易，而成之不见其难，此天下之民所以阴受其庇，而莫知其功之所自也。今皆反之，岂所见若是其相远乎？亦由无忠诚恻怛之心以爱其民，不肯身任地方利害为久远之图，凡所施为，不本于精神心术，而惟事补裰掇拾，支吾粉饰于其外，以苟幸吾身之无事，此盖今时之通弊也。

合就通行计处，仰抄案回道，即行知府程云鹏，公同指挥周胤宗，及各县知县等官，亲至已破贼巢各邻近良善村寨，以次加厚抚恤，给以告示，犒以鱼盐，待以诚信，敷以德恩。喻以朝廷所以诛剿各贼者，为其稔恶不悛。若尔等良善守分村寨，我官府何尝轻动尔等一草一木，尔等各宜益坚向善之心，毋为彼所扇惑摇动。从而为之推选众所信服，立为酋长，以连属之；优其礼待，厚其犒赏，以渐绥来调习，使之日益亲附。又喻以稔恶各贼，彼若不改，一征不已，至于再，再征不已，至于三，至于四五，至于六七，必使灭绝而后已。此后官府若行剿除，尔等但要安心乐业，无有惊疑。若各贼果能改恶迁善，实心向化，今日来投，今日即待以良善，即开其自新之路，决不追既往之恶。尔等即可以此意传告开喻之，我官府亦未尝有必欲杀彼之心。若彼贼果有相引来投者，亦就实心抚安招来之，量给盐米，为之经纪生业，亦就为之选立酋长，使有统率，毋令涣散。一面清查侵占田土，开立里甲，以息日后之争；禁约良民，毋使乘机报复，以激其变。如农夫之植嘉禾而去莨莠，深耕易耨，芸菑灌溉，专心一事，勤诚无惰，必有秋获。夫善者益知所劝，则助恶者日衰；恶者益知所惩，则向善者益众。此抚柔之道，而非专有恃于兵甲者也。

至于本院近行十家牌谕，诚亦弭盗安民之良法，而今之有司，概以虚文抵塞，莫肯实心推求举行，虽已造册缴报，而尚不知其间所属何意，所处地方。该道仍要用心督责整理，诚使此法一行，则不待调发而处处皆兵；不待屯聚而家家皆兵；不待蓄养而人人皆兵；无馈运之劳而粮饷足；无关隘之设而守御固；习之愈久而法愈精；行之弥广而功弥大。其前项区处摘调之兵，有虚名而无实用；可张皇于暂时，而不可施行于永久者，劳逸烦简，相去远矣。惟有据该府议欲散撤雇倩机快等项，调取武靖州土兵，使之就近防守一节，区画颇当。然以三千之众，而常在一处屯顿坐食，亦未得宜。必须分作六班，每五百名为一班，每两个月日而更一次。若有雕剿等项，然后通行起调，然必须于城市别立营房，毋使与民杂处，然后可免于骚扰嫌隙。盖以十家牌门之兵，而为守土安民之本；以武靖起调之兵，而备追捕剿截之用。此亦经权交济相须之意，合就准行。仰该道仍将行粮等项，再议停当，备行该州土目人等遵照奉行。自今以后，免其秋调各处哨守等役，专在浔州地方听凭守备参将调用，凡遇紧急调取，即要星驰赴信地；不得迟违时刻。守巡各官仍要时加戒谕抚辑，毋令日久玩弛，又成虚应故事。

本院疏才多病，精力不足，不能躬亲细务。独其忧患地方，欲为建立久安长治一念，真切自不能已，是以不觉其言之叨叨。各官务体此意，毋厌其多言，而必务为绅绎；毋谓其迂远，而必再与精思；务竭其忠诚，务行其切实，同心协德，共济时艰。通行总镇、总兵、镇巡等衙门知会。仍行三司各道守巡守备等官，事有相类者，悉以此意推而行之。发去鱼盐，或有不足，再行计处定夺。

告谕村寨

近年牛肠等寨，积年稔恶，是以举兵征剿。尔等良善村寨，我官府自加抚恤，决无侵扰，各宜益坚为善之心，共享太平之乐。其间平日纵有罪犯，从今但能中心改过，官府决不追论旧恶，毋自疑沮，或为彼所扇惑，自取灭亡，后悔无及。就使已剿余党，果能悔罪自新，官府亦待以良善，一体抚恤。若是长恶不悛，一剿、十剿至于百剿，必加殄灭，断不虚言。尔等各寨，为善为恶，日后自见，各宜知悉。

议立县卫

看得八寨瑶贼，稔恶为患，巢穴连络千里，实为广西众贼之渊薮。近该本院进剿，扫荡巢穴，若不及今设置军屯卫县，据其心腹要害，以厄塞各贼呼吸之咽喉，断绝各贼牵引之脉络，不过数年，又将屯聚生息，祸根终未剪除。本院身亲督调各兵，看得周安堡正当八寨之中，而三里堡亦当八寨之隘，俱各山势回抱，堪以筑立城郭，移卫设县。但未经广询博访，详审水土之善恶，民情之逆顺，中间有无利害得失，拟合再行查访。为此牌仰分巡右江道兵备副使翁素，会同该道分守官，即便督同同知桂鳌，指挥孙纲等，带领高年知识，亲至其地，经营相度。若果风气包完，水土便利，即行料理规制，景定方向，各另画图贴说。仍要咨访父老子弟通晓贼情，习知民俗者，即今移立卫县，其于四远贼巢果否足能控制，民情有无便益妨损，务在人心乐顺，足为经长永久之计，然后备由呈来，以凭会奏。就将筑立城垣合用木石、砖灰、人夫、匠作、料价、工食等项，议估停当，具揭呈来，以凭先行，一面委官分督办理，及时兴工，毋得忽意苟且，玩愒迟延，致误事机。

抚恤来降 八月

据参将张经呈称："武靖州耕守黄璋等一十四名，被十冬总甲黄邓护等妄捏窝贼，乞行释放，仍给榜谕。"看得本院屡经牌仰该道该府等官，将各向化良善村寨，加意抚恤怀柔，以收其散亡之势，而坚其向善之心，庶使远近知劝，而恶党自孤。各官略不体承本院勤勤恳恳之意，肆志妄行，轻信十冬奸民之言，辄便推求往事，为之报复旧仇，沮抑归向之望，惊疑反侧之心，听其所为，必成激变，后虽寸斩奸民之骨，固亦何救地方之患？所据违法各官，即合治以军法，姑且记罪，再行饬谕，仰将见监黄璋、李举等一十四名，即行释放。仍加慰谕，令其复业宁家。其十冬黄邓护等监候，本院抚临，解赴军门发落。今后仍要备细开谕该府该县十冬里老人等，各要守法安分，务以宁靖地方为重，不得乘机挟势，侵剥新旧投抚之人，胁取财物，泄愤报怨，及至酿成变乱，却又贻累地方，劳烦官府。今后有违犯者，体访得出，或被人告发，决行拿送军门，治以军法，断不轻恕。仍将发去告示，即行刊刻，给赴十冬里老人等遵照奉行。具遵行过缘由缴报。

批广东市舶司提举_{故官水手呈}

看得广东市舶司提举已故钱邦用，平日果系清白自守，足称廉能，乃今客死远乡，情殊可悯！仰广州府即与量拨水手，起关资送还乡。其原领文凭，发该门转缴。此缴。

卷十九　外集一

赋诗

赋骚七首

太白楼赋 丙辰

　　岁丙辰之孟冬兮，泛扁舟余南征。凌济川之惊涛兮，览层构乎任城。曰太白之故居兮，俨高风之犹在。蔡侯导余以从陟兮，将放观乎四海。木萧萧而乱下兮，江浩浩而无穷；鲸敖敖而涌海兮，鹏翼翼而承风；月生辉于采石兮，日留景于岳峰；蔽长烟乎天姥兮，渺匡庐之云松。慨昔人之安在兮，吾将上下求索而不可。謇余虽非白之俦兮，遇季真之知我。羌后人之视今兮，又乌知其不果？吁嗟太白公奚为其居此兮？余奚为其复来？倚穹霄以流盼兮，固千载之一哀！

　　昔夏桀之颠覆兮，尹退乎莘之野；成汤之立贤兮，乃登庸而伐夏。谓鼎俎其要说兮，维党人之挤诟。曾圣哲之匡时兮，夫焉前枉而直后！当天宝之末代兮，淫好色以信谗。恶来妹喜其猖獗兮，众皆狐媚以贪婪。判独毅而不顾兮，爰命夫以仆妾之役。宁直死以顾领兮，夫焉患得而局促。开元之绍基兮，亦遑遑其求理。生逢时以就列兮，固云台麟阁而容与。夫何漂泊于天之涯兮？登斯楼乎延伫。信流俗之嫉妒兮，自前世而固然。怀夫子之故都兮，沛余涕之浚浚。庙堂之偃蹇兮，或非情之所好。唯不合于斯世兮，恣沉酣而远眺。

进吾不遇于武丁兮，退吾将颜氏之箪瓢。奚曲蘖其昏迷兮，亦夫子之所逃。管仲之辅纠兮，孔圣与其改行。佐璘而失节兮，始以见道之未明。睹夜郎之有作兮，横逸气以徘徊；亦初心之无他兮，故虽悔而弗摧。吁嗟其谁无过兮，抗直气之为难。轻万乘于褐夫兮，固孟轲之所叹。旷绝代而相感兮，望天宇之漫漫。去夫子其千祀兮，世益隘以周容。媒妇妾以驰骛兮，又从而为之吮痈。贤者化而改度兮，竞规曲以为同。

卒曰：峄山青兮河流泻，风飕飕兮澹平野。凭高楼兮不见，舟楫纷兮楼之下，舟之人兮俨服，亦有庶几夫子之踪者！

九华山赋 壬戌

循长江而南下，指青阳以幽讨。启鸿蒙之神秀，发九华之天巧。非效灵于坤轴，孰构奇于玄造！涉五溪而径入，宿无相之窈窕。访王生于邃谷，掏金沙之清潦。凌风雨乎半霄，登望江而远眺。步千仞之苍壁，俯龙池于深窅。吊谪仙之遗迹，跻化城之缥缈。钦钵盂之朝露，见莲花之孤标。扣云门而望天柱，列仙舞于晴昊。俨双椒之辟门，真人驾阳云而独跷。翠盖平临乎石照，绮霞掩映乎天姥。二神升于翠微，九子邻于积稻。炎熇起于玉甑，烂石碑之文藻。回澄秋于枕月，建少微之星旐。覆瓯承滴翠之余沥，展旗立云外之旌纛。下安禅而步逍遥，览双泉于松杪。逾西洪而憩黄石，悬百丈之灏灏。

濑流觞而萦纡，遗石船于涧道；呼白鹤于云峰，钓嘉鱼于龙沼；倚透碧之岿屼，谢尘寰之纷扰。攀齐云之巉削，鉴琉璃之浩漾。沿东阳而西历，飨九节之蒲草。樵人导余以冥探，排碧云之瑶岛。群峦翳其缪蔼，失阴阳之昏晓。垂七布之沉沉，灵龟隐而复佻。履高僧而屣招贤，开白日之杲杲。试明茗于春阳，汲垂云之渊湫；凌绣壁而据石屋，何文殊螺髻之蟠纠？梯拱辰而北盼，隳遗光于拾宝。缁裳迕于黄袍,休圆寂之幽俏。鸟呼春于丛篁，和云韶之鹭鹭，唤起促余之晨兴，落星河于檐橑；护山嘎其惊飞，怪游人之太早。揽卉木之如濯，被晨辉而争姣。静镜声之剥啄，幽人厮参蕨于冥杳。碧鸡哕于青林，鹇翻云而失皓。隐捣药以櫰萝，挟提壶饼焦而翔绕。凤凰承盂冠以相遗，饮沆瀣之仙醴；羞竹实以嬉翱，集梧枝之袅袅。岚欲雨而霏霏，鸣湿湿于薹葆；蹑三游而转青峭，拂天香于茫渺。席泓潭以濯缨，浮桃泻而扬缟。淙溅溅而落荫，饮猿狖之捷狡。眤斧柯而升大还，望会仙于云表。悯子京之故宅，款知微之碧桃。倏金光之闪映，睵累景于穿坳。弄玄珠于赤水，舞千尺之潜蛟。并花塘而峻极，散香林之回飙。抚浮屠之突兀，泛五钗之翠涛。袭珍芳于绝巚，袅金步之摇摇。莎罗踯躅芬敷而灿耀，幢玉女之妖娇。搴龙须于灵宝，堕钵囊之飘摇。开仙掌于嵚嵌，散青馨之迢迢。披白云而躔崇寿，见参错之僧寮。日既夕而山冥，挂星辰于窭嶅。宿南台之明月，虎夜啸而黑嘷。鹿麋群游于左右，若将侣幽人之岑寥。迥高寒其无寐，闻冰壑之洞箫。

　　溪女厉晴泷而曝术，杂精芩之春苗。邀予觞以玉液，饭玉粒之琼瑶；谥辞予而远去，飒霞裙之飘飘。复中峰而怅望，或仙踪之可招。乃下见阳陵之蜿蜒，忽有感于子明之宿要。逝予将遗世而独立，采石芝于层霄，虽长处于穷僻，乃永离乎坏嚣。彼苍黎之缉缉，固吾生之同胞；苟颠连之能济，吾岂靳于一毛！矧狂胡之越獗，王师局而奔劳。吾宁不欲请长缨于阙下,快平生之郁陶？顾力微而任重,惧覆败于或遭；又出位以图远，将无消于鹡鸰。嗟有生之迫隘，等灭没于风泡；亦富贵其奚为？犹荣蕣之一朝。旷百世而兴感，蔽雄杰于蓬蒿。吾诚不能同草木而腐朽，又何避乎群喙之呶呶！

　　已矣乎！吾其鞭风霆而骑日月，被九霞之翠袍。抟鹏翼于北溟，钓三山之巨鳌。道昆仑而息驾，听王母之云璈。呼浮丘于子晋，招句曲之三茅。长遨游于碧落，共太虚而逍遥。

乱曰：蓬壶之藐藐兮，列仙之所逃兮；九华之矫矫兮，吾将于此巢兮。匪尘心之足搅兮，念鞠育之劬劳兮。苟初心之可绍兮，永矢弗挠兮！

吊屈平赋 丙寅

正德丙寅，某以罪谪贵阳，取道沅、湘。感屈原之事，为文而吊之。其词曰：

山黯惨兮江夜波，风飕飕兮木落森柯。泛中流兮焉泊？湛椒醑兮吊湘累。云冥冥兮月星蔽晦，冰崚嶒兮霰又下。累之宫兮安在？怅无见兮愁予。高岸兮嵚崎，纷纠错兮樛枝。下深渊兮不恻，穴颓洞兮蛟螭。山岑兮无极，空谷谽谺兮迥寥寂。猿啾啾兮吟雨，熊罴嗥兮虎交迹。念累之穷兮焉托处？四山无人兮骇狐鼠；魑魅游兮群跳啸，瞰出入兮为累奸宄。嫉累正直兮反诋为殃，昵比上官兮子兰为臧。幽业薄兮畴侣，怀故都兮增伤。望九疑兮参差，就重华兮陈辞。沮积雪兮涧道绝，洞庭渺藐兮天路迷。要彭咸兮江潭，召申屠兮使骖。娥鼓瑟兮冯夷舞，聊遨游兮湘之浦。乘回波兮泊兰渚，眷故都兮独延伫。君不还兮郢为墟，心壹郁兮欲谁语！郢为墟兮函崤亦焚，逞鬼逋戮兮快不酬冤。历千载兮耿忠愊，君可复兮排帝阍。望遁迹兮渭阳，箕罹囚兮其伴以狂。艰贞兮晦明，怀若人兮将予退藏。宗国沦兮摧腑肝，忠愤激兮中道难。勉低回兮不忍，溘自沉兮心所安。雄之谀兮谗喙，众狂稚兮谓累扬已。为魈为魅兮为逸脧妥，累视若鼠兮佞颡有泚。累忽举兮云中。龙莅晻霭兮飘风；横四海兮倏忽，驷玉虬兮上冲。降望兮大壑，山川萧条兮漭寥廓。逝远去兮无穷，怀故都兮蜷局。

乱曰：日西夕兮沅湘流，楚山嵯峨兮无冬秋。累不见兮涕泗，世愈隘兮孰知我忧！

思归轩赋 庚辰

阳明子之官于虔也，廨之后乔木蔚然。退食而望，若处深麓而游于其乡之园也。构轩其下，而名之曰"思归"焉。

门人相谓曰："归乎！夫子之役役于兵革，而没没于徽缠也，而靡寒暑焉，而靡昏朝焉，而发萧萧焉，而色焦焦焉。虽其心之固嚚嚚也，而不免于呹呹焉，哓哓焉，亦奚为乎！槁中竭外，而徒以劳劳焉为乎哉？且长谷之迢迢也，穷林之寥寥也，而耕焉，而樵焉，亦焉往而弗宜矣。夫退身以全节，大知也；敛德以亨道，大时也；怡神养性以游于造物，大熙也，又夫子之夙期也。而今日之归，又奚以思为乎哉？"则又相谓曰："夫子之思归也，其亦在陈之怀欤？吾党之小子，其狂且简，伥伥然若瞽之无与偕也，非吾夫子之归，孰从而裁之乎？"则又相谓曰："嗟呼，夫子而得其归也，斯土之人为失其归矣乎！天下之大也，而皆若是焉，其谁与为理乎？虽然，夫子而得其归也，而后得于道。惟夫天下之不得于道也，故若是其贸贸。夫道得而志全，志全而化理，化理而人安。则夫斯人之徒，亦未始为不得其归也。而今日之归又奚疑乎？而奚以思为乎？"

阳明子闻之，怃然而叹曰："吾思乎！吾思乎！吾亲老矣，而暇以他为乎？虽然，之言也，其始也，吾私焉；其次也，吾资焉；又其次也，吾几焉。"乃援琴而歌之。歌曰：

归兮归兮，又奚疑兮！百行口非兮，百亲日衰兮；胡不然兮，日思予旋兮，后悔可迁兮？归兮归兮，二三子之言兮！

咎言 丙寅

正德丙寅冬十一月，守仁以罪下锦衣狱。省愆内讼，时有所述。既出而录之。

何玄夜之漫漫兮，悄予怀之独结。严霜下而增寒兮，瞰明月之在隙。风呹呹以憎木兮，鸟惊呼而未息。魂营营以惝恍兮，目眢眢其焉极！懔寒飚之中人兮，杳不知其所自。夜展转而九起兮，沾予襟之如泗。胡定省之弗遑兮，岂荼甘之如荠？怀前哲之耿光兮，耻周容以为比。何天高之冥冥兮，孰察予之衷？予匪戚于累囚兮，牿匪予之为恫。沛洪波之浩浩兮，造云阪之蒙蒙；税予驾其安止兮，终予去此其焉从？孰瘿瘰之在颈兮，谓累足之何伤？熏目而弗顾兮，惟盲者以为常。孔训之服膺兮，恶讦以为直辞。婉娈期巷遇兮，岂予言之未力？皇天之无私兮，鉴予情之靡他！宁保身之弗知兮，膺斧锧之谓何。蒙出位之为愆兮，信愚忠者蹈亟。苟圣明之有裨兮，虽九死其焉恤！

乱曰：予年将中，岁月遒兮！深谷崆峒，逝息游兮；飘然凌风，八极周兮。孰乐之同，不均忧兮。匪修名崇仁之求兮，出处时从天命何忧兮！

守俭弟归曰仁歌楚声为别予亦和之

庭有竹兮青青，上乔木兮鸟嘤嘤；妹之来兮，弟与偕行。竹青青兮雨风，鸟嘤嘤兮西东！弟之归兮，兄谁与同？江云暗兮暑雨，江波渺渺兮愁予；弟别兄兮须臾，兄思弟兮何处？景翳翳兮桑榆，念重闱兮离居；路修远兮崎险，沮风波兮江湖。山有洞兮洞有云，深林宵宵兮涧道曛。松落落兮葛累累，猿啾啾兮鹤怨群。山之人兮不归，山鬼昼啸兮下上烟霏。风袅袅兮桂花落，草萋萋兮春日迟。葺予屋兮云间，荒予圃兮溪之阳；驱虎豹兮无践我藿，扰麋鹿兮无骇我场。解予绶兮钟阜，委予佩兮江湄。往者不可追兮，叹凤德之日衰；将沮溺其耦耕兮，孰接舆之避予。回予驾兮扶桑，鼓予枻兮沧浪。终携汝兮空谷，采三秀兮徜徉。

祈雨辞 正德丙子南赣作

呜呼！十日不雨兮，田且无禾；一月不雨兮，川且无波；一月不雨兮，民已为疴；再月不雨兮，民将奈何？小民无罪兮，天无咎民！抚巡失职兮，罪在予臣。呜呼！盗贼兮为民大屯，天或罪此兮赫威降嗔；民则何罪兮，玉石俱焚？呜呼！民则何罪兮，天何遽怒？油然兴云兮，雨兹下土。彼罪曷逋兮，哀此穷苦！

归越诗三十五首

弘治壬戌年，以刑部主事告病归越并楚游作。

游牛峰寺四首 牛峰今改名浮峰

洞门春霭蔽深松，飞磴缠空转石峰。猛虎踞崖如出柙，断螭蟠顶讶悬钟。金城绛阙应无处，翠壁丹书尚有踪，天下名区皆一到，此山殊不厌来重。

萦纡鸟道入云松，下数湖南百二峰。岩犬吠人时出树，山僧迎客自鸣钟。凌飚陟险真扶病，异日探奇是旧踪。欲扣灵关问丹诀，春风萝薜隔重重。

偶寻春寺入层峰，曾到浑疑是梦中。飞鸟去边悬栈道，冯夷宿处有幽宫。溪云晚度千岩雨，海月凉飘万里风。夜拥苍崖卧丹洞，山中亦自有王公。

一卧禅房隔岁心，五峰烟月听猿吟。飞湍映树悬苍玉，香粉吹香落细金。翠壁年多霜藓合，石床春尽雨花深。胜游过眼俱陈迹，珍重新题满竹林。

又四绝句

翠壁看无厌，山池坐益清。深林落轻叶，不道是秋声。
怪石有千窟，老松多半枝。清风洒岩洞，是我再来时。
人间酷暑避不得，清风都在深山中。
池边一坐即三日，忽见岩头碧树红。
两到浮峰兴转剧，醉眠三日不知还。
眼前风景色色异，惟有人声似世间。

姑苏吴氏海天楼次邝尹韵

晴雪吹寒春事浓，江楼三月尚残冬。青山暗逐回廊转，碧海真成捷径通。风暖檐牙双燕剧，云深帘幕万花重。倚阑天北疑回首，想象丹梯下六龙。

山中立秋日偶书

风吹蝉声乱，林卧惊新秋。山池静澄碧，暑气亦已收。青峰出白云，突兀成琼楼。袒裼坐溪石，对之心悠悠。倏忽无定态，变化不可求。浩然发长啸，忽起双白鸥。

夜雨山翁家偶书

山空秋夜静，月明松桧凉。沿溪步月色，溪影摇空苍。山翁隔水语，酒熟呼我尝。褰衣涉溪去，笑引开竹房。谦言值暮夜，盘餐百无将。露华明橘柚，摘献冰盘香。洗盏对酬酢，浩歌入苍茫。醉拂岩石卧，言归遂相忘。

寻春

十里湖光放小舟，谩寻春事及西畴。江鸥意到忽飞去，野老情深只自留。日暮草香含雨气，九峰晴色散溪流。吾侪是处皆行乐，何必兰亭说旧游？

西湖醉中漫书二首

十年尘海劳魂梦，此日重来眼倍清。好景恨无苏老笔，乞归徒有贺公情。白凫飞处青林晚，翠壁明边返照晴。烂醉湖云宿湖寺，不知山月堕江城。

掩映红妆莫谩猜，隔林知是藕花开。共君醉卧不须到，自有香风拂面来。

九华山下柯秀才家

苍峰抱层嶂，翠瀑绕双溪。下有幽人宅，萝深客到迷。

夜宿无相寺

春宵卧无相，月照五溪花。掬水洗双眼，披云看九华。岩头金佛国，树杪谪仙家。仿佛闻笙鹤，青天落绛霞。

题四老围棋图

世外烟霞亦许时，至今风致后人思。却怀刘项当年事，不及山中一著棋。

无相寺三首

老僧岩下屋，绕屋皆松竹。朝闻春鸟啼，夜伴岩虎宿。

坐望九华碧，浮云生晓寒。山灵应秘惜，不许俗人看。

静夜闻林雨，山灵似欲留。只愁梯石滑，不得到峰头。

化城寺六首

化城高住万山深，楼阁凭空上界侵。天外清秋度明月，人间微雨结浮阴。钵龙降处云生座，岩虎归时风满林。最爱山僧能好事，夜堂灯火伴孤吟。

云里轩窗半上钩，望中千里见汀流。高林日出三更晓，幽谷风多六月秋。仙骨自怜何日化，尘缘翻觉此生浮。夜深忽起蓬莱兴，飞上青天十二楼。

云端鼓角落星斗，松顶袈裟散雨花。一百六峰开碧汉，八十四梯踏紫霞。山空仙骨葬金椁，春暖石芝抽玉芽。独挥谈麈拂烟雾，一笑天地真无涯。

化城天上寺，石磴八星躔。云外开丹井，峰头耕石田。月明猿听偈，风静鹤参禅。今日揩双眼，幽怀二十年。

僧屋烟霏外，山深绝世哗。茶分龙井水，饭带石田砂。香细云岚杂，窗高峰影遮。林栖无一事，终日弄丹霞。

突兀开穹阁，氤氲散晓钟。饭遗黄稻粒，花发五钗松。金骨藏灵塔，神光照远峰，微茫竟何是？老衲话遗踪。

李白祠二首

千古人豪去，空山尚有祠。竹深荒旧径，藓合失残碑。云雨罗文藻，溪泉系梦思。老僧殊未解，犹自索题诗。

谪仙栖隐地，千载尚高风。云散九峰雨，岩飞百丈虹。寺僧传旧事，词客吊遗踪。回首苍茫外，青山感慨中。

双峰

凌崖望双峰，苍茫竟何在？载拜西北风，为我扫浮霭。

莲花峰

夜静凉飙发，轻云散碧空。玉钩挂新月，露出青芙蓉。

列仙峰

灵峭九万丈，参差生晓寒。仙人招我去，挥手青云端。

云门峰

云门出孤月，秋色坐苍涛。夜久群籁绝，独照宫锦袍。

芙蓉阁二首

青山意不尽，还向月中看。明日归城市，风尘又马鞍。

岩下云万重，洞口桃千树。终岁无人来，惟许山僧住。

书梅竹小画

寒倚春霄苍玉杖，九华峰顶独归来。柯家草亭深云里，却有梅花傍竹开。

山东诗六首

弘治甲子年起复，主试山东时作。

登泰山五首

一

晓登泰山道，行行入烟霏。阳光散岩壑，秋容淡相辉。云梯挂青壁，仰见蛛丝微。长风吹海色，飘遥送天衣。峰顶动笙乐，青童两相依。振衣将往从，凌云忽高飞。挥手若相待，丹霞闪余晖。凡躯无健羽，怅望未能归。

二

天门何崔嵬，下见青云浮。泱漭绝人世，迥豁高天秋。暝色从地起，夜宿天上楼。天鸡鸣半夜，日出东海头。隐约蓬壶树，缥缈扶桑洲。浩歌落青冥，遗响入沧流。唐虞变楚汉，灭没如风沤。藐矣鹤山仙，秦皇岂堪求？金砂费日月，颓颜竟难留。吾意在庞古，泠然驭凉飕。相期广成子，太虚显遨游。枯槁向岩谷，黄绮不足俦。

三

穷崖不可极，飞步凌烟虹。危泉泻石道，空影垂云松。千峰互攒簇，掩映青芙蓉。高台倚巉削，倾侧临崆峒。失足堕烟雾，碎骨颠崖中。下愚竟难晓，摧折纷相从。吾方坐日观，披云笑天风。赤水问轩后，苍梧叫重瞳。隐隐落天语，阊阖开玲珑。去去勿复道，浊世将焉穷！

四

尘网苦羁縻，富贵真露草！不如骑白鹿，东游入蓬岛。朝登太山望，洪涛隔缥缈；阳辉出海云，来作天门晓。遥见碧霞君，翩翩起员峤。玉女紫鸾笙，双吹入晴昊。举首望不及，下拜风浩浩。掷我《玉虚篇》，读之殊未了；傍有长眉翁，一一能指道。从此炼金砂，人间迹如扫。

五

我才不救时，匡扶志空大。置我有无间，缓急非所赖。孤坐万峰颠，嗒然遗下块，已矣复何求？至精谅斯在。淡泊非虚杳，洒脱无芥蒂。世人闻予言，不笑即吁怪；吾亦不强语，惟复笑相待。鲁叟不可作，此意聊自快。

泰山高次王内翰司献韵

欧生诚楚人，但识庐山高。庐山之高犹可计寻丈，若夫泰山，仰视恍惚，吾不知其尚在青天之下乎，其已直出青天上？我欲仿拟试作《泰山高》，但恐培塿之见未能测识高大，笔底难具状。扶舆磅礴元气钟，突兀半遮天地东；南衡北恒西泰华，俯视伛偻谁争雄？人寰茫昧乍隐见，雷雨初解开鸿蒙。绣壁丹梯，烟霏霭霴；海日初涌，照耀苍翠。平麓远抱沧海湾，日观正与扶桑对。听涛声之下泻，知百川之东会。天门石扇，豁然中开；幽崖邃谷，襞积隐埋。中有遁世之流，龟潜雌伏，餐霞吸秀于其间，往往怪谲多仙才。上有百丈之飞湍，悬空络石穿云而直下，其源疑自青天来。岩头肤寸出烟雾，须臾滂沱遍九垓。古来登封，七十二主；后来相效，纷纷如雨；玉检金函无不为，只今埋没知何许？但见白云犹复起封中，断碑无字天外日月磨刚风；飞尘过眼倏超忽，飘荡岂复有遗踪！天空翠华远，落日辞千峰。鲁郊获麟，岐阳会凤；明堂既毁，闷宫兴颂。宣尼曳杖，逍遥一去不复来，幽泉鸣咽而含悲，群峦拱揖如相送。俯仰宇宙，千载相望，堕山乔岳，尚被其光；峻极配天，无敢颉颃。嗟予瞻眺门墙外，何能仿佛窥室堂？也来攀附摄遗迹，三千之下，不知亦许再拜占末行。吁嗟乎！泰山之高，其高不可极。半壁回首，此身不觉已在东斗傍。

京师诗八首
弘治乙丑年改除兵部主事时作

忆龙泉山

　　我爱龙泉寺，寺僧颇疏野。尽日坐井栏，有时卧松下。一夕别山云，三年走车马。愧杀岩下泉，朝夕自清泻。

忆诸弟

　　久别龙山云，时梦龙山雨。觉来枕簟凉，诸弟在何许？终年走风尘，何似山中住。百岁如转蓬，拂衣从此去。

寄舅

　　老舅近何如？心性老不改。世故恼情怀，光阴不相待。借问同辈中，乡邻几人在？从今且为乐，旧事无劳悔！

送人东归

　　五泄佳山水，平生思一游。送子东归省，莼鲈况复秋。幽探须及壮，世事苦悠悠。来岁春风里，长安忆故丘。

寄西湖友

　　予有西湖梦，西湖亦梦予。三年成阔别，近事竟何如？况有诸贤在，他时终卜庐。但恐吾归日，君还轩冕拘。

赠阳伯

　　阳伯即伯阳，伯阳竟安在？大道即人心，万古未尝改。长生在求仁，金丹非外待。缪矣三十年，于今吾始悔！

故山

鉴水终年碧，云山尽日闲。故山不可到，幽梦每相关。雾豹言长隐，云龙欲共攀。缘知丹壑意，未胜紫宸班。

忆鉴湖友

长见人来说，扁舟每独游。春风梅市晚，月色鉴湖秋。空有烟霞好，犹为尘世留。自今当勇往，先与报江鸥。

狱中诗十四首
正德丙寅年十二月，以上疏忤逆瑾，下锦衣狱作。

不寐

天寒岁云暮，冰雪关河迥。幽室魍魉生，不寐知夜永。惊风起林木，骤若波浪汹。我心良匪石，讵为戚欣动！滔滔眼前事，逝者去相踵。崖穷犹可陟，水深犹可泳。焉知非日月，胡为乱予衷？深谷自逶迤，烟霞日悠永。匪时在贤达，归哉盍耕垄！

有室七章

有室如簏，周之崇墉。室如穴处，无秋天冬！
耿彼屋漏，天光入之。瞻彼日月，何嗟及之！
倏晦倏明，凄其以风。倏雨倏雪，当昼而蒙。
夜何其矣，靡星靡粲。岂无白日？寤寐永叹！
心之忧矣，匪家匪室。或其启矣，殒予匪恤。
氤氲其埃，日之光矣，渊渊其鼓，明既昌矣。
朝既式矣，日既夕矣。悠悠我思，曷其极矣！

读易

囚居亦何事？省愆惧安饱。瞑坐玩羲《易》，洗心见微奥。乃知先天翁，画画有至教。包蒙戒为寇，童牿事宜早；蹇蹇匪为节，虩虩未违道。《遯》四获我心，《蛊》上庸自保。俯仰天地间，触目俱浩浩。箪瓢有余乐，此意良匪矫。幽哉阳明麓，可以忘吾老。

岁暮

兀坐经旬成木石，忽惊岁暮还思乡。高檐白日不到地，深夜黠鼠时登床。峰头霁雪开草阁，瀑下古松闲石房。溪鹤洞猿尔无恙，春江归棹吾相将。

见月

屋罅见明月，还见地上霜。客子夜中起，旁皇涕沾裳。匪为严霜苦，悲此明月光。月光如流水，徘徊照高堂。胡为此幽室，奄忽逾飞扬？逝者不可及，来者犹可望。盈虚有天运，叹息何能忘！

天涯

天涯岁暮冰霜结，永巷人稀罔象游。长夜星辰瞻阁道，晓天钟鼓隔云楼。思家有泪仍多病，报主无能合远投。留得升平双眼在，且应蓑笠卧沧洲。

屋罅月

幽室不知年，夜长昼苦短。但见屋罅月，清光自亏满。佳人宴清夜，繁丝激哀管；朱阁出浮云，高歌正凄婉。宁知幽室妇，中夜独愁叹！良人事游侠，经岁去不返。来归在何时？年华忽将晚。萧条念宗祀，泪下长如霰。

别友狱中

居常念朋旧,簿领成阔绝,嗟我二三友,胡然此簪盍!累累囹圄间,讲诵未能辍。桎梏敢忘罪?至道良足悦。所恨精诚眇,尚口徒自蹶。天王本明圣,旋已但中热。行藏未可期,明当与君别。愿言无诡随,努力从前哲!

赴谪诗五十五首
正德丁卯年赴谪贵阳龙场驿作

答汪抑之三首

去国心已恫,别子意弥恻。伊迩怨昕夕,况兹万里隔!恋恋歧路间,执手何能默?子有昆弟居,而我远亲侧;回思菽水欢,羡子何由得!知子念我深,夙夜敢忘惕!良心忠信资,蛮貊非我戚。

北风春尚号,浮云正南驰。风云一相失,各在天一涯。客子怀往路,起视明星稀;驱车赴长阪,迢迢入岚霏。旅宿苍山底,雾雨昏朝弥。间关不足道,嗟此白日微。切磋此良久,愿言毋心违!

闻子赋茆屋,来归在何年?索居间楚越,连峰郁参天。缅怀岩中隐,磴道穷扳缘。江云动苍壁,山月流澄川。朝采石上芝,暮漱松间泉。鹅湖有前约,鹿洞多遗篇。寄子春鸿书,待我秋江船。

阳明子之南也其友湛元明歌九章以赠崔子钟和之以五诗于是阳明子作八咏以答之

君莫歌九章,歌以伤我心。微言破寥寂,重以离别吟。别离悲尚浅,言微感逾深。瓦缶易诸俗,谁辩黄钟音?

其二

君莫歌五诗,歌之增离忧。岂无良朋侣?洵乐相遨游。譬彼桃与李,不为仓囷谋。君莫忘五诗,忘之我焉求?

其三

洙泗流浸微,伊洛仅如线;后来三四公,瑕瑜未相掩。嗟予不量力,跛鳖期致远。屡兴还屡仆,喘息几不免。道逢同心人,秉节倡予敢;力争毫厘间,万里或可勉。风波忽相失,言之泪徒泫。

其四

此心还此理,宁论己与人!千古一嘘吸,谁为叹离群?浩浩天地内,何物非同春!相思辄奋励,无为俗所分。但使心无间,万里如相亲;不见宴游交,征逐胥以沦?

其五

器道不可离,二之即非性。孔圣欲无言,下学从泛应。君子勤小物,蕴蓄乃成行。我诵穷索篇,于子既闻命;如何圜中士,空谷以为静?

其六

静虚非虚寂,中有未发中。中有亦何有?无之即成空。无欲见真体,忘助皆非功。至哉玄化机,非子孰与穷!

其七

忆与美人别,赠我青琅函。受之不敢发,焚香始开缄;讽诵意弥远,期我濂洛间。道远恐莫致,庶几终不惭。

其八

忆与美人别,惠我云锦裳。锦裳不足贵,遗我冰雪肠。寸肠亦何遗?

誓言终不渝。珍重美人意，深秋以为期。

南游三首 元明与予有衡岳、罗浮之期，赋《南游》，申约也。

　　南游何迢迢，苍山亦南驰。如何衡阳雁，不见燕台书？莫歌澧浦曲，莫吊湘君祠。苍梧烟雨绝，从谁问九疑。

其二

　　九疑不可问，罗浮如可攀。遥拜罗浮云，奠以双琼环。渺渺洞庭波，东逝何时还？生人不努力，草木同衰残！

其三

　　洞庭何渺茫，衡岳何崔嵬！风飘回雁雪，美人归未归？我有紫瑜珮，留挂芙蓉台。下有蛟龙峡，往往兴云雷。

忆昔答乔白岩因寄储柴墟三首

　　忆昔与君约，玩《易》探玄微。君行赴西岳，经年始来归。方将事穷索，忽复当远辞。相去万里余，后会安可期？问我长生诀，惑也吾谁欺！盈亏消息间，至哉天地机。圣狂天渊隔，失得分毫厘。

其二

　　毫厘何所辩？惟在公与私。公私何所辩？天动与人为。遗体岂不贵？践形乃无亏。愿君崇德性，问学刊支离。无为气所役，毋为物所疑；恬淡自无欲，精专绝交驰。博弈亦何事，好之甘若饴？吟咏有性情，丧志非所宜。非君爱忠告，斯语容见嗤；试问柴墟子，吾言亦何如？

其三

柴墟吾所爱，春阳溢鬓眉；白岩吾所爱，慎默长如愚。二君廊庙器，予亦山泉姿。度量较齿德，长者皆吾师。置我五人末，庶亦忘崇卑。迢迢万里别，心事两不疑。北风送南雁，慰我长相思。

一日怀抑之也抑之之赠既尝答以三诗意若有歉焉是以赋也

一日复一日，去子日以远。惠我金石言，沉郁未能展。人生各有际，道谊尤所眷。尝嗤儿女悲，忧来仍不免。缅怀沧洲期，聊以慰迟晚。

其二

迟晚不足叹，人命各有常。相去忽万里，河山郁苍苍。中夜不能寐，起视江月光。中情良自抑，美人难自忘。

其三

美人隔江水，仿佛若可睹。风吹蒹葭雪，飘荡知何处？美人有瑶瑟，清奏含太古。高楼明月夜，惆怅为谁鼓？

梦与抑之昆季语湛崔皆在焉觉而有感因记以诗三首

梦与故人语，语我以相思。才为旬日别，宛若三秋期。令弟坐我侧，屈指如有为。须臾湛君至，崔子行相随。肴醑旋罗列，语笑如平时。纵言及微奥，会意忘其辞。觉来复何有？起坐空嗟咨！

其二

起坐忆所梦，默溯犹历历；初谈自有形，继论入无极。无极生往来，往来万化出；万化无停机，往来何时息！来者胡为信？往者胡为屈？微哉屈信间，子午当其屈。非子尽精微，此理谁与测？何当衡庐间，相携玩羲《易》。

其三

衡庐曾有约，相携尚无时。去事多翻覆，来踪岂前知？斜月满虚牖，树影何参差。林风正萧瑟，惊鹊无宁枝。邈彼二三子，怒焉劳我思。

因雨和杜韵

晚堂疏雨暗柴门，忽入残荷泻石盆。万里沧江生白发，几人灯火坐黄昏？客途最觉秋先到，荒径惟怜菊尚存。却忆故园耕钓处，短蓑长笛下江村。

赴谪次北新关喜见诸弟

扁舟风雨泊江关，兄弟相看梦寐间。已分天涯成死别，宁知意外得生还！投荒自识君恩远，多病心便吏事闲。携汝耕樵应有日，好移茅屋傍云山。

南屏

溪风漠漠南屏路，春服初成病眼开。花竹日新僧已老，湖山如旧我重来。层楼雨急青林迥，古殿雪晴碧嶂回。独有幽禽解相信，双飞时下读书台。

卧病静慈写怀

卧病空山春复夏，山中幽事最能知。雨晴阶下泉声急，夜静松间月色迟。把卷有时眠白石。解缨随意濯清漪。吴山越峤俱堪老，正奈燕云系远思！

移居胜果寺二首

江上但知山色好，峰回始见寺门开。半空虚阁有云住，六月深松无暑来。病肺正思移枕簟，洗心兼得远尘埃。富春咫尺烟涛外，时倚层霞望钓台。

病余岩阁坐朝曛，异景相新得未闻。日脚倒明千顷雾，雨声高度万峰云。越山阵水当吴峤，江月随潮上海门。便欲携书从此老，不教猿鹤更移文。

忆别

　　忆别江干风雪阴，艰难岁月两侵寻。重看骨肉情何限，况复斯文约旧深。贤圣可期先立志，尘凡未脱谩言心。移家便住烟霞壑，绿水青山长对吟。

泛海

　　险夷原不滞胸中，何异浮云过太空！夜静海涛三万里，月明飞锡下天风。

武夷次壁间韵

　　肩舆飞度万峰云，回首沧波月下闻。海上真为沧水使，山中又遇武夷君。溪流九曲初谙路，精舍千年始及门。归去高堂慰垂白，细探更拟在春分。

草萍驿次林见素韵奉寄

　　山行风雪瘦能当，会喜江花照野航。本与宦途成懒散，颇因诗景受闲忙。乡心草色春同远，客鬓松梢晚更苍，料得烟霞终有分，未须连夜梦溪堂。

玉山东岳庙遇旧识严星士

　　忆昨东归亭下路，数峰箫管隔秋云。肩舆欲到妨多事，鼓枻重来会有云。春夜绝怜灯节近，溪声最好月中闻。行藏无用君平卜，请看沙边鸥鹭群。

广信元夕蒋太守舟中夜话

楼台灯火水西东,箫鼓星桥渡碧空。何处忽谈尘世外?百年惟此月明中。客途孤寂浑常事,远地相求见古风。别后新诗如不惜,衡南今亦有飞鸿。

夜泊石亭寺用韵呈陈娄诸公因寄储柴墟都宪及乔白岩太常诸友

廿年不到石亭寺,惟有西山只旧青。白拂挂墙僧已去,红阑照水客重经。沙村远树凝春望,江雨孤篷入夜听。何处故人还笑语?东风啼鸟梦初醒。

怅望沙头成久坐,江洲春树何青青。烟霞故国虚梦想,风雨客途真惯经!白璧屡投终自信,朱弦一绝好谁听?扁舟心事沧浪旧,从与渔人笑独醒。

过分宜望钤冈庙

共传峰顶树,古庙有灵神,楚俗多尊鬼,巫言解惑人。望禋存旧典,捍御及斯民。世事浑如此,题诗感慨新!

杂诗三首

危栈断我前,猛虎尾我后。倒崖落我左,绝壑临我右。我足复荆榛,雨雪更纷骤。邈然思古人,无闷聊自有。无闷虽足珍,警惕忘尔守。君观真宰意,匪薄亦良厚。

其二

青山清我目,流水静我耳;琴瑟在我御,经书满我几。措足践坦道,悦心有妙理,顽冥非所惩,贤达何靡靡!乾乾怀往训,敢忘惜分晷?悠哉天地内,不知老将至。

其三

羊肠亦坦道，太虚何阴晴？灯窗玩古《易》，欣然获我情。起舞还再拜，圣训垂明明；拜舞讵逾节？顿忘乐所形。敛衽复端坐，玄思窥沉溟。寒根固生意，息灰抱阳精。冲漠际无极，列宿罗青冥。夜深向晦息，始闻风雨声。

袁州府宜春台四绝

宜春台上还春望，山水南来眼未尝。却笑韩公亦多事，更从南浦羡滕王。

台名何事只宜春？山色无时不可人。不用烟花费妆点，尽教刊落尽嶙峋。

持修江藻拜祠前，正是春风欲暮天。童冠尽多归咏兴，城南兼说有温泉。

古庙香灯几许年？增修还费大官钱。至今楚地多风雨，犹道山神驾铁船。

夜宿宣风馆

山石崎岖古辙痕，沙溪马渡水犹浑。夕阳归鸟投深麓，烟火行人望远村。天际浮云生白发，林间孤月坐黄昏。越南冀北俱千里，正恐春愁入夜魂。

萍乡道中谒濂溪祠

木偶相沿恐未真，清辉亦复凛衣巾。簿书曾屑乘田吏，俎豆犹存畏垒民。碧水苍山俱过化，光风霁月自传神。千年私淑心丧后，下拜春祠荐渚蘋。

宿萍乡武云观

晓行山径树高低,雨后春泥没马蹄。翠色绝云开远嶂,寒声隔竹隐晴溪。已闻南去艰舟楫,漫忆东归沮杖藜。夜宿仙家见明月,清光还似鉴湖西。

醴陵道中风雨夜宿泗州寺次韵

风雨偏从险道尝,深泥没马陷车箱。虚传鸟路通巴蜀,岂必羊肠在太行!远渡渐看连暝色,晚霞会喜见朝阳。水南昏黑投僧寺,还理义编坐夜长。

长沙答周生

旅倦憩江观,病齿废谈诵。之子特相求,礼殚意弥重。自言绝学余,有志莫与共;手持一编书,披历见肝衷;近希小范踪,远为贾生恸;兵符及射艺,方技靡不综。我方惩创后,见之色亦动。子诚仁者心,所言亦屡中;愿子且求志,蕴蓄事涵泳。孔圣固惶惶,与点乐归咏;回也王佐才,闭户避邻哄。知子信美才,大构中梁栋;未当匠石求,滋植务培壅。愧子勤绻意,何以相规讽?养心在寡欲,操存舍即纵。岳麓何森森,遗址自南宋;江山足游息,贤迹尚堪踵。何当谢病来,士气多沉勇。

涉湘于迈岳麓是尊仰止先哲因怀友生丽泽兴感伐木寄言二首

客行长沙道,山川郁稠缪。西探指岳麓,凌晨渡湘流;逾冈复陟巇,吊古还寻幽。林壑有余采,昔贤此藏修;我来实仰止,匪伊事盘游。衡云闲晓望,洞野浮春洲。怀我二三友,《伐木》增离忧。何当此来聚?道谊日相求。

其二

林间憩白石,好风亦时来。春阳熙百物,欣然得予怀。缅思两夫子,此地得徘徊。当年靡童冠,旷代登堂阶。高情讵今昔,物色遗吾侪。顾谓二三子，取瑟为我谐。我弹尔为歌，尔舞我与偕。吾道有至乐，富贵真浮埃！若时乘大化，勿愧点与回。陟冈采松柏，将以遗所思；勿采松柏枝，两贤昔所依。缘峰践台石，将以望所期；勿践台上石，两贤昔所跻。两贤去邈矣，我友何相违？吾斯未能信，役役空尔疲。胡不此簪盍，丽泽相遨嬉？渴饮松下泉，饥餐石上芝。偃仰绝余念，迁客难久稽。洞庭春浪阔，浮云隔九疑。江洲满芳草，目极令人悲。已矣从此去，奚必兹山为！恋系乃从欲，安土惟随时。晚闻冀有得，此外吾何知！

游岳麓书事

醴陵西来涉湘水，信宿江城沮风雨。不独病齿畏风湿，泥潦侵途绝行旅。人言岳麓最形胜，隔水溟蒙隐云雾；赵侯需晴邀我游，故人徐陈各传语；周生好事屡来速，森森雨脚何由住！晓来阴翳稍披拂，便携周生涉江去。戒令休遣府中知，徒尔劳人更妨务。橘洲僧寺浮江流，鸣钟出延立沙际。停桡一至答其情，三洲连绵亦佳处。行云散漫浮日色，是时峰峦益开霁。乱流荡桨济倏忽，系楫江边老檀树。岸行里许入麓口，周生道予勤指顾。柳溪梅堤存仿佛，道林林壑独如故。赤沙想像虚田中，西屿倾颓今冢墓。道乡荒趾留突兀，赫曦远望石如鼓。殿堂释菜礼从宜，下拜朱张息游地。凿石开山面势改，双峰辟阖见江渚；闻是吴君所规画，此举良是反遭忌。九仞谁亏一篑功，叹息遗基独延伫！浮屠观阁摩青霄，盘据名区遍寰宇；其徒素为儒所摈，以此方之反多愧。爱礼思存告朔羊，况此实作匪文具。人云赵侯意颇深，隐忍调停旋修举；昨来风雨破栋脊，方遣圬人补残敝。予闻此语心稍慰，野人蔬蕨亦罗置；欣然一酌才举杯，津夫走报郡侯至。此行隐迹何由闻？遣骑候访自吾寓；潜来鄙意正为此，仓率行庖益劳费。整冠出迓见两盖，乃知王君亦同御。肴羞层叠丝竹繁，避席兴辞恳莫拒。多仪劣薄非所承，乐阕觞周日将暮。黄堂吏散君请先，病夫沾醉须少憩。入舟暝色渐微茫，却喜顺流还易渡。严城灯火人已稀，小巷曲折忘归路。仙宫酣倦成熟寐，晓闻檐声复如注。昨游偶遂实天假，信知行乐皆有数。涉躐差偿夙好心,尚有名山敢多慕!齿角盈亏分则然,行李虽淹吾不恶。

次韵答赵太守王推官

诘朝事虔谒,玄居宿斋沐。积霖喜新霁,风日散清燠。兰桡渡芳渚,半涉见水陆;溪山俨新宇,雷雨荒大麓。皇皇弦诵区,斯文昔炳郁;兴废尚屯疑,使我怀悱懊。近闻牧守贤,经营亟乘屋。方舟为予来,飞盖遥肃肃。花絮媚晚筵,韶景正柔淑。浴沂谅同情,及兹授春服。令德倡高祠,混珠愧鱼目!努力崇修名,迂疏自岩谷。

天心湖阻泊既济书事

挂席下长沙,瞬息百余里。舟人共扬眉,予独忧其驶。日暮入沅江,抵石舟果圮。补敝诘朝发,冲风遂龃龉。暝泊后江湖,萧条旁罾罢。月黑波涛惊,蛟鼍互睥睨。翼午风益厉,狼狈收断汜。天心数里间,三日但遥指。甚雨迅雷电,作势殊未已。溟溟云雾中,四望渺涯涘。篙桨不得施,丁夫尽嗟嚱。淋漓念同胞,吾宁忍暴使?饘粥且倾橐,苦且吾与尔。众意在必济,粮绝亦均死。凭陵向高浪,吾亦讵容止。虎怒安可撄?志同稍足倚;且令并岸行,试涉湖滨沚。收舵幸无事,风雨亦浸弛。逡巡缘沚湄,迤逦就风势。新涨翼回湍,倏忽逝如矢。夜入武阳江,渔村稳堪舣。籴市谋晚炊,且为众人喜。江醑信漓浊,聊复荡胸滓。济险在需时,徼幸岂常理?尔辈勿轻生,偶然非可恃!

居夷诗

去妇叹五首

楚人有间于新娶而去其妇者。其妇无所归,去之山间独居,怀惓不忘,终无他适。予闻其事而悲之,为作《去妇叹》。

委身奉箕帚，中道成弃捐。苍蝇间白璧，君心亦何愆！独嗟贫家女，素质难为妍。命薄良自喟，敢忘君子贤？春华不再艳，颓魄无重圆。新欢莫终恃，令仪慎周还。

依违出门去，欲行复迟迟。邻姁尽出别，强语含辛悲。陋质容有缪，放逐理则宜；姑老籍相慰，缺乏多所资。妾行长已矣，会面当无时！

妾命如草芥，君身比琅玕。奈何以妾故，废仓怀愤冤？无为伤姑意，燕尔且为欢；中厨存宿旨，为姑备朝餐。畜育意千绪，仓卒徒悲酸。伊迩望门屏，盍从新人言。夫意已如此，妾还当谁颜！

去矣勿复道，已去还踌躇。鸡鸣尚闻响，犬恋犹相随。感此摧肝肺，泪下不可挥。冈回行渐远，日落群鸟飞。群鸟各有托，孤妾去何之？

空谷多凄风，树木何萧森！浣衣涧冰合，采苓山雪深。离居寄岩穴，忧思托鸣琴。朝弹别鹤操，暮弹孤鸿吟。弹苦思弥切，嵚岖隔云岑。君聪甚明哲，何因闻此音？

罗旧驿

客行日日万峰头，山水南来亦胜游。市谷鸟啼村雨暗，刺桐花暝石溪幽。蛮烟喜过青杨瘴，乡思愁经芳杜洲。身在夜郎家万里，五云又北是神州。

沅水驿

辰阳南望接沅州，碧树林中古驿楼。远客日怜风土异，空山惟见瘴云浮。耶溪有信从谁问？楚水无情只自流。却幸此身如野鹤，人间随地可淹留。

钟鼓洞

见说水南多异迹，岩头时有鼓钟声。空遗石壁千年在，未信金砂九转成。远地星辰瞻北极，春山明月坐更深。年来夷险还忘却，始信羊肠路亦平。

平溪馆次王文济韵

　　山城寥落闭黄昏，灯火人家隔水村。清世独便吾职易，穷途还赖此心存。蛮烟瘴雾承相往，翠壁丹崖好共论。畎亩投闲终有日，小臣何以答君恩？

清平卫即事

　　积雨山途喜乍晴，暖云浮动水花明。故园日与青春远，敝缊凉思白苎轻。烟际卉衣窥绝栈，（时土苗方仇杀）峰头戍角隐孤城。华夷节制严冠履，漫说殊方列省卿。

兴隆卫书壁

　　山城高下见楼台，野戍参差暮角摧。贵竹路从峰顶入，夜郎人自日边来。莺花夹道惊春老，雉堞连云向晚开。尺素屡题还屡掷，衡南那有雁飞回？

七盘

　　鸟道萦纡下七盘，古藤苍木峡声寒。境多奇绝非吾土，时可淹留是谪官。犹记边峰传羽檄，近闻苗俗化衣冠。投簪实有居夷志，垂白难承菽水欢。

初至龙场无所止结草庵居之

　　草庵不及肩，旅倦体方适。开棘自成篱，土阶漫无级；迎风亦萧疏，漏雨易补缉。灵濑响朝湍，深林凝暮色。群獠环聚讯，语庞意颇质。鹿豕且同游，兹类犹人属。污樽映瓦豆，尽醉不知夕。缅怀黄唐化，略称茅茨迹。

始得东洞遂改为阳明小洞天三首

　　古洞闵荒僻，虚设疑相待。披莱历风磴，移居快幽垲。营炊就岩窦，放榻依石垒。穹窒旋薰塞，夷坎仍洒扫。卷帙漫堆列，樽壶动光彩。夷居信何陋，恬淡意方在。岂不桑梓怀？素位聊无悔。

　　童仆自相语，洞居颇不恶。人力免结构，天巧谢雕凿。清泉傍厨落，翠雾还成幕。我辈日嬉偃，主人自愉乐。虽无荣戟荣，且远尘嚣眊。但恐霜雪凝，云深衣絮薄。

　　我闻莞尔笑，周虑愧尔言。上古处巢窟，杯饮皆污樽。洹极阳内伏，石穴多冬暄。豹隐文始泽，龙蛰身乃存。岂无数尽椽，轻裘吾不温。邈矣箪瓢子，此心期与论。

谪居绝粮请学于农将田南山永言寄怀

　　谪居屡在陈，从者有愠见。山荒聊可田，钱镈还易办。夷俗多火耕，仿习亦颇便。及兹春未深，数亩犹足佃。岂徒实口腹？且以理荒宴。遗穗及鸟雀，贫寡发余羡。出耒在明晨，山寒易霜霰。

观稼

　　下田既宜秔，高田亦宜稷。种蔬须土疏，种蕺须土湿。寒多不实秀，暑多有螟螣。去草不厌频，耘禾不厌密。物理既可玩，化机还默识；即是参赞功，毋为轻稼穑！

采蕨

　　采蕨西山下，扳援陟崔嵬。游子望乡国，泪下心如摧。浮云塞长空，颓阳不可回。南归断舟楫，北望多风埃。已矣供子职，勿更贻亲哀！

猗猗

　　猗猗涧边竹，青青岩畔松。直干历冰雪，密叶留清风。自期永相托，云壑无违踪。如何两分植，憔悴叹西东。人事多翻覆，有如道上蓬。惟应岁寒意，随处还当同。

南溟

南溟有瑞鸟，东海有灵禽；飞游集上苑，结侣珍树林；顾言饰羽仪，共舞箫韶音。风云忽中变，一失难相寻。瑞鸟既遭縻，灵禽投荒岑。天衢雨雪积，江汉虞罗侵。哀哀鸣索侣，病翼飞未任。群鸟亦千百，谁当会其心？南岳有竹实，丹溜青松阴。何时共栖息？永托云泉深。

溪水

溪石何落落，溪水何泠泠。坐石弄溪水，欣然濯我缨。溪水清见底，照我白发生。年华若流水，一去无回停。悠悠百年内，吾道终何成！

龙冈新构

诸夷以予穴居颇阴湿，请构小庐。欣然趋事，不月而成。诸生闻之，亦皆来集，请名龙冈书院，其轩曰"何陋"。

谪居聊假息，荒秽亦须治。凿巇薙林条，小构自成趣。开窗入远峰，架扉出深树。墟寨俯逶迤，竹木互蒙翳。畦蔬稍溉锄，花药颇杂莳。宴适岂专予，来者得同憩。轮奂非致美，毋令易倾敝。

营茅乘田隙，洽旬始苟完。初心待风雨，落成还美观。锄荒既开径，拓樊亦理园。低檐避松偃，疏土行竹根。勿剪墙下棘，束列因可藩。莫撷林间萝，蒙笼覆云轩。素缺农圃学，因兹得深论。毋为轻鄙事，吾道固斯存。

诸生来

简滞动罹咎，废幽得幸免。夷居虽异俗，野朴意所眷。思亲独疚心，疾忧庸自遣。门生颇群集，樽斝亦时展。讲习性所乐，记问复怀腼。林行或沿涧，洞游还陟巇。月榭坐鸣琴，云窗卧披卷。澹泊生道真，旷达匪荒宴。岂必鹿门栖，自得乃高践。

西园

方园不盈亩，蔬卉颇成列。分溪免瓮灌，补篱防豕蹢。芜草稍焚薙，清雨夜来歇。濯濯新叶敷，荧荧夜花发。放锄息重阴，旧书漫披阅。倦枕竹下石，醒望松间月。起来步闲谣，晚酌檐下设。尽醉即草铺，忘与邻翁别。

水滨洞

送远憩岨谷，濯缨俯清流。沿溪涉危石，曲洞藏深幽。花静馥常闷，溜暗光亦浮。平生泉石好，所遇成淹留。好鸟忽双下，鲦鱼亦群游。坐久尘虑息，澹然与道谋。

山石

山石犹有理，山木犹有枝；人生非木石，别久宁无思！愁来步前庭，仰视行云驰；行云随长风，飘飘去何之？行云有时定，游子无还期。高梁始归燕，题鸠已先悲。有生岂不苦，逝者长若斯！已矣复何事？商山行采芝。

无寐二首

烟灯暖无寐，忧思坐长往。寒风振乔林，叶落闻窗响。起窥庭月光，山空游冈象。怀人阻积雪，崖冰几千丈。

穷崖多杂树，上与青冥连。穿云下飞瀑，谁能识其源？但闻清猿啸，时见皓鹤翻。中有避世士，冥寂栖其巅。繄系予亦同调，路绝难攀缘。

诸生夜坐

谪居澹虚寂,眇然怀同游。日入山气夕,孤亭俯平畴。草际见数骑,取径如相求;渐近识颜面,隔树停鸣驺;投辖雁鹜进,携榼各有羞;分席夜堂坐,绛蜡清樽浮;鸣琴复散帙,壶矢交觥筹。夜弄溪上月,晓陟林间丘。村翁或招饮,洞客偕探幽。讲习有真乐,谈笑无俗流。缅怀风沂兴,千载相为谋。

艾草次胡少参韵

艾草莫艾兰,兰有芬芳姿。况生幽谷底,不碍君稻畦。艾之亦何益?徒令香气衰。荆棘生满道,出刺伤人肌;持刀忌触手,睨视不敢挥。艾草须艾棘,勿为棘所欺。

凤雏次韵答胡少参

凤雏生高岩,风雨摧其翼。养疴深林中,百鸟惊辟易。虞人视为妖,举网争弹弋。此本王者瑞,惜哉谁能识!吾方哀其穷,胡忍复相亟?鸱枭据丛林,驱鸟恣搏食。嗟尔独何心?枭凤如白黑。

鹦鹉和胡韵

鹦鹉生陇西,群飞恣鸣游。何意虞罗及?充贡来中州;金绦縻华屋,云泉谢林丘。能言实阶祸,吞声亦何求!主人有隐寇,窃发闻其谋,感君惠养德,一语思所酬。惧君不见察,杀身反为尤。

诸生

人生多离别,佳会难再遇。如何百里来,三宿便辞去?有琴不肯弹,有酒不肯御。远陟见深情,宁予有弗顾?洞云还自栖,溪月谁同步?不念南寺时,寒江雪将暮?不记西园日,桃花夹川路?相去倏几月,秋风落高树。富贵犹尘沙,浮名亦飞絮。嗟我二三子,吾道有真趣。胡不携书来，茆堂好同住！

游来仙洞早发道中

霜风清木叶，秋意生萧疏。冲星策晓骑，幽事将有徂。股虫乱飞掷，道狭草露濡；倾暑特晨发，征夫已先途。淅米石间溜，炊火岩中庐。烟峰上初日，林鸟相嘤呼。意欣物情适，战胜癯色腴。行乐信宇宙，富贵非吾图！

别友

幽寻意方结，奈此世累牵。凌晨驱马别，持杯且为传。相求苦非远，山路多风烟。所贵明哲士，秉道非苟全。去矣崇令德，吾亦行归田。

赠黄太守澍

岁宴乡思切，客久亲旧疏。卧疴闭空院，忽来故人车。入门辩眉宇，喜定还惊吁。远行亦安适，符竹膺新除。荒郡号难理，况兹征索余！君才素通敏，窘剧宜有纡。蛮乡虽瘴毒，逐客犹安居。经济非复事，时还理残书。山泉足游憩，鹿麋能友予。澹然穷壤内，容膝皆吾庐。惟萦垂白念，且夕怀归图。君行勉三事，吾计终五湖。

寄友用韵

怀人坐沉夜，帷灯暧幽光。耿耿积烦绪。忽忽如有忘。玄景逝不处，朱炎化微凉。相彼谷中葛，重阴殒衰黄。感此游客子，经年未还乡。伊人不在目，丝竹徒满堂，天深雁书杳，梦短关塞长。情好矢无斁，愿言觊终偿。惠我金石编，徽音激宫商。驰辉不可即，式尔增予伤！馨香袭肝膂，聊用中心藏。

秋夜

树暝栖翼喧，萤飞夜堂静。遥穹出晴月，低檐入峰影。窅然坐幽独，怀尔抱深警。年徂道无闻,心违迹未屏。萧瑟中林秋,云凝松桂冷。山泉岂无适?离人怀故境。安得驾云鸿,高飞越南景!

采薪二首

朝采山上荆,暮采谷中栗。深谷多凄风,霜露沾衣湿。采薪勿辞辛,昨来断薪拾。晚归阴壑底,抱瓮还自汲。薪水良独劳,不愧食吾力!

倚担青崖际,历斧崖下石。持斧起环顾,长松百余尺。徘徊不忍挥,俯略涧边棘。同行笑吾馁,尔斧安用历?快意岂不能?物材各有适。可以相天子,众稚讵足识!

龙冈漫兴五首

投荒万里入炎州,却喜官卑得自由。心在夷居何有陋?身虽吏隐未忘忧。春山卉服时相问,雪寨蓝舆每独游。拟把犁锄从许子,谩将弦诵止言游。

旅况萧条寄草堂,虚檐落日自生凉。芳春已共烟花尽,孟夏俄惊草木长。绝壁千寻凌杳霭,深崖六月宿冰霜。人间不有宣尼叟,谁信申韩未是刚?

路僻官卑病益闲,空林惟听鸟间关。地无医药凭书卷,身处蛮夷亦故山。用世谩怀伊尹耻,思家独切老莱斑。梦魂兼喜无余事,只在耶溪舜水湾。

卧龙一去忘消息,千古龙冈漫有名。草屋何人方管乐,桑间无耳听《咸英》。江沙漠漠遗云鸟,草木萧萧动甲兵。好共鹿门庞处士,相期采药入青冥。

归与吾道在沧浪,颜氏何曾击柝忙?枉尺已非贤者事,斫轮徒有古人方。白云晚忆归岩洞,苍藓春应遍石床。寄语峰头双白鹤,野夫终不久龙场。

答毛拙庵见招书院

野夫病卧成疏懒，书卷长抛旧学荒。岂有威仪堪法象？实惭文檄过称扬。移居正拟投医肆，虚席仍烦避讲堂。范我定应无所获，空令多士笑王良。

老桧

老桧斜生古驿傍，客来系马解衣裳。托根非所还怜汝，直干不挠终异常。风雪凛然存节概，刮摩聊尔见文章。何当移植山林下，偃蹇从渠拂汉苍。

却巫

卧病空山无药石，相传土俗事神巫。吾行久矣将焉祷？众议纷然反见迂。积习片言容未解，舆情三月或应孚。也知伯有能为厉，自笑孙侨非丈夫。

过天生桥

水光如练落长松，云际天桥隐白虹。辽鹤不来华表烂，仙人一去石桥空。徒闻鹊驾横秋夕，谩说秦鞭到海东。移放长江还济险，可怜虚却万山中。

南霁云祠

死矣中丞莫谩疑，孤城援绝久知危。贺兰未灭空遗恨，南八如生定有为。风雨长廊嘶铁马，松杉阴雾卷灵旗。英魂千载知何处？岁岁边人赛旅祠。

春晴

林下春晴风渐和，高岩残雪已无多。游丝冉冉花枝静，青壁迢迢白鸟过。忽向山中怀旧侣，几从洞口梦烟萝。客衣尘土终须换，好与湖边长芰荷。

陆广晓发

初日瞳瞳似晓霞，雨痕新霁渡头沙。溪深几曲云藏峡，树老千年雪作花。白鸟去边回驿路，青崖缺处见人家。遍行奇胜才经此，江上无劳羡九华。

雪夜

天涯久客岁侵寻，茆屋新开枫树林。渐惯省言因病齿，屡经多难解安心。犹怜未系苍生望，且得闲为白石吟。乘兴最堪风雪夜，小舟何日返山阴？

元夕二首

故园今夕是元宵，独向蛮村坐寂寥。赖有遗经堪作伴，喜无车马过相邀。春还草阁梅先动，月满虚庭雪未消。堂上花灯诸弟集，重闱应念一身遥。

去年今日卧燕台，铜鼓中宵隐地雷。月傍苑楼灯彩淡，风传阁道马蹄回。炎荒万里频回首，羌笛三更谩自哀。尚忆先朝多乐事，孝皇曾为两宫开。

家僮作纸灯

寥落荒村灯事赊，蛮奴试巧剪春纱。花枝绰约含轻雾，月色玲珑映绮霞。取办不徒酬令节，赏心兼是惜年华。何如京国王侯第，一盏中人产十家！

白云堂

白云僧舍市桥东，别院回廊小径通。岁古檐松存独干，春还庭竹发新丛。晴窗暗映群峰雪，清梵长飘高阁风。迁客从来甘寂寞，青鞋时过月明中。

来仙洞

古洞春寒客到稀，绿苔荒径草霏霏。书悬绝壁留僧偈，花发层萝绣佛衣。壶榼远从童冠集，杖藜随处宦情微。石门遥锁阳明鹤，应笑山人久不归。

木阁道中雪

瘦马支离缘绝壁，连峰窅窕入层云。山村树暝惊鸦阵，涧道雪深逢鹿群。冻合衡茅炊火断，望迷孤戍暮笳闻。正思讲习诸贤在，绛蜡清醑坐夜分。

元夕雪用苏韵二首

林间暮雪定归鸦，山外铃声报使车。玉盏春光传柏叶，夜堂银烛乱檐花。萧条音信愁边雁，迢递关河梦里家。何日扁舟还旧隐，一蓑江上把鱼叉。

寒威入夜益廉纤，洒瓮炉床亦戒严。久客渐怜衣有结，蛮居长叹食无盐。饥豺正尔群当路，冻雀从渠自宿檐。阴极阳回知不远，兰芽行见发春尖。

晓霁用前韵书怀二首

双阙钟声起万鸦，禁城月色满朝车。竟谁诗咏东曹桧？正忆梅开西寺花。此日天涯伤逐客，何年江上却还家？曾无一字堪驱使，谩有虚名拟八叉。

涧草岩花欲斗纤，溪风林雪故争严。连岐尽说还宜麦，煮海何曾见作盐。路断暂怜无过客，病余兼喜曝晴檐。谪居亦自多清绝，门外群峰玉笋尖。

次韵陆金宪元日喜晴
城里夕阳城外雪，相将十里异阴晴。也知造物曾何意？底是人心苦未平！柏府楼台衔倒景，茆茨松竹泻寒声。布衾莫谩愁僵卧，积素还多达曙明。

元夕木阁山火
荒村灯夕偶逢晴，野烧峰头处处明。内苑但知鳌作岭，九门空说火为城。天应为我开奇观，地有兹山不世情。却恐炎威被松柏，休教玉石遂同赪！

夜宿汪氏园
小阁藏身一斗方，夜深虚白自生光。梁间来下徐生榻，座上惭无荀令香。驿树雨声翻屋瓦，龙池月色浸书床。他年贵竹传遗事，应说阳明旧草堂。

春行
冬尽西归满山雪，春初复来花满山。白鸥乱浴清溪上，黄鸟双飞绿树间。物色变迁随转眼，人生岂得长朱颜！好将吾道从吾党，归把渔竿东海湾。

村南
花事纷纷春欲酣，杖藜随步过村南。田翁开野教新犊，溪女分流浴种蚕。稚犬吠人依密槿，闲凫照影立晴潭。偶逢江客传乡信，归卧枫堂梦石龛。

山途二首

上山见日下山阴，阴欲开时日欲沉。晚景无多伤远道，朝阳莫更沮云岑。人归暝市分渔火，客舍空林依暮禽。世事验来还自领，古人先已得吾心。

南北驱驰任板舆，谪乡何地是安居？家家细雨残灯后，处处荒原野烧余。江树欲迷游子望，朔云长断故人书。茂陵多病终萧散，何事相如赋《子虚》。

白云

白云冉冉出晴峰，客路无心处处逢。已逐肩舆度青壁，还随孤鹤下苍松。此身愧尔长多系，他日从龙谩托踪。断鹜残鸦飞欲尽，故山回首意重重。

答刘美之见寄次韵

休疑迁客迹全贫，犹有沙鸥日见亲。勋业已辞沧海梦，烟花多负故园春。百年长恐终无补，万里宁期尚得身。念我不劳伤鬓雪，知君亦欲拂衣尘。

寄徐掌教

徐稚今安在？空梁榻久悬。北门倾盖日，东鲁校文年。岁月成超忽，风云易变迁。新诗劳寄我，不愧《鸟鸣》篇。

书庭蕉

檐前蕉叶绿成林，长夏全无暑气侵。但得雨声连夜静，不妨月色半床阴。新诗旧叶题将满，老芨疏梧根共深。莫笑郑人谈讼鹿，至今醒梦两难寻。

送张宪长左迁滇南大参次韵

世味知公最饱谙，百年清德亦何惭！柏台藩省官非左，江汉滇池道益南。绝域烟花怜我远，今宵风月好谁谈？交游若问居夷事，为说山泉颇自堪。

南庵次韵二首

隔水樵渔亦几家？缘冈石路入溪斜。松林晚映千峰雨，枫叶秋连万树霞。渐觉形骸逃物外，未妨游乐在天涯。频来不用劳僧榻，已僭汀鸥一席沙。

斜日江波动客衣，水南深竹见岩扉。渔人收网舟初集，野老忘机坐未归。渐觉云间栖翼乱，愁看天北暮云飞。年年岁晚长为客，闲杀西湖旧钓矶。

观傀儡次韵

处处相逢是戏场，何须傀儡夜登堂？繁华过眼三更促，名利牵人一线长。稚子自应争诧说，矮人亦复浪悲伤。本来面目还谁识？且向樽前学楚狂。

徐都宪同游南庵次韵

岩寺藏春长不夏，江花映日艳于桃。山阴入户川光暮，林影浮空暑气高。树老岂能知岁月，溪清真可鉴秋毫。但逢佳景须行乐，莫遣风霜着鬓毛。

即席次王文济少参韵二首

摇落休教感客途，南来秋兴未全孤。肝肠已自成金石，齿发从渠变柳蒲。倾倒酒怀金谷罚，逼真词格《辋川图》。谪乡莫道贫消骨，犹有新诗了旧逋。

此身未拟泣穷途，随处翻飞野鹤孤。霜冷几枝存晚菊，溪春两度见新蒲。荆西寇盗纡筹策，湘北流移入画图。莫怪当筵倍凄切，诛求满地促官逋。

赠刘侍御二首

蹇以反身，困以遂志。今日患难，正阁下受用处也。知之，则处此当自别。病笔不能多及，然其余亦无足言者。聊次韵。某顿首刘侍御大人契长。

相送溪桥未隔年，相逢又过小春天。忧时敢负君臣义？念别羞为儿女怜。

道自升沉宁有定，心存气节不无偏。知君已得虚舟意，随处风波只晏然。

夜寒

檐际重阴覆夜寒，石炉松火坐更残。穷荒正讶乡书绝，险路仍愁归梦难，仙侣春风怀越峤，钓船明月负严滩。未因谪宦伤憔悴，客鬓远羞镜里看。

冬至

客床无寐听潜雷，珍重初阳夜半回。天地未尝生意息，冰霜不耐鬓毛催。春添哀线谁能补？岁晚心丹自动灰。料得重闱强健在，早看消息报窗梅。

春日花间偶集示门生

闲来聊与二三子，单夹初成行暮春。改课讲题非我事，研几悟道是何人？阶前细草雨还碧，檐下小桃晴更新。坐起咏歌俱实学，毫厘须遣认教真。

次韵送陆文顺佥宪

贵阳东望楚山平，无奈天涯又送行。杯酒豫期倾盖日，封书烦慰倚门情。心驰魏阙星辰迥，路绕乡山草木荣。京国交游零落尽，空将秋月寄猿声。

次韵陆佥宪病起见寄

一赋《归来》不愿余，文园多病滞相如。篱边竹笋青应满，洞口桃花红自舒。荷蒉有心还击磬，周公无梦欲删《书》。云间宪伯能相慰，尺素长题问谪居。

次韵胡少参见过

旋营小酌典春裘，佳客真惭竟日留。长怪岭云迷楚望，忽闻吴语破乡愁。镜湖自昔堪归老，杞国何人独抱忧！莫讶临花倍惆怅，赏心原不在枝头。

雪中桃次韵

雪里桃花强自春，萧疏终觉损精神。却惭幽竹节逾劲，始信寒梅骨自真。遭际本非甘冷淡，飘零须信委风尘。从来此事还希阔，莫怪临轩赏更新。

舟中除夕二首

扁舟除夕尚穷途。荆楚还怜俗未殊。处处送神悬楮马，家家迎岁换桃符。江醽信薄聊相慰，世路多歧漫自吁！白发频年伤远别，彩衣何日是庭趋？

远客天涯又岁除，孤航随处亦吾庐。也知世上风波满，还恋山中木石居。事业无心从齿发，亲交多难绝音书，江湖未就新春计，夜半樵歌忽起予。

淑浦山夜泊

淑浦山边泊，云间见驿楼。滩声回远树，崖影落中流。柳放新年绿，人归隔岁舟。客途时极目，天北暮阴愁。

过江门崖

三年谪宦沮蛮氛，天放扁舟下楚云。归信应先春雁到，闲心期与白鸥群。晴溪欲转新年色，苍壁多遗古篆文。此地从来山水胜，它时回首忆江门。

辰州虎溪龙兴寺闻杨名父将到留韵壁间

杖藜一过虎溪头，何处僧房是惠休？云起峰头沉阁影，林疏地底见江流。烟花日暖犹含雨，鸥鹭春闲欲满洲。好景同来不同赏，诗篇还为故人留。

武陵潮音阁怀元明

高阁凭虚台十寻，卷帘疏雨动微吟。江天云鸟自来去，楚泽风烟无古今。山色渐疑衡岳近，花源欲问武陵深。新春尚沮东归楫，落日谁堪话此心？

阁中坐雨

台下春云及寺门，懒夫睡起正开轩。烟芜涨野平堤绿，江雨随风入夜喧。道意萧疏惭岁月，归心迢递忆乡园。年来身迹如漂梗，自笑迂痴欲手援。

霁夜

雨霁僧堂钟磬清，春溪月色特分明。沙边宿鹭寒无影，洞口流云夜有声。静后始知群动妄，闲来还觉道心惊。问津久已惭沮溺，归向东皋学耦耕。

僧斋

尽日僧斋不厌闲,独余春睡得相关。檐前水涨遂无地,江外云晴忽有山。远客趁墟招渡急,舟人晒网得鱼还。也知世事终无补,亦复心存出处间。

德山寺次壁间韵

乘兴看山薄暮来,山僧迎客寺门开。雨昏碧草春申墓,云卷青峰善卷台。性爱烟霞终是僻,诗留名姓不须猜。岩根老衲成灰色,枯坐何年解结胎?

沅江晚泊二首

去时烟雨沅江暮,此日沅江暮雨归。水漫远沙村市改,泊依旧店主人非。草深廨宇无官住,花落僧房自鸟啼。处处春光萧索甚,正思荆棘掩岩扉。

春来客思独萧骚,处处东田没野蒿。雷雨满江喧日夜,扁舟经月住风涛。流民失业乘时横,原兽争群薄暮号。却忆鹿门栖隐地,杖藜壶榼饷东皋。

夜泊江思湖忆元明

扁舟泊近渔家晚,茅屋深环柳港清。雷雨骤开江雾散,星河不动暮川平。梦回客枕人千里,月上春堤夜四更。欲寄愁心无过雁,披衣坐听野鸡鸣。

睡起写怀

江日熙熙春睡醒,江云飞尽楚山青。闲观物态皆生意,静悟天机入窅冥。道在险夷随地乐，心忘鱼鸟自流形。未须更觅羲唐事，一曲沧浪击壤听。

三山晚眺

南望长沙杳霭中，鹅羊只在暮云东。天高双橹哀明月，江阔千帆舞逆风。花暗渐惊春事晚，水流应与客愁穷，北飞亦有衡阳雁，上苑封书未易通。

鹅羊山

福地相传楚水阿，三年春色两经过。羊亡但有初平石，书罢谁笼道士鹅，礼斗坛空松影静，步虚台迥月明多。岩房一宿犹缘薄，遥忆开云住薜萝。

泗州寺

渌水西头泗洲寺，经过转眼又三年。老僧熟认直呼姓，笑我清癯只似前。每有客来看宿处，诗留佛壁作灯传。开轩扫榻还相慰，惭愧维摩世外缘。

再经武云观书林玉玑道士壁

碧山道士曾相约，归路还来宿武云。月满仙台依鹤侣，书留苍壁看鹅群。春岩多雨林芳淡，暗水穿花石溜分。奔走连年家尚远，空余魂梦到柴门。

再过濂溪祠用前韵

曾向图书识面真，半生长自愧儒巾，斯文久已无先觉，圣世今应有逸民。一自支离乖学术，竟将雕刻费精神。瞻依多少高山意，水漫莲池长绿蘋。

卷二十　外集二

诗

庐陵诗六首
正德庚午三月迁庐陵尹作

游瑞华二首

其一

　　簿领终年未出郊，此行聊解俗人嘲。忧时有志怀先达，作县无能愧旧交。松古尚存经雪干，竹高还长拂云梢。溪山处处堪行乐，正是浮名未易抛。

其二

　　万死投荒不拟回，生还且复荷栽培。逢时已负三年学，治剧兼非百里才。身可益民宁论屈，志存经国未全灰。正愁不是中流砥，千尺狂澜岂易摧！

古道

　　古道当长阪，肩舆入暮天。苍茫闻驿鼓，冷落见炊烟。冻烛寒无焰，泥炉湿未燃。正思江槛外，闲却钓鱼船。

立春日道中短述

　　腊意中宵尽，春容傍晓生。野塘冰转绿，江寺雪消晴。农事沾泥犊，羁怀听谷莺。故山梅正发，谁寄欲归情？

公馆午饭偶书

　　行台依独寺，僧屋自成邻。殿古凝残雪，墙低入早春。巷泥晴淖马，檐日暖堪人。雪散小岩碧，松梢桂月新。

午憩香社寺

　　修程动百里，往往饷僧居。佛鼓迎官急，禅床为客虚。桃花成井落，云水接郊墟。不觉泥尘涩，看山兴有余。

京师诗二十四首

正德庚午年十月，升南京刑部主事。辛未年入觐，调北京吏部主事作。

夜宿功德寺次宗贤韵二绝

　　山行初试夹衣轻，脚软黄尘石路生。一夜洞云眠未足，湖风吹月渡溪清。

　　水边杨柳覆茅楹，饮马春流更一登。坐久逐忘归路夕，溪云正泻暮山青。

别方叔贤四首

西樵山色远依依，东指江门石路微。料得楚云台上客，久悬秋月待君归。

自是孤云天际浮，箧中枯蠹岂相谋。请君静后看羲画，曾有陈篇一字否？

休论寂寂与惺惺，不妄由来即性情。笑却殷勤诸老子，翻从知见觅虚灵。

道本无为只在人，自行自住岂须邻？坐中便是天台路，不用渔郎更问津。

白湾六章

宗岩文先生居白浦之湾，四方学者称曰白浦先生，而不敢以姓字。某素高先生，又辱为之僚，因为书"白湾"二字，并诗以咏之。

浦之湾，其白漫漫。彼美君子，在水之盘。

湾之浦，其白弥弥。彼美君子，在水之涘。

云之溶溶，于湾之湄。君子于处，民以为期。

云之油油，于湾之委。君子于兴，施及四海。

白湾之渚，于游以处。彼美君子兮，可以容与。

白湾之洋，于濯以湘。彼美君子兮，可以徜徉。

寄隐岩

每逢山水地，便有卜居心。终岁风尘里，何年沧海浔？洞寒泉滴细，花暝石房深。青壁须留姓，他时好共寻。

香山次韵

寻山到山寺，得意却忘山。岩树坐来静，壁萝春自闲。楼台星斗上，钟声翠微间。顿息尘寰念，清溪踏月还。

夜宿香山林宗师房次韵二首

　　幽壑来寻物外情，石门遥指白云生。林间伐木时闻响，谷口逢僧不记名。天壁倒涵湖月晓，烟梯高接纬阶平。松堂静夜浑无寐，到枕风泉处处声。

　　久落泥涂惹世情，紫崖丹壑是平生。养真无力常怀静，窃禄未归羞问名。树隐洞泉穿石细，云回溪路入花平。道人只住层萝上，明月峰头有磬声。

别湛甘泉二首

　　行子朝欲发，驱车不得留。驱车下长阪，顾见城东楼。远别情已惨，况此艰难秋！分手诀河梁，涕下不可收。车行望渐杳，飞埃越层丘。迟回歧路侧，孰知我心忧！

　　我心忧以伤，君去阻且长。一别岂得已？母老思所将。奉命危难际，流俗反猜量。黄鹄万里逝，岂伊为稻粱？栋火及毛羽，燕雀犹栖堂。跳梁多不测，君行戒前途。达命谅何滞，将母能忘虞。安居尤阱护，关路非歧岖。令德崇易简，可以知险阻。结茆湖水阴，幽期终不忘。伊尔得相就，我心亦何伤！世艰变倏忽，人命非可常。斯文天未坠，别短会日长。南寺春月夜，风泉闲竹房。逢僧或停楫，先扫白云床。

赠别黄宗贤

　　古人戒从恶，今人戒从善；从恶乃同污，从善翻滋怨；纷纷嫉媚兴，指谪相非讪。自非笃信士，依违多背面。宁知竟漂流，沦胥亦污贱。卓哉汪陂子，奋身勇厥践。拂衣还旧山，雾隐期豹变。嗟嗟吾党贤，白黑匪难辩！

归越诗五首

正德壬申年升南京太仆寺少卿，便道归越作。

四明观白水二首

邑南富岩壑，白水尤奇观；兴来每思往，十年就兹观。停驺指绝壁，涉涧缘危蟠。百源旱方歇，云际犹飞湍。霏霏洒林薄，漠漠凝风寒。前闻若未惬，仰视终莫攀。石阴暑气薄，流触溯回澜。兹游讵盘乐？养静意所关。逝者谅如斯，哀此岁月残。择幽虽得所，避时时犹难。刘樊古方外，感慨有余叹！

千丈飞流舞白鸾，碧潭倒影镜中看。藤萝半壁云烟湿，殿角长年风雨寒。野性从来山水癖，直躬更觉世途难。卜居断拟如周叔，高卧无劳比谢安。

杖锡道中用张宪使韵

山鸟欢呼欲问名，山花含笑似相迎。风回碧树秋声早，雨过丹岩夕照明。雪岭插天开玉帐，云溪环碧抱金城。悬灯夜宿茅堂静，洞鹤林僧相对清。

又用曰仁韵

每逢佳处问山名，风景依稀过眼生。归雾忽连千嶂暝，夕阳偏放一溪晴。晚投岩寺依云宿，静爱枫林送雨声。夜久披衣还起坐，不禁风月照人清。

书杖锡寺

杖锡青冥端，涧壁环天险，垂岩下陡壑，涉水攀绝巘。溪深听喧瀑，路绝骇危栈。扪萝登峻极，披翳见平衍。僧逋寄孤衲，守废遗荒殿。伤兹穷墟僻，曾未诛求免。探幽冀累息，愤时翻意惨。拯援才已疏，栖迟心益眷。哀猿啸春嶂，悬灯宿西崦。诛茆竟何时？白云愧舒卷。

滁州诗三十六首
正德癸酉年到太仆寺作

梧桐江用韵

凤鸟久不至，梧桐生高冈。我来竟日坐，清阴洒衣裳。援琴俯流水，调短意苦长。遗音满空谷，随风递悠扬。人生贵自得，外慕非所臧。颜子岂忘世？仲尼固遑遑。已矣复何事，吾道归沧浪。

林间睡起

林间尽日扫花眠，只是官闲愧俸钱。门径不妨春草合，斋居长对晚山妍。每疑方朔非真隐，始信扬雄误《太玄》。混世亦能随地得，野情终是爱丘园。

赠熊彰归

门径荒凉蔓草生，相求深愧远来情。千年绝学蒙尘土，何处澄江无月明？坐看远山凝暮色，忽惊废叶起秋声。归途望岳多幽兴，为问山田待耦耕。

别易仲

辰州刘易仲从予滁阳，一日问："道可言乎？"予曰："哑子吃苦瓜，与你说不得。尔要知我苦，还须你自吃。"易仲省然有悟。久之辞归，别以诗。

迢递滁山春，子行亦何远。累然良苦心，惝恍不遑饭。至道不外得，一悟失群暗。秋风洞庭波，游子归已晚。结兰意方勤，寸草心先断。末学久忸离，颓波竟谁挽？归哉念流光，一逝不复返。

送守中至龙盘山中

未尽师生六日情，天教风雪阻西行。茅堂岂有春风坐，江郭虚留一月程。客邸琴书灯火静，故园风竹梦魂清。何年稳闭阳明洞，榾柮山炉煮石羹。

龙蟠山中用韵

无奈青山处处情，村沽日日办山行。真惭廪食虚官守，只把山游作课程。谷口乱云随骑远，林间飞雪点衣轻。长思淡泊还真性，世味年来久絮羹。

琅琊山中三首

草堂寄放琅琊间，溪鹿岩僧且共闲。冰雪能回草木死，春风不化山石顽。六经散地莫收拾，丛棘被道谁刊删？已矣驱驰二三子，凤图不出吾将还。

狂歌莫笑酒杯增，异境人间得未曾。绝壁倒翻银海浪，远山真作玉龙腾。浮云野思春前动，虚室清香静后凝。懒拙惟余林壑计，伐檀长自愧无能。

风景山中雪后增，看山雪后亦谁曾？隔溪岩犬迎人吠，饮涧飞猱踔树腾。归骑林间灯火动，鸣钟谷口暮光凝。尘踪正自韬笼在，一宿云房尚未能。

答朱汝德用韵

东去蓬瀛合有津，若为风雨动经旬。同来海岸登舟在，俱是尘寰欲渡人。弱水洪涛非世险，长年三老定谁真。青鸾眇眇无消息，怅望烟花又暮春。

送惟乾二首

独见长年思避地，相从千里欲移家。惭予岂有万间庇？借尔刚余一席沙。古洞幽期攀桂树，春溪归路问桃花。故人劳念还相慰，回雁新秋寄彩霞。

签笈连年愧远求，本来无物若为酬。春城驿路聊相送，夜雪空山且复留。江浦云开庐岳曙，洞庭湖阔九疑浮。悬知再鼓潇湘舵，应是芙蓉湘水秋。

别希颜二首

中岁幽期亦几人？是谁长负故山春？道情暗与物情化，世味争如酒味醇！耶水云门空旧隐，青鞋布袜定何晨？童心如故容颜改，惭愧年年草木新。

后会难期别未轻，莫辞行李滞江城。且留南国春山兴，共听西堂夜雨声。归路终知云外去，晴湖想见镜中行。为寻洞里幽栖处，还有峰头双鹤鸣。

山中示诸生五首

路绝春山久废寻，野人扶病强登临。同游仙侣须乘兴，共探花源莫厌深。鸣鸟游丝俱自得，闲云流水亦何心？从前却恨牵文句，展转支离叹陆沉！

滁流亦沂水，童冠得几人？莫负咏归兴，溪山正暮春。

桃源在何许？西峰最深处。不用问渔人，沿溪踏花去。

池上偶然到，红花间白花。小亭闲可坐，不必问谁家。

溪边坐流水，水流心共闲。不知山月上，松影落衣斑。

龙潭夜坐

何处花香入夜清？石林茅屋隔溪声。幽人月出每孤往，栖鸟山空时一鸣。草露不辞芒屦湿，松风偏与葛衣轻。临流欲写猗兰意，江北江南无限情。

送德观归省二首

雪里闭门十日坐，开门一笑忽青天。茅檐正好负暄日，客子胡为思故园？椿树惯经霜雪老，梅花偏向岁寒妍。琅琊春色如相忆，好放山阴月下船。

琅琊雪是故园雪，故园春亦琅琊春。天机动处即生意，世事到头还俗尘。立雪浴沂传故事，吟风弄月是何人？到家好谢二三子，莫向长沮错问津。

送蔡希颜三首

<small>正德癸酉冬，希渊赴南宫试，访予滁阳，遂留阅岁。既而东归，问其故，辞以疾。希渊与予论学琅琊之间，于斯道既释然矣，别之以诗。</small>

风雪蔽旷野，百鸟冻不翻。孤鸿亦何事，嗷嗷溯寒云？岂伊稻粱计，独往求其群？之子眇万钟，就我滁水滨。野寺同游请，春山共攀援。鸟鸣幽谷曙，伐木西涧矄。清夜湛玄思，晴窗玩奇文。寂景赏新悟，微言欣有闻。寥寥绝代下，此意冀可论。

群鸟喧北林，黄鹄独南逝。北林岂无枝？罗弋苦难避。之子丹霞姿，辞我云门去。山空响流泉，路僻迷深树。长谷何盘纡，紫芝春可茹。求志暂栖岩，避喧宁遁世。系予辱风尘，送子愧云雾。匡时已无术，希圣徒有慕。倘入阳明峰，为寻旧栖处。

何事憧憧南北行？望云依阙两关情。风尘暂息滁阳驾，鸥鹭还寻鉴水盟。悟后六经无一字，静余孤月湛虚明。从知归路多相忆，伐木山山春鸟鸣。

赠守中北行二首

江北梅花雪易残,山窗一树自家看。临行掇赠聊数颗,珍重清香是岁寒。

来何匆促去何迟,来去何心莫漫疑。不为高堂双雪鬓,岁寒宁受北风欺。

郑伯兴谢病还鹿门雪夜过别赋赠三首

之子将去远,雪夜来相寻。秉烛耿无寐,怜此岁寒心。岁寒岂徒尔,何以赠远行?圣路塞已久,千载无复寻。岂无群儒迹?蹊径榛茆深。浚流须寻源,积土成高岑。揽衣望远道,请君从此征。

浚流须有源,植木须有根。根源未浚植,枝派宁先蕃?谓胜通夕话,义利分毫间。至理匪外得,譬犹镜本明,外尘荡瑕垢,镜体自寂然。孔训示克己,孟子垂反身。明明贤圣则,请君勿与谖。

鹿门在何许?君今鹿门去。千载庞德公,犹存栖隐处。洁身匪乱伦,其次乃避地。世人失其心,顾瞻多外慕。安宅舍弗居,狂驰惊奔骛。高言诋独善,文非遂巧智。琐琐功利儒,宁复知此意!

门人王嘉秀实夫萧琦子玉告归书此见别意兼寄声辰阳诸贤

王生兼养生,萧生颇慕禅;迢迢数千里,拜我滁山前。吾道既匪佛,吾学亦匪仙。坦然由简易,日用匪深玄。始闻半疑信,既乃心豁然。譬彼土中镜,暗暗光内全;外但去昏翳,精明烛媸妍。世学如剪彩,妆缀事蔓延;宛宛具枝叶,生理终无缘。所以君子学,布种培根原;萌芽渐舒发,畅茂皆由天。秋风动归思,共鼓湘江船。湘中富英彦,往往多及门。临歧缀斯语,因之寄拳拳。

滁阳别诸友

滁阳诸友从游,送予至乌衣,不能别。及暮,王性甫汝德诸友送至江浦,必留居，俟予渡江。因书此促之归，并寄诸贤，庶几共进此学，以慰离索耳。

滁之水，入江流，江潮日复来滁州。相思若潮水，来往何时休？空相思，亦何益？欲慰相思情，不如崇令德。掘地见泉水，随处无弗得；何必驱驰为？千里远相即。君不见尧羹与舜墙，又不见孔与跖对面不相识？逆旅主人多殷勤，出门转盼成路人。

寄浮峰诗社

晚凉庭院坐新秋，微月初生亦满楼。千里故人谁命驾？百年多病有孤舟。风霜草木惊时态，砧杵关河动远愁。饮水曲肱吾自乐，茆堂今在越溪头。

栖云楼坐雪二首

绕看庭树玉森森，忽漫阶除已许深。但得诸生通夕坐，不妨老子半酣吟。琼花入座能欺酒；冰溜垂檐欲堕针。却忆征南诸将士，未禁寒夜铁衣沉。

此日栖云楼上雪，不知天意为谁深。忽然夜半一言觉，又动人间万古吟。玉树有花难结果，天机无线可通针。晓来不觉城头鼓，老懒羲皇睡正沉。

与商贡士二首

见说浮山麓，深林绕石溪。何时拂衣去，三十六岩栖。

其二

见说浮山胜，心与浮山期。三十六岩内，为选一岩奇。

南都诗四十七首

正德甲戌年四月升南京鸿胪寺卿作

题岁寒亭赠汪尚和

一觉红尘梦欲残,江城六月滞风湍。人间炎暑无逃遁,归向山中卧岁寒。

与徽州程毕二子

句句糠粃字字陈,却于何处觅知新?紫阳山下多豪俊,应有吟风弄月人。

山中懒睡四首

竹里藤床识懒人,脱巾山麓任吾真。病夫已久逃方外,不受人间礼数嗔。

扫石焚香任意眠,醒来时有客谈玄。松风不用蒲葵扇,坐对青崖百丈泉。

古洞幽深绝世人,石床风细不生尘。日长一觉羲皇睡,又见峰头上月轮。

人间白日醒犹睡,老子山中睡却醒。醒睡两非还两是,溪云漠漠水泠泠。

题灌山小隐二绝

茆屋山中早晚成,任他风雨任他晴。男婚女嫁多年毕,不待而今学向平。

一自移家入紫烟,深林住久遂忘年。山中莫道无供给,明月清风不用钱。

六月五章

六月乙亥，南都熊峰少宰石公以少宗伯召。南都之士闻之，有恻然而戚者，有欣然而喜者。其戚者曰："公端介敏直，方为留都所倚重，今兹往，善类失所恃，群小罔以严。辩惑考学者曷从而讨究？剖政断疑者曷从而咨决？南都非根本地乎？而独不可以公遗之！"其喜者曰："公之端介敏直，宁独留都所倚重，其在京师，独无善类乎？独无群小乎？独无辩惑考学、剖政断疑者乎？且天子之召之也，亦宁以少宗伯，将必大用。大用则以庇天下，斯彙征之庆也。"公闻之曰："戚者非吾之所敢，喜者乃吾之所忧也。吾思所以逃吾之忧者而不得其道，若之何？"阳明子素知于公，既以戚众之戚、喜众之喜，而复忧公之忧。乃叙其事，为赋《六月》，庸以赠公之行。

六月凄风，七月暑雨。倐雨倐寒，道修以阻。允允君子，迪尔寝兴。毋沾尔行，国步斯频。

哀此下民，靡届靡极。不有老成，其何能国？吁嗟老成，独遗典刑，若屋之倾，尚支其楹。

心之忧矣，言靡有所。如彼喑人，食荼与苦。依依长谷，言采其芝。人各有能，我归孔时。

昔彼叔季，沉湎以逞。耄集以咨，我人自靖。允允君子，淑慎尔则。靡口休止，民何于极！

日月其逝，如彼沧浪。南北其望，如彼参商。允允君子，毋沾尔行。如日之升，以曷不光！

守文弟归省携其手歌以别之

尔来我心喜，尔去我心悲。不为倚门念，吾宁舍尔归？长途正炎暑，尔行慎兴居！凉茗勿频啜，节食但无饥。忽出船旁立，忽登岸上嬉。收心每澄坐，适意时观书。申洪皆冥顽，不足长嗔笞。见人勿多说，慎默真如愚。接人莫轻率，忠信持谦卑。从来为己学，慎独乃其基。纷纷多嗜欲，尔病还尔知。到家良足乐，怡颜报重闱。昨秋童蒙去，今夏成人归。长者爱尔敬，少者悦尔慈。亲朋称啧啧，羡尔能若兹。信哉学问功，所贵在得师。吾匪崇外饰，欲尔沽名为。望尔日慥慥，圣贤以为期。九兄及印弟，诵此共勉之！

书扇面寄馆宾

湖上群山落照晴，湖边万木起秋声。何年归去阳明洞，独棹扁舟鉴里行？

用实夫韵

诗从雪后吟偏好，酒向山中味转佳。岩瀑随风杂钟磬，水花如雨落袈裟。

游牛首山

春寻指天阙，烟霞眇何许。双峰久相违，千岩来旧主。浮云刺中天，飞阁凌风雨。探秀涧阿入，萝阴息筐筥。灭迹避尘缨，清朝入深沮。风磴仰扪历，淙壑屡窥俯。梯云跻石阁，下榻得吾所。释子上方候，鸣钟出延伫。颓景耀回盼，层飚翼轻举。暖暖林芳暮，泠泠石泉语。清宵耿无寐，峰月升烟宇。会晤得良朋，可以寄心腑。

送徽州洪侹承瑞

平生举业最疏慵，挟册虚烦五月从。竹院检方时论药，茆堂放鹤或开笼。忧时漫有孤忠在，好古全无一艺工。念我还能来夜雪，逢人休说坐春风。

病中大司马乔公有诗见怀次韵奉答二首

十日无缘拜后尘，病夫心地欲生榛。诗篇极见怜才意，伎俩惭非可用人。黄阁望公长秉轴，沧江容我老垂纶。保厘珍重回天手，会看春风万木新。

一自多歧分路尘，堂堂正道遂生榛，聊将肤浅窥前圣，敢谓心传启后人。淮海帝图须节制，云雷大造看经纶。枉劳诗句裁风雅，欲借《盘铭》献日新。

送诸伯生归省

天涯送尔独伤神，岁月龙山梦裹春。为谢江南诸故旧，起居东岳太夫人。闲中书卷堪时展，静裹功夫要日新。能向尘途薄轩冕，不妨蓑笠老江滨。

寄冯雪湖二首

竿竹谁隐扶桑东？白眉之叟今庞公。隔湖闻鸡谢墅接，渡海有鹤蓬山通。卤田经岁苦秋雨，浪痕半壁惊湖风。歌声屋低似金石，点也此意当能同。

海岸西头湖水东，他年蓑笠拟从公。钓沙碧海群鸥借，樵径青云一鸟通。席有春阳堪坐雪，门垂五柳好吟风。于今犹是天涯梦，怅望青霄月色同。

诸用文归用子美韵为别

一别烟云岁月深，天涯相见二毛侵。孤帆江上亲朋意，樽酒灯前故国心。冷雪晴林还作雨，鸟声幽谷自成吟。饮余莫上峰头望，烟树迷茫思不禁。

题王实夫画

随处山泉着草庐，底须松竹掩柴扉。天涯游子何曾出？画里孤帆未是归。小酉诸峰开夕照，虎溪春寺入烟霏。他年还向辰阳望，却忆题诗在翠微。

赠潘给事
五月沧浪濯足归，正堪荷叶制初衣。甲非乙是君休问，酉水辰山志未违。沙鸟不须疑雀舫，江云先为扫鱼矶。武陵溪壑犹深僻，莫更移家入翠微。

与沅陵郭掌教
记得春眠寺阁云，松林水鹤日为群。诸生问业冲星入，稚子拈香静夜焚。世事暗随江草换，道情曾许碧山闻。别来点瑟还谁鼓？怅望烟花此送君。

别族太叔克彰
情深宗族谊同方，消息那堪别后荒。江上相逢疑未定，天涯独去意重伤。身闲最觉湖山静，家近殊闻草木香。云路莫嗟迟发轫，世涂崎曲尽羊肠。

登凭虚阁和石少宰韵
山阁新春负一登，酒边孤兴晚堪乘。松间鸣瑟惊栖鹤，竹里茶烟起定僧。望远每来成久坐，伤时有涕恨无能。峰头见说连阊阖，几欲排云尚未曾。

登阅江楼
绝顶楼荒旧有名，高皇曾此驻龙旌。险存道德虚天堑，守在蛮夷岂石城。山色古今余王气，江流天地变秋声。登临授简谁能赋？千古新亭一怆情！

狮子山

残暑须还一雨清,高峰极目快新晴。海门潮落江声急,吴苑秋深树脚明。烽火正防胡骑入,羽书愁见朔云横。百年未有涓埃报,白发今朝又几茎?

游清凉寺三首

春寻载酒本无期,乘兴还嫌马足迟。古寺共怜春草没,远山偏与夕阳宜。雨晴涧竹消苍粉,风暖岩花落紫蕤。昏黑更须凌绝顶,高怀想见少陵诗。

其二

积雨山行已后期,更堪多病益迟迟。风尘渐觉初心负,邱壑真与野性宜。绿树阴层新作盖,紫兰香细尚余蕤。辋川图画能如许,绝是无声亦有诗。

其三

不顾尚书此日期,欲为花外板舆迟。繁丝急管人人醉,竹径松堂处处宜。双树暗芳春寂寞,五峰晴秀晚葳蕤。暮钟杳杳催归骑,惆怅烟光不尽诗。

寄张东所次前韵

远趋君命忽中违,此意年来识者稀。黄绮曾为炎祚出,子陵终尚富春归。江船一话千年阔,尘梦今惊四十非!何日孤帆过天目,海门春浪扫渔矶。

别余缙子绅

不须买棹往来频,我亦携家向海滨。但得青山随鹿豕,未论黄阁画麒麟。丧心疾已千年痼，起死方存六籍真。归向兰溪溪上问，桃花春水正迷津。

送刘伯光

五月茅茨静竹扉，论心方洽忽辞归。沧江独棹冲新暑，白发高堂恋夕晖。谩道六经皆注脚，还谁一语悟真机？相知若问年来意，已傍西湖买钓矶。

冬夜偶书

百事支离力不禁，一官栖息病相侵。星辰魏阙江湖迥，松柏茅茨岁月深。欲倚黄精消白发，由来空谷有余音。曲肱已醒浮云梦，荷蒉休疑击磬心。

寄潘南山

秋风吹散锦溪云，一笑南山雨后新。诗妙尽从言外得，易微谁见画前真？登山脚健何妨老，留客情深不计贫。朱吕月林传故事，他年还许上西邻。

送胡廷尉

钟陵雪后市灯残，箫鼓江船发晓寒。山水总怜南国好，才猷须济朔方艰。彩衣得侍仙舟远，春色行应故里看。别去中宵瞻北极，五云飞处是长安。

与郭子全

相别翻怜相见时，碧桃开尽桂花枝。光阴如许成虚掷，世故摧人总不知。云路不须朱绂去，归帆且得彩衣随。岚山风景濂溪近，此去还应自得师。

次栾子仁韵送别四首

子仁归，以四诗请用其韵答之，言亦有过者，盖因子仁之病而药之，病已则去其药。

从来尼父欲无言，须信无言已跃然。悟到鸢鱼飞跃处，功夫原不在陈编。

操持存养本非禅，矫枉宁知已过偏。此去好从根脚起，竿头百尺未须前。

野夫非不爱吟诗，才欲吟诗即乱思。未会性情涵咏地，二南还合是淫辞。

道听涂传影响前，可怜绝学遂多年。正须闭口林间坐，莫道青山不解言。

书悟真篇答张太常二首

悟真篇是误真篇，三注由来一手笺。恨杀妖魔图利益，遂令迷妄竞流传。造端难免张平叔，首祸谁诬薛紫贤。直说与君惟个字，从头去看野狐禅。

误真非是悟真篇，平叔当时已有言。只为世人多恋着，且从情欲起因缘。痴人前岂惜谈梦？真性中难更说玄。为问道人还具眼，试看何物是青天？

赣州诗三十六首

正德丙子年九月升南赣佥都御史以后作

丁丑二月征漳寇进兵长汀道中有感

将略平生非所长，也提戎马入汀漳。数峰斜日旌旗远，一道春风鼓角扬。莫倚貳师能出塞，极知充国善平羌。疮痍到处曾无补，翻忆钟山旧草堂。

回军上杭
　　山城经月驻旌戈，亦复幽寻到薜萝。南国已忻回甲马，东田初喜出农蓑。溪云晓度千峰雨，江涨新生两岸波。暮倚七星瞻北极，绝怜苍翠晚来多。

喜雨三首
　　即看一雨洗兵戈，便觉光风转石萝。顺水飞樯来买舶，绝江喧浪舞渔蓑。片云东望怀梁国，五月南征想伏波。长拟归耕犹未得，云门初伴渐无多。
　　辕门春尽犹多事，竹院空闲未得过。特放小舟乘急浪，始闻幽碧出层萝。山田旱久兼逢雨，野老欢腾且纵歌。莫谓可塘终据险，地形原不胜人和。
　　吹角峰头晓散军，横空万骑下氤氲。前旌已带洗兵雨，飞鸟犹惊卷阵云。南亩渐忻农事动，东山休共凯歌闻。正思锋镝堪挥泪，一战功成未足云。

闻曰仁买田霅上携同志待予归二首
　　见说相携霅上耕，连蓑应已出乌程。荒畲初垦功须倍，秋熟虽微税亦轻。雨后湖舫兼学钓，饷余堤树合闲行。山人久有归农兴，犹向千峰夜度兵。
　　月夜高林坐夜沉，此时何限故园心！山中古洞阴萝合，江上孤舟春水深。百战自知非旧学，三驱犹愧失前禽。归期久负云门伴，独向幽溪雪后寻。

祈雨二首

旬初一雨遍汀漳，将谓汀虔是接疆。天意岂知分彼此？人情端合有炎凉。月行今已虚缠毕，斗杓何曾解挹浆！夜起中庭成久立，正思民瘼欲沾裳。

见说虔南惟苦雨，深山毒雾长阴阴。我来偏遇一春旱，谁解挽回三日霖？寇盗郴阳方出掠，干戈塞北还相寻。忧民无计泪空堕，谢病几时归海浔？

还赣

积雨雩都道，山途喜乍晴。溪流迟渡马，冈树隐前旌。野屋多移灶，穷苗尚阻兵，迎趋勤父老，无补愧巡行。

借山亭

借山亭子近如何？乘兴时从梦里过。尚想清池环醉影，犹疑花径驻鸣珂。疏帘细雨灯前局，碧树凉风月下歌。传语诸公合频赏，休令岁月亦蹉跎。

桶冈和邢太守韵二首

处处山田尽入畲，可怜黎庶半无家。兴师正为民痍甚，陟险宁辞鸟道斜！胜世真如瓴水建，先声不碍岭云遮。穷巢容有遭驱胁，尚恐兵锋或滥加。

战乱兴师既有名，挥戈真已见风行。岂云薄劣能驱策？实仗皇威自震惊。烂额尚惭为上客，徙薪尤觉费经营。主恩未报身多病，旋凯须还陇上耕。

通天岩

青山随地佳，岂必故园好？但得此身闲，尘寰亦蓬岛。西林日初暮，明月来何早！醉卧石床凉，洞云秋未扫。

游通天岩次邹谦之韵
　　天风吹我上丹梯，始信青霄亦可跻。俯视氛寰成独慨，却怜人世尚多迷。东南真境埋名久，闽楚诸峰入望低。莫道仙家全脱俗，三更日出亦闻鸡。

又次陈惟浚韵
　　四山落木正秋声，独上高峰望眼明。树色遥连闽峤碧，江流不尽楚天清。云中想见双龙转，风外时传一笛横。莫遣新愁添白发，且呼明月醉沉觥。

忘言岩次谦之韵
　　意到已忘言，兴剧复忘饭。坐我此岩中，是谁凿混沌？尼父欲无言，达者窥其本。此道何古今？斯人去则远。空岩不见人，真成面墙立。岩深雨不到，云归花亦湿。

圆明洞次谦之韵
　　群山走波浪，出没龙蛇脊。岩栖寄盘涡，沉沦遂成癖。我来汲东溟，烂煮南山石。千年熟一炊，欲饷岩中客。

潮头岩次谦之韵
　　潮头起平地，化作千丈雪。棹舟者何人？试问岩头月。

天成素有志于学兹得告东归林居静养其所就可知矣临别以此纸索赠漫为赋此遂寄声山泽诸贤
　　予有山林期，荏苒风尘际。高秋送将归，神往迹还滞。回车当盛年，养疴非遁世。垂竿鉴湖云，结庐浮峰树。爱日遂庭趋，芳景添游诣。掎生悟玄魄，妙静息缘虑。眇眇素心人，望望沧洲去。东行访天沃，云中倘相遇。

坐忘言岩问二三子

几日岩栖事若何，莫将佳景复虚过。未妨云壑淹留久，终是尘寰错误多。涧道霜风疏草木，洞门烟月挂藤萝。不知相继来游者，还有吾侪此意么？

留陈惟浚

闻说东归欲问舟，清游方此复离忧。却看阴雨相淹滞，莫道山灵独苦留。薜荔岩高兼得月，桂花香满正宜秋。烟霞到手休轻掷，尘土驱人易白头。

栖禅寺雨中与惟乾同登

绝顶深泥冒雨扳，天于佳景亦多悭。自怜久客频移棹，颇羡高僧独闭关。江草远连云梦泽，楚云长断九疑山。年来出处浑无定，惭愧沙鸥尽日闲。

茶寮纪事

万壑风泉秋正哀，四山云雾晚初开。不因王事兼程入，安得闲行向北来？登陟未妨安石兴，纵擒徒羡孔明才。乞身已拟全师日，归扫溪边旧钓台。

回军九连山道中短述

百里妖氛一战清，万峰雷雨洗回兵。未能千羽苗顽格，深愧壶浆父老迎。莫倚谋攻为上策，还须内治是先声。功微不愿封侯赏，但乞蠲输绝横征。

回军龙南小憩玉石岩双洞绝奇徘徊不忍去因寓以阳明别洞之号兼留此作三首

甲马新从鸟道回，览奇还更陟崔嵬。寇平渐喜流移复，春暖兼欣农务开。两窦高明行日月，九关深黑闭风雪。投簪最好支茅地，恋土犹怀旧钓台。

洞府人寰此最佳，当年空自费青鞋。麾幢旖旎悬仙仗，台殿高低接纬阶。天巧固应非斧凿，化工无乃太安排？欲将点瑟携童冠，就揽春云结小斋。

阳明山人旧有居，此地阳明景不如。但在乾坤俱逆旅，曾留信宿即吾庐。行窝已许人先号，别洞何妨我借书。他日巾车还旧隐，应怀兹土复乡闾。

再至阳明别洞和邢太守韵二首

春山随处款归程，古洞幽虚道意生。涧壑风泉时远近，石门萝月自分明。林僧住久炊遗火，野老忘机罢席争。习静未缘成久坐，却惭尘土逐虚名。

山水平生是课程，一淹尘土遂心生。耦耕亦欲随沮溺，七纵何缘得孔明？吾道羊肠须蠖屈，浮名蜗角任龙争。好山当面驰车过。莫漫寻山说避名。

夜坐偶怀故山

独夜残灯梦未成，萧萧总是故园声。草深石径鼪鼯笑，雪静空山猿鹤惊。漫有缄书怀旧侣，常牵缨冕负初情。云溪漠漠春风转，紫菌黄花又自生。

怀归二首

深惭经济学封侯，都付浮云自去留。往事每因心有得，身闲方喜世无求。狼烟幸息昆阳患，蠡测空怀杞国忧。一笑海天空阔处，从知吾道在沧洲。

身经多难早知非，此事年来识者稀。老大有情成旧德，细谋无计解重围。意常不足真夷道，情到方浓是险机。怅望衡茅无事日，漫吹松火织秋衣。

送德声叔父归姚并序

守仁与德声叔父共学于家君龙山先生。叔父屡困场屋，一旦以亲老辞虏归养。交游强之出，辄笑曰："古人一日养，不以三公易。吾岂以一老母博一弊儒冠乎？"呜呼！若叔父可谓真知内外轻重之分矣。今年夏，来赣视某，留三月。飘然归兴，不可挽，因谓某曰："秋风莼鲈，知子之兴无日不切。然时事若此，恐即未能脱，吾不能俟子之归舟。吾先归，为子开荒阳明之麓，如何？"呜呼！若叔父可谓真知内外轻重之分矣。某方有诗戒，叔父曰："吾行，子可无言？"辄为赋此。

犹记垂髫共学年，于今鬓发两苍然。穷通只好浮云看，岁月真同逝水悬。归鸟长空随所适，秋江落木正无边。何时却返阳明洞，萝月松风扫石眠。

示宪儿

幼儿曹,听教诲。勤读书,要孝弟。学谦恭,循礼义。节饮食,戒游戏。毋说谎，毋贪利。毋任情，毋斗气。毋责人，但自治。能下人，是有志。能容人，是大器。凡做人，在心地。心地好，是良士。心地恶，是凶类。譬树果，心是蒂。蒂若坏，果必坠。吾教汝，全在是。汝谛听，勿轻弃！

赠陈东川

白沙诗里莆阳子，尽是相逢逆旅间。开口向人谈古礼，拂衣从此入云山。

江西诗一百二十首

正德己卯年,奉敕往福建处叛军。至丰城,遭宸濠之变,趋还吉安,集兵平之。八月,升副都御史,巡按江西作。

鄱阳战捷

甲马秋惊鼓角风,旌旗晓拂阵云红。勤王敢在汾淮后,恋阙真随江汉东。群丑漫劳同吠犬,九重端合是飞龙。涓埃未遂酬沧海,病懒先须伴赤松。

书草萍驿二首

九月献俘北上,驻草萍,时已暮。忽传王师已及徐淮,遂乘夜速发。次壁间韵纪之,二首。

一战功成未足奇,亲征消息尚堪危。边烽西北方传警,民力东南已尽疲。万里秋风嘶甲马,千山斜日度旌旗。小臣何尔驱驰急?欲请回銮罢六师。

千里风尘一剑当,万山秋色送归航。堂垂双白虚频疏,门已三过有底忙。羽檄西来秋黯黯,关河北望夜苍苍。自嗟力尽螳螂臂,此日回天在庙堂。

西湖

灵鹫高林暑气清,竺天石壁雨痕晴。客来湖上逢云起,僧住峰头话月明。世路久知难直道,此身那得尚虚名!移家早定孤山计,种果支茅却易成。

寄江西诸士夫

甲马驱驰已四年，秋风归路更茫然。惭无国手医民病，空有官衔縻俸钱。湖海风尘虽暂息，江湘水旱尚相沿。题诗忽忆并州句，回首江西亦故园。

太息

一日复一日，中夜坐叹息。庭中有嘉树，落叶何淅沥。蒙翳乱藤缠，宁知绝根脉。丈夫贵刚肠，光阴勿虚掷。头白眼昏昏，吁嗟亦何及！

宿净寺四首

十月至杭，王师遣人追宸濠，复还江西。是日遂谢病退居西湖。

老屋深松覆古藤，羁栖犹记昔年曾。棋声竹里消闲昼，药裹窗前对病僧。烟艇避人长晓出，高峰望远亦时登。而今更是多牵系，欲似当时又不能。

常苦人间不尽愁，每拼须是入山休。若为此夜山中宿，犹自中宵煎百忧。百战西江方底定，六飞南甸尚淹留。何人真有回天力，诸老能无取日谋？

百战归来一病身，可看时事更愁人。道人草问行藏计，已买桃花洞里春。

山僧对我笑，长见说归山。如何十年别，依旧不曾闲？

归兴

一丝无补圣明朝，两鬓徒看长二毛。自识淮阴非国士，由来康节是人豪。时方多难容安枕，事已无能欲善刀。越水东头寻旧隐，白云茅屋数峰高。

即事漫述四首

从来野兴只山林，翠壁丹梯处处寻。一自浮名萦世网，遂令真诀负初心。夜驰险寇天峰雪，秋房强王汉水阴。辛苦半生成底事，始怜庄舄亦哀吟。

百战深秋始罢兵，六师冬尽尚南征。诚微未足回天意，性僻还多拂世情。烟水沧江从鹤好，风云溟海任龙争。他年若访陶元亮，五柳新居在赤城。

宵宵深愁伴客居，江船风雨夜灯虚。尚劳车驾臣多缺，无补疮痍术已疏。亲老岂堪还远别，时危那得久无书！明朝且就君平卜，要使吾心不负初。

茅茨松菊别多年，底事寒江尚客船。强所不能儒作将，付之无奈数由天。徒闻诸葛能兴汉，未必田单解误燕。最羡渔翁闲事业，一竿明月一蓑烟。

泊金山寺二首 十月将趋行在

但过金山便一登，鸣钟出迓每劳僧。云涛石壁深龙窟，风雨楼台迥佛灯。难后诗怀全欲减，酒边孤兴尚堪凭。岩梯未用妨苔滑，曾踏天峰雪栈冰。

醉入江风酒易醒，片帆西去雨冥冥。天回江汉留孤柱，地缺东南着此亭。沙渚乱更新世态，峰峦不改旧时青。舟人指点龙王庙，欲话前朝不忍听。

舟夜

随处看山一叶舟，夜深霜月亦兼愁。翠华此际游何地？画角中宵起戍楼。甲马尚屯淮海北，旌旗初散楚江头。洪涛滚滚乘风势，容易开帆不易收。

舟中至日

岁寒犹叹滞江滨,渐喜阳回大地春。未有一丝添衮绣,谩提三尺净风尘。丹心倍觉年来苦,白发从教镜里新。若待完名始归隐,桃花笑杀武陵人。

阻风

冬江尽说风长北,偏我北来风便南。未必天公真有意,却逢人事偶相参。残农得暖堪登获,破屋多寒且曝檐。果使困穷能稍济,不妨经月阻江潭。

用韵答伍汝真

莫怪乡思日夜深,干戈衰病两相侵。孤肠自信终如铁,众口从教尽铄金。碧水丹山曾旧约,青天白日是知心。茅茨岁晚饶风景,云满清溪雪满岑。

过鞋山戏题

曾驾双虬渡海东,青鞋失脚堕天风。经过已是千年后,踪迹依然一梦中。屈子漫劳伤世隘,杨朱空自泣途穷。正须坐我匡庐顶,濯足寒涛步晓空。

杨邃庵待隐园次韵五首

嘉园名待隐,专待主人归。此日真归隐,名园竟不违。岩花如共语,山石故相依。朝市都忘却,无劳更掩扉。

其二

大隐真廛市,名园陋给孤。留侯先谢病,范老竟归湖。种竹非医俗,移山不是愚。是日公方移山石。对时存燮理,经济自成谟。

其三

绿野春深地，山阴夜静时。冰霜缘径滑，云石向人危。平难心仍在，扶颠力未衰。江湖兵甲满，吟罢有余思。

其四

兹园闻已久，今度始来窥。市里烟霞静，壶中结构奇。胜游须继日，虚席亦多时。莫道东山僻，苍生或未知。

其五

芳园待公隐，屯世待公亭。花竹深台榭，风尘暗甲兵。一身良得计，四海未忘情。语及艰难际，停杯泪欲倾。

登小孤书壁

人言小孤殊阻绝，从来可望不可攀。上有颠崖势欲堕，下有剑石交巉顽。峡风闪壁船难进，洪涛怒撞蛟龙关。帆樯摧缩不敢越，往往退次依前山。崖傍沙岸日东徙，忽成巨浸通西湾。帝心似悯舟楫苦，神斧夜劈无痕斑。风雷倏翕见万怪，人谋不得容其间。我来锐意欲一往，小舟微服沿回澜。侧身肋息仰天窦，悬空绝栈蛛丝悭。风吹卯酒眼花落，冻滑丹梯足力孱。青鼍吹雨出仍没，白鸟避客来复还。峰头四顾尽落日，宛然风景如瀛寰。烟霞未觉三山远，尘土聊乘半日闲。奇观江海讵为险，世情平地犹多艰。呜呼！世情平地犹多艰，回瞻北极双泪潸！

登蟂矶次草泉心刘石门韵二首 二诗壬戌年作，误入此。

中流片石倚孤雄，下有冯夷百尺宫。滟滪西蟠浑失地，长江东去正无穷。徒闻吴女埋香玉，惟见沙鸥乱雪风。往事凄微何足问，永安宫阙草莱中。

江上孤臣一片心，几经漂没水痕深。极怜撑住即从古，正恐崩颓或自今。藓蚀秋螺残老翠，蠛鸣春雨落空音。好携双鹤矶头坐，明月中宵一朗吟。

望庐山

尽说庐山若个奇，当时图画亦堪疑。九江风浪非前日，五老烟云岂定期？眼惯不妨层壁险，足趼须着短筇随。香炉瀑布微如线，欲决天河泻上池。

除夕伍汝真用待隐园韵即席次答五首

一年今又去，独客尚无归。人世伤多难，亲庭叹久违。壮心都欲尽，衰病特相依。旅馆聊随俗，桃符换早扉。

其二

向忆青年日，追欢兴不孤。风尘淹岁月，漂泊向江湖。济世浑无术，违时竟笑愚。未须悲蹇难，列圣有遗谟。

其三

正逢兵乱地，况是岁穷时。天运终无息，人心本自危。忧疑纷并集，筋力顿成衰。千载商山隐，悠然获我思。

其四

世道从卮漏，人情只管窥。年华多涉历，变故益新奇。莫惮颠危地，曾逢全盛时。海翁机已息，应是白鸥知。

其五

星穷回历纪，贞极起元亨。日望天回驾，先沾雨洗兵。雪犹残岁恋，风已旧春情。莫更辞蓝尾，人生未几倾！

元日雾

元日昏昏雾塞空，出门咫尺误西东。人多失足投坑堑，我亦停车泣路穷。欲斩蚩尤开白日，还排阊阖拜重瞳。小臣谩有澄清志，安得扶摇万里风。

二日雨

昨朝阴雾埋元日，向晓寒云迸雨声。莫道人为无感召，从来天意亦分明。安危他日须周勃，痛苦当年笑贾生。坐对残灯愁彻夜，静听晨鼓报新晴。

三日风

一雾二雨三日风，田家卜岁疑凶丰。我心惟愿兵甲解，天意岂必斯民穷！虎旅归思怀旧土，銮舆消息望还宫。春盘浊酒聊自慰，无使戚戚干吾衷。

立春二首

才见春归春又来，春风如旧鬓毛衰。梅花未放天机泄，萱草先将地脉回。渐老光阴逢世难，经年怀抱欲谁开？孤云渺渺亲庭远，长日斑衣羡老莱。

天涯霜雪叹春迟，春到天涯思转悲。破屋多时空杼轴，东风无力起苍痍。周王车驾穷南服，汉将旌旗守北陲。莫讶春盘斮生菜，人间菜色正离北。

游庐山开先寺

僻性寻常惯受猜，看山又是百忙来。北风留客非无意，南寺逢僧即未回。白日高峰开雨雪，青天飞瀑泻云雷。缘溪踏得支筇地，修竹长松覆石台。

又次壁间杜牧韵

春山路僻问归樵，为指前峰石径遥。僧与白云还暝壑，月随沧海上寒潮。世情老去浑无懒，游兴年来独未消。回首孤航又陈迹，疏钟隔渚夜迢迢。

舟过铜陵野云县东小山有铁船因往观之果见其仿佛因题石上

青山滚滚如奔涛，铁船何处来停桡？人间刳木宁有此，疑是仙人之所操。仙人一去已千载，山头日日长风号。船头出土尚仿佛，后冈有石云船梢。我行过此费忖度，昔人用心无乃切？由来风波平地恶，纵有铁船还未牢。秦鞭驱之未能动，羿力何所施其篙。我欲乘之访蓬岛，雷师鼓舵虹为缲。弱流万里不胜芥，复恐驾此成徒劳。世路难行每如此，独立斜阳首重搔。

山僧

岩下萧然老病僧，曾求佛法礼南能。论诗自许窥三昧，入圣无梯出小乘。高阁松风飘夜磬，石床花雨落寒灯。更深月出山窗曙，漱齿焚香诵法楞。

江上望九华山二首

当年一上化城峰，十日高眠雷雨中。霁色晓开千嶂雪，涛声夜渡九江风。此时隔水看图画，几岁缘云住桂丛？却负洞仙蓬海约，玉函丹诀在崆峒。

穷探虽得尽幽奇，山势须从远望知。几朵芙蓉开碧落，九天屏幛列旌麾。高同华岳应天氐，名亚匡庐却稍卑。信是谪仙还具眼，九华题后竟难移。

观九华龙潭

飞流三百丈，頮洞秘灵湫。峡圻开雷斧，天虚下月钩。化形时试钵，吐气或成楼。吾欲鞭龙起，为霖遍九州。

庐山东林寺次韵

东林日暮更登山，峰顶高僧有兰若。云萝磴道石参差，水声深涧树高下。远公学佛却援儒，渊明嗜酒不入社。我亦爱山仍恋官，同是乾坤避人者。我歌白云听者寡，山自点头泉自泻。月明壑底忽惊雷，夜半天风吹屋瓦。

又次邵二泉韵

昨游开先殊草草，今日东林游始好。手持苍竹拨层云，直上青天招五老。万壑笙竽松籁哀，千峰掩映芙蓉开。坐俯西岩窥落日，风吹孤月江东来。莫向人间空白首，富贵何如一杯酒！种莲栽菊两荒凉，慧远陶潜骨同朽。乘风我欲还金庭，三洲弱水连沙汀。他年海上望庐顶，烟际浮萍一点青。

远公讲经台

远公说法有高台，一朵青莲云外开。台上久无狮子吼，野狐时复听经来。

太平宫白云

白云休道本无心，随我迢迢度远岑。拦路野风吹暂断，又穿深树候前林。

书九江行台壁

九华真实是奇观，更是庐山亦耐看。幽胜未穷三日兴，风尘已觉再来难。眼余五老晴光碧，衣染天池积翠寒。却怪寺僧能好事，直来城市索诗刊。

又次李佥事素韵

省灾行近郊，探幽指层麓。回飙振玄冈，颓阳薄西陆。菑田收积雨，禾稼泛平箓。取径历村墟，停车问耕牧。清溪厉月行，暝洞披云宿。淅米石涧溜，斧薪涧底木。田翁来聚观，中宵尚驰逐。将迎愧深情，疮痍惭抚掬。幽枕静无寐，风泉朗鸣玉。虽缪真诀传，颇苦尘缘熟。终当遁名山，练药洗凡骨。缄辞谢亲交，流光易超忽。

繁昌道中阻风二首

阻风夜泊柳边亭，懒梦还乡午未醒。卧稳从教波浪恶，地深长是水云冥。入林沽酒村童引，隔水放歌渔父听。颇觉看山缘独在，蓬窗刚对一峰青。

东风漠漠水沄沄，花柳沿村春事殷。泊久渔樵来作市，心闲麋鹿渐同群。自怜失脚趋尘土，长恐归期负海云。正忆山中诗酒伴，石门延望几斜曛。

江边阻风散步至灵山寺

归船不遇打头风，行脚何缘到此中？幽谷余寒春雪在，虚檐斜日暮江空。林间古塔无僧住，花外仙源有路通。随处看山随处乐，莫将踪迹叹萍蓬。

泊舟大同山溪间诸生闻之有挟册来寻者

扁舟经月住林隈，谢得黄莺日日来。兼有清泉堪洗耳，更多修竹好衔杯。诸生涉水携诗卷，童子和云扫石苔。独奈华峰隔烟雾，时劳策杖上崔嵬。

岩下桃花盛开携酒独酌

小小山园几树桃，安排春色候停桡。开樽旋扫花阴雪，展席平临松顶涛。地远不须防俗驾，溪晴还好着渔舠。云间石路稀人迹，深处容无避世豪。

白鹿洞独对亭

五老隔青冥，寻常不易见。我来骑白鹿，凌空陟飞巘。长风卷浮云，褰帷始窥面。一笑仍旧颜，愧我鬓先变。我来尔为主，乾坤亦邮传。海灯照孤月，静对有余眷。彭蠡浮一觞，宾主聊酬劝。悠悠万古心，默契可无辩！

丰城阻风 前岁遇难于此，得北风幸免。

北风休叹北船穷，此地曾经拜北风。勾践敢忘尝胆地？齐威长忆射钩功。桥边黄石机先授，海上陶朱意颇同。况是倚门衰白甚，岁寒茅屋万山中。

江上望九华不见

五旬三过九华山，一度阴寒一度雨。此来天色稍晴明，忽复昏霾起亭午。平生山水最多缘，独此相逢容有数。人言此山天所秘，山下居人不常睹。蓬莱涉海或可求，瑶水昆仑俱旧游。洞庭何止吞八九，五岳曾向囊中收。不信开云扫六合，手扶赤日照九州。驾风骑气览八极，视此琐屑真浮沤。

江施二生与医官陶野冒雨登山人多笑之戏作歌

江生施生颇好奇，偶逢陶野奇更痴。共言山外有佳寺，劝予往游争愿随。是时雷雨云雾塞，多传险滑难车骑。两生力陈道非远，野请登高觇路歧。三人冒雨陟冈背，即仆复起相牵携。同侪咻笑招之返，奋袂径往凌嵚崎。归来未暇顾沾湿，且说地近山径夷。青林宿霭渐开霁，碧巘绛气浮微曦。津津指謦在必往，兴剧不到旁人嗤。予亦对之成大笑，不觉老兴如童时。平生山水已成癖，历深探隐忘饥疲。年来世务颇羁缚，逢场遇境心未衰。野本求仙志方外，两生学士亦尔为。世人趋逐但声利，赴汤踏火甘倾危。解脱尘嚣事行乐，尔辈狂简翻见讥。归与归与吾与尔，阳明之麓终尔期。

游九华道中

微雨山路滑，山行入轻舟。桃花夹岸迷远近，回峦叠嶂盘深幽，奇峰应接劳回首，瞻之在前忽在后。不道舟行转屈曲，但怪青山亦奔走。薄午雨霁云亦开，青鞋布袜无尘埃。梅蹊柳径度村落，长松白石穿林隈。始攀风磴出木杪，更俯悬崖听瀑雷。乱山高顶藏平野，茅屋高低自成社。此中那得有人家，恐是当年避秦者。西岩日色渐欲下，且向前林秣吾马。山途迫隘不可居，吾将此地营兰若。

芙蓉阁

九华之山何崔嵬，芙蓉直傍青天栽。刚风倒海吹不动，大雪裂地冻还开。夜半峰头挂明月，宛如玉女临妆台。我拂沧海写图画，题诗还愧谪仙才。

重游无相寺次韵四首

游兴殊未尽，尘寰不可留。山青只依旧，白尽世间头。

其二

人迹不到地，茆茨亦数间。借问此何处，云是九华山。

其三

拔地千峰起，芙蓉插晓寒。当年看不足，今日复来看。

其四

瀑流悬绝壁，峰月上寒空。鸟鸣苍涧底，僧住白云中。

登莲花峰

莲花顶上老僧居，脚踏莲花不染泥。夜半花心吐明月，一颗悬空黍米珠。

重游无相寺次旧韵

旧识仙源路未差，也从谷口问桃花。屡攀绝栈经残雪，几度清溪踏月华。虎穴相邻多异境，鸟飞不到有僧家。频来休下仙翁榻，只借峰头一片霞。

登云峰望始尽九华之胜因复作歌

九华之峰九十九，此语相传俗人口。俗人眼浅见皮肤，焉测其中之所有？我登华顶拂云雾，极目奇峰那有数？巨壑中藏万玉林，大剑长枪攒武库。有如智者深韬藏，复如淑女避逌妒。暗然避世不求知，卑己尊人羞逞露。何人不道九华奇，奇中之奇人未知。我欲穷搜尽拈出，秘藏恐是天所私。旋解诗囊旋收拾，脱颖露出锥参差。从来题诗李白好，渠于此山亦潦草。曾见王维画辋川，安得渠来拂纤缟？

双峰遗柯生乔

尔家双峰下，不见双峰景。如锥处囊中，深藏未脱颖。盛德心愈卑，幽人迹多屏。悠然望双峰，可以发深省。

归途有僧自望华亭来迎且请诗

方自华峰下，何劳更望华。山僧援故事，要我到渠家。自谓游已至，那知望转佳。正如酣醉后，醒酒却须茶。

无相寺金沙泉次韵

黄金不布地，倾沙泻流泉。潭净长开镜，池分或铸莲。兴云为大雨，济世作丰年。纵有贪夫过，清风自洒然。

夜宿天池月下闻雷次早知山下大雨三首

昨夜月明峰顶宿，隐隐雷声在山麓。晓来却问山下人，风雨三更卷茆屋。

野人权作青山主，风景朝昏颇裁取。岩傍日脚半溪云，山下声声一村雨。

天池之水近无主，木魅山妖竞偷取；公然又盗山头云，去向人间作风雨。

文殊台夜观佛灯

老夫高卧文殊台，拄杖夜撞青天开；散落星辰满平野，山僧尽道佛灯来。

书汪进之太极岩二首

一窍谁将混沌开，千年样子道州来。须知太极元无极，始信心非明镜台。

始信心非明镜台，须知明镜亦尘埃。人人有个圆圈在，莫向蒲团坐死灰。

劝酒

平生忠赤有天知，便欲欺人肯自欺？毛发暗从愁里改，世情明向笑中危。春风脉脉回枯草，残雪依依恋旧枝。谩对芳樽辞酩酊，机关识破已多时。

重游化城寺二首

爱山日日望山晴，忽到山中眼自明。鸟道渐非前度险，龙潭更比旧时清。会心人远空遗洞，识面僧来不记名。莫谓中丞喜忘世，前途风浪苦难行。

山寺从来十九秋，旧僧零落老比丘。檐松尽长青冥干，瀑水犹悬翠壁流。人住层崖嫌洞浅，鸟鸣春涧觉山幽。年来别有闲寻意，不似当时孟浪游。

游九华

九华原亦是移文，错怪山头日日云。乘兴未甘回俗驾，初心终不负灵均。紫芝香暖春堪茹，青竹泉高晚更分。幽梦已分尘土累，清猿正好月中闻。

弘治壬戌尝游九华值时阴雾竟无所睹至是正德庚辰复往游之风日清朗尽得其胜喜而作歌

昔年十日九华住，云雾终旬竟不开。有如昏夜入宝藏，两目无睹成空回。每逢好事谈奇胜，即思策蹇还一来。频年驱逐事兵革，出入贼垒冲风埃。恐恐昼夜不遑息，岂复山水能徘徊？鄱湖一战偶天幸，远随归凯停江隈。是时军务颇多暇，况复我马方虺隤。旧游诸生亦群集，遂将童冠登崔嵬。先晨霏霭尚暝晦，却疑山意犹嫌猜。肩舆一入青阳境，忽然白日开西岭。长风拥慧扫浮阴，九十九峰如梦醒。群峦踊跃争献奇，儿孙俯伏摩具顶。今来始识九华面，恨无诗笔为传影。层楼叠阁写未工，千朵芙蓉抽玉井。怪哉造化亦安排，天下奇山此兼并。揽衣登高望八荒，双阙下见日月光。长江如带绕山麓，五湖七泽皆陂塘。蓬瀛海上浮拳石，举足可到虹可梁。仙人为我启阊阖，鸾轿鹤驾纷翱翔。从兹脱屣谢尘世，飘然拂袖凌苍苍。

岩头闲坐漫成

尽日岩头坐落花，不知何处是吾家。静听谷鸟迁乔木，闲看林蜂散午衙。翠壁泉声穿乱石，碧潭云影透晴沙。痴儿公事真难了，须信吾生自有涯。

将游九华移舟宿寺山二首

逢山未惬意，落日更移船。峡寺缘溪径，云林带石泉。钟声先度岭，月色已浮川。今夜岩房宿，寒灯不待悬。

其二

维舟谷口傍烟霏，共说前冈石径微。竹杖穿云寻寺去，藤筐采药带花归。诸生晚佩联芳杜，野老春霞缀衲衣。风咏不须沂水上，碧山明月更清辉。

登云峰二三子咏歌以从欣然成谣二首

淳气日凋薄，邹鲁亡真承。世儒倡臆说，愚瞽相因仍。晚途益沦溺，手援吾不能。弃之入烟霞，高历云峰层。开茅傍虎穴，结屋依岩僧。岂曰事高尚，庶免无予憎。好鸟求其侣，嘤嘤林间鸣。而我在空谷，焉得无良朋？飘飘二三子，春服来从行。咏歌见真性，逍遥无俗情。各勉希圣志，毋为尘所萦！

深林之鸟何间关，我本无心云自闲。大舜亦与木石处，醉翁惟在山林间。晴窗展卷有会意，绝壁题诗无厚颜。顾谓从行二三子，随游麋鹿俱忘还。

有僧坐岩中已三年诗以励吾党

莫怪岩僧木石居，吾侪真切几人如？经营日夜身心外，剽窃糠秕齿颊余。俗学未堪欺老衲，昔贤取善及陶渔。年来奔走成何事，此日斯人亦起予。

春日游齐山寺用杜牧之韵二首

即看花发又花飞，空向花前叹式微。自笑半生行脚过，何人未老乞身归？江头鼓角翻春浪，云外旌旗闪落晖。羡杀山中麋鹿伴，千金难买芰荷衣。

倦鸟投枝已乱飞，林间暝色渐霏微。春山日暮成孤坐，游子天涯正忆归。古洞湿云含宿雨，碧溪明月弄清晖。桃花不管人间事，只笑山人未拂衣。

重游开先寺戏题壁

中丞不解了公事，到处看山复寻寺。尚为妻孥守俸钱，至今未得休官去。三月开花两度来，寺僧倦客门未开。山灵似嫌俗士驾，溪风拦路吹人回。君不见富贵中人如中酒，折腰解酲须五斗。未妨适意山水间，浮名于我亦何有！

贾胡行

贾胡得明珠，藏珠剖其驱。珠藏未能有，此身已先无。轻己重外物，贾胡一何愚。请君勿笑贾胡愚，君今奔走声利途。钻求富贵未能得，役精劳形骨髓枯。竟日惶惶忧毁誉，终宵惕惕防艰虞。一日仅得五升米，半级仍甘九族诛。胥靡接踵略无悔，请君勿笑贾胡愚！

送邵文实方伯致仕

君不见埘下鸡，引类呼群啄且啼？稻粱已足脂渐肥，毛羽脱落充庖厨。又不见笼中鹤，敛翼垂头困牢落？笼开一旦入层云，万里翱翔从廖廓。人生山水须认真，胡为利禄缠其身？高车驷马尽桎梏，云台麟阁皆埃尘。鸱夷抱恨浮江水，何似乘舟逃海滨？舜水龙山予旧宅，让公且作烟霞伯。拂衣便拟逐公回，为予先扫峰头石。

纪梦 并序

正德庚辰八月廿八夕，卧小阁，忽梦晋忠臣郭景纯氏以诗示予，且极言王导之奸，谓世之人徒知王敦之逆，而不知王导实阴主之。其言甚长，不能尽录。觉而书其所示诗于壁，复为诗以纪其略。嗟乎！今距景纯若干年矣，非有实恶深冤郁结而未暴，宁有数千载之下尚怀愤不平若是者耶！

秋夜卧小阁，梦游沧海滨。海上神仙不可到，金银宫阙高嶙峋。中有仙人芙蓉巾，顾我宛若平生亲。欣然就语下烟雾，自言姓名郭景纯。携手历历诉衷曲，义愤感激难具陈。切齿尤深怨王导，深奸老猾长人。当年王敦觊神器，导实阴主相缘夤。不然三问三不答，胡忍使敦杀伯仁？寄书欲拔太真舌，不相为谋敢尔云。敦病已笃事已去，临哭嫁祸复卖敦。事成同享帝王贵，事败乃为顾命臣。几微隐约亦可见，世史掩覆多失真。袖出长篇再三读，觉来字字能书绅。开窗试抽《晋史》阅，中间事迹颇有因。因思景纯有道者，世移事往千余春。若非精诚果有激，岂得到今犹愤嗔。不成之语以箴戒，敦实气沮竟殒身。人生生死亦不易，谁能视死如轻尘？烛微先几炳易道，多能余事非所论。取义成仁忠晋室，龙逢龚胜心可伦。是非颠倒古多有，吁嗟景纯终见伸。御风骑气游八垠。彼敦之徒草木，粪土臭腐同沉沦！

我昔明易道，故知未来事。时人不我识，遂传耽一技。一思王导徒，神器良久觊。诸谢岂不力，伯仁见其底。所以敦者佣，罔顾天经与地义。不然百口未负托，何忍置之死！我于斯时知有分，日中斩柴市。我死何足悲，我生良有以！九天一人抚膺哭，晋室诸公亦可耻。举目山河徒叹非，携手登亭空洒泪。王导真奸雄，千载人未议。偶感君子谈中及，重与写真记。固知仓卒不成文，自今当与频谑戏。倘其为我一表扬，万世万世万万世。

右晋忠臣郭景纯自述诗，盖予梦中所得者，因表而出之。

无题

岩头有石人，为我下嶙峋。脚踏破履五十两，身披旧衲四十斤。任重致远香象力，餐霜坐雪金刚身。夜寒双虎与温足，雨后秃龙来伴宿。手握顽砖镜未光，舌底流泉梅未熟。夜来拾得遇寒山，翠竹黄花好共看。同来问我安心法，还解将心与汝安。

游落星寺

女娲炼石补天漏，璇玑昼夜无停走。自从堕却玉衡星，至今七政迷前后。浑仪昼夜徒揣摩，敬授人时亦何有。玉衡堕却此湖中，眼前谁是补天手。

游通天岩示邹陈二子

邹陈二子皆好游，一往通天十日留。候之来归久不至，我亦乘兴聊寻幽。岩扉日出云气浮，二子晞发登岩头。谷转始闻人语响，苍壁杳杳长林秋。嗒然坐我亦忘去，人生得休且复休。采芝共约阳明麓，白首无惭黄绮俦。

青原山次黄山谷韵

咨观历州郡，驱驰倦风埃。名山特乘暇，林壑盘萦回。云石缘欹径，夏木深层隈。仰穷岚霏际，始睹台殿开，衣传西竺旧，构遗唐宋材。风松溪溜急，湍响空山哀。妙香隐玄洞，僧屋悬穹崖。扳依俨龙象，陟降临纬阶。飞泉泻灵窦，曲槛连云榱。我来慨遗迹，胜事多湮埋。邈矣西方教，流传遍中垓。如何皇极化，反使吾人猜？剥阳幸未绝，生意存枯荄。伤心眼底事，莫负生前杯。烟霞有本性，山水乞归骸。崎岖羊肠坂，车轮几倾摧。萧散麋鹿伴，涧谷终追陪。恬愉返真澹，阒寂辞喧豗。至乐发天籁，丝竹谢淫哇。千古自同调，岂必时代偕！珍重二三子，兹游非偶来。且从山叟宿，勿受役夫催。东峰上烟月，夜景方徘徊。

睡起偶成

四十余年睡梦中，而今醒眼始朦胧。不知日已过亭午，起向高楼撞晓钟。

起向高楼撞晓钟，尚多昏睡正懵懵。纵令日暮醒犹得，不信人间耳尽聋。

立春

荒村乱后耕牛绝，城郭春来见土牛。家业苟存乡井恋，风尘先幸甲兵休。未能布德惭时令，聊复题诗写我忧。为报胡雏须远塞，暂时边将驻南州。

游庐山开先寺

清晨入谷到斜曛，遍历青霞蹑紫云。阊阖远从双剑辟，银河真自九天分。驱驰此日原非暇，梦想当年亦自勤。断拟罢官来驻此，不教林鹤更移文。

登小孤次陆良弼韵

看尽东南百二峰，小孤江上是真龙。攀龙我欲乘风去，高蹑层霄绝世踪。

月下吟三首

露冷天清月更辉，可看游子倍沾衣。催人岁月心空在，满眼兵戈事渐非。方朔本无金马意，班超惟愿玉门归。白头应倚庭前树，怪我还期秋又违。

江天月色自清秋，不管人间底许愁。谩拟翠华旋北极，正怜白发倚南楼。狼烽绝塞寒初入，鹤怨空山夜未休。莫重三公轻一日，虚名真觉是浮沤。

依依窗月夜还来，渺渺乡愁坐未回。素位也知非自得，白头无奈是亲衰。当年竹下曾裒仲，何日花前更老莱？恳疏乞骸今几上，中宵翘首望三台。

月夜二首

高台月色倍新晴，极浦浮沙远树平。客久欲迷乡国望，乱余愁听鼓鼙声。湖南水潦频移粟，碛北风烟且罢征。濡手未辞援溺苦，白头方切倚闾情。

举世困酣睡，而谁偶独醒？疾呼未能起，瞪目相怪惊。反谓醒者狂，群起环斗争。洙泗辍金铎，濂洛传微声。谁鸣荼毒鼓，闻者皆昏冥。嗟尔欲奚为？奔走皆营营？何当闻此鼓，开尔天聪明！

雪望四首

风雪楼台夜更寒，晓来霁色满山川。当歌莫放阳春调，几处人家未起烟。

初日湖上雪未融，野人村落闭重重。安居信是丰年兆，为语田夫莫惰农。

霁景朝来更好看，河山千里思漫漫。茅檐日色犹堪曝，应是边关地更寒。

法象冥濛失巨纤，连朝风雪费妆严。谁将尘世化珠玉？好与贫家聚米盐。

火秀宫次一峰韵三首

兹山堪遁迹，上应少微星。洞里乾坤别，壶中日月明。道心空自警，尘梦苦难醒。方峤由来此，虚无隔九溟。

其二

清溪曲曲转层林，始信桃源路未深。晚树烟霏山阁静。古松雷雨石坛阴。丹炉遗火飞残药，仙乐浮空寄绝音。莫道山人才一到，千年陈迹此重寻。

其三

落日下清江，怅望阁道晚。人言玉笥更奇绝，漳口停舟路非远。肩舆取径沿村落，心目先驰嫌足缓。山昏欲就云储眠，疏林月色与风泉。梦魂忽忽到真境，侵晓遁迹来洞天。洞天非人世，予亦非世人；当年曾此寄一迹，屈指忽复三千春。岩头坐石剥落尽，手种松柏枯龙鳞。三十六峰仅如旧，涧谷渐改溪流新。空中仙乐风吹断，化为鼓角惊风尘。风尘惨淡半天地，何当一扫还吾真？从行诸生骇吾说，问我恐是兹山神。君不见广成子，高卧崆峒长不死，到今一万八千年；阳明真人亦如此。

归怀

行年忽五十，顿觉毛发改。四十九年非，童心独犹在。世故渐改涉，遇坎稍无馁。每当快意事，退然思辱殆。倾否作圣功，物睹岂不快？奈何桑梓怀，衰白倚门待！

啾啾吟

知者不惑仁不忧，君胡戚戚眉双愁？信步行来皆坦道，凭天判下非人谋。用之则行舍即休，此身浩荡浮虚舟。丈夫落落掀天地，岂顾束缚如穷囚！千金之珠弹鸟雀，掘土何烦用镯镂？君不见东家老翁防虎患，虎夜入室衔其头？西家儿童不识虎，执竿驱虎如驱牛。痴人惩噎遂废食，愚者畏溺先自投。人生达命自洒落，忧谗避毁徒啾啾！

居越诗三十四首
正德辛巳年归越后作

归兴二首

百战归来白发新，青山从此作闲人。峰攒尚忆冲蛮阵，云起犹疑见虏尘。岛屿微茫沧海暮，桃花烂漫武陵春。而今始信还丹诀，却笑当年识未真。

其二

归去休来归去休，千貂不换一羊裘。青山待我长为主，白发从他自满头。种果移花新事业，茂林修竹旧风流。多情最爱沧州伴，日日相呼理钓舟。

次谦之韵

珍重江船冒暑行，一宵心话更分明。须从根本求生死，莫向支流辩浊清。久奈世儒横臆说，竞搜物理外人情。良知底用安排得，此物由来自浑成。

再游浮峰次韵

　　廿载风尘始一回，登高心在力全衰。偶怀胜事乘春到，况有良朋自远来。还指松萝寻旧隐，拨开云石翦蒿莱。后期此别知何地？莫厌花前劝酒杯。

夜宿浮峰次谦之韵

　　日日春山不厌寻，野情原自懒朝簪。几家茅屋山村静，夹岸桃花溪水深。石路草香随鹿去，洞门萝月听猿吟。禅堂坐久发清磬，却笑山僧亦有心。

再游延寿寺次旧韵

　　历历溪山记旧踪，寺僧遥住翠微重。扁舟曾泛桃花入，歧路心多草树封。谷口鸟声兼伐木，石门烟火出深松。年来百好俱衰薄，独有幽探兴尚浓。

碧霞池夜坐

　　一雨秋凉入夜新，池边孤月倍精神。潜鱼水底传心诀，栖鸟枝头说道真。莫谓天机非嗜欲，须知万物是吾身。无端礼乐纷纷议，谁与青天扫宿尘？

秋声

　　秋来万木发天声，点瑟回琴日夜清。绝调回随流水远，余音细入晚云轻。洗心真已空千古，倾耳谁能辩九成？徒使清风传律吕，人间瓦缶正雷鸣。

林汝桓以二诗寄次韵为别

　　断云微日半晴阴，何处高梧有凤鸣？星汉浮槎先入梦，海天波浪不须惊。鲁郊已自非常典,膰肉宁为脱冕行。试向沧浪歌一曲,未云不是《九韶》声。

尧舜人人学可齐,昔贤斯语岂无稽?君今一日真千里,我亦当年苦旧迷。万理由来吾具足,六经原只是阶梯。山中仅有闲风月,何日扁舟更越溪?

月夜二首 与诸生歌于天泉桥

万里中秋月正晴,四山云霭忽然生。须臾浊雾随风散,依旧青天此月明。肯信良知原不昧,从他外物岂能撄!老夫今夜狂歌发,化作钧天满太清。

处处中秋此月明,不知何处亦群英?须怜绝学经千载,莫负男儿过一生!影响尚疑朱仲晦,支离羞作郑康成。铿然舍瑟春风里,点也虽狂得我情。

秋夜

春园花木始菲菲,又是高秋落叶稀。天迥楼台含气象,月明星斗避光辉。闲来心地如空水,静后天机见隐微。深院寂寥群动息,独怜乌鹊绕枝飞。

夜坐

独坐秋庭月色新,乾坤何处更闲人?高歌度与清风去,幽意自随流水春。千圣本无心外诀,《六经》须拂镜中尘。却怜扰扰周公梦,未及惺惺陋巷贫。

心渔歌为钱翁希明别号题 钱翁,德洪父。三岁双瞽,好古博学,能诗文。

有渔者歌曰:"渔不以目惟以心,心不在鱼渔更深。北溟之鲸殊小小,一举六鳌未足歆。""敢问何如其为渔耶?"曰:"吾将以斯道为网,良知为纲，太和为饵，天地为舫。絜之无意，散之无方。是谓得无所得，而忘无可忘者矣。"

登香炉峰次萝石韵

曾从炉鼎蹑天风，下数天南百二峰。胜事纵为多病阻，幽怀还与故人同。旌旗影动星辰北，鼓角声回沧海东。世故茫茫浑未定，且乘溪月放归蓬。

观从吾登炉峰绝顶戏赠

道人不奈登山癖，日暮犹思绝栈云。岩底独行窝虎穴，峰头清啸乱猿群。清溪月出时寻寺，归棹城隅夜款门。可笑中郎无好兴，独留松院坐黄昏。

书扇赠从吾

君家只在海西隈，日日寒潮去复回。莫遣扁舟成久别，炉峰秋月望君来。

嘉靖甲申冬二十一日再登秦望自弘治戊午登后二十七年矣将下适董萝石与二三子来复坐久之暮归同宿云门僧舍

初冬风日佳，杖策登崔嵬。自予羁宦迹，久与山谷违。屈指廿七载，今兹复一来。沿溪寻往路，历历皆所怀。跻险还屡息，兴在知吾衰。薄午际峰顶，旷望未能回。良朋亦偶至，归路相徘徊。夕阳飞鸟静，群壑风泉哀。悠悠观化意，点也可与偕。

山中漫兴

清晨急雨度林扉，余滴烟梢尚湿衣。雨水霞明桃乱吐，沿溪风暖药初肥。物情到底能容懒，世事从前顿觉非。自拟春光还自领，好谁歌咏月中归。

挽潘南山

圣学宫墙亦久荒，如公精力可升堂。若为千古经纶手，只作终年著述忙。末俗浇漓风益下，平生辛苦意难忘。西风一夜山阳笛，吹尽南冈落木霜。

和董萝石菜花韵

油菜花开满地金，鹁鸠声里又春深。闾阎正苦饥民色，畎亩长怀老圃心。自有牡丹堪富贵，也从蜂蝶谩追寻。年年开落浑闲事，来赏何人共此襟？

天泉楼夜坐和萝石韵

莫厌西楼坐夜深，几人今夕此登临。白头未是形容老，赤子依然浑沌心。隔水鸣榔闻过棹，映窗残月见疏林。看君已得忘言意，不是当年只苦吟。

咏良知四首示诸生

个个人心有仲尼，自将闻见苦遮迷。而今指与真头面，只是良知更莫疑。

问君何事日憧憧，烦恼场中错用功。莫道圣门无口诀，良知两字是参同。

人人自有定盘针，万化根源总在心。却笑从前颠倒见，枝枝叶叶外头寻。

无声无臭独知时，此是乾坤万有基。抛却自家无尽藏，沿门持钵效贫儿。

示诸生三首

尔身各各自天真，不用求人更问人。但致良知成德业，谩从故纸费精神。乾坤是易原非画，心性何形得有尘。莫道先生学禅语，此言端的为君陈。

人人有路透长安，坦坦平平一直看。尽道圣贤须有秘，翻嫌易简却求难。只从孝弟为尧舜，莫把辞章学柳韩。不信自家原具足，请君随事反身观。

长安有路极分明，何事幽人旷不行。遂使蓁茅成间塞，仅教麋鹿自纵横。徒闻绝境劳悬想，指与迷途却浪惊。冒险甘投蛇虺窟，颠崖堕壑竟亡生。

答人问良知二首

良知即是独知时，此知之外更无知。谁人不有良知在，知得良知却是谁。

知得良知却是谁。自家痛痒自家知。若将痛痒从人问，痛痒何须更问为。

答人问道

饥来吃饭倦来眠，只此修行玄更玄。说与世人浑不信，却从身外觅神仙。

寄题玉芝庵 丙戌

尘途骏马劳千里，月树鹪鹩足一枝。身既了时心亦了，不须多羡碧霞池。

别诸生

绵绵圣学已千年，两字良知是口传。欲识浑沦无斧凿，须从规矩出方圆。不离日用常行内，直造先天未画前。握手临歧更可语，殷勤莫愧别离筵。

后中秋望月歌

一年两度中秋节，两度中秋一样月。两度当筵望月人，几人犹在几人别。此后望月几中秋，此会中人知在否。当筵莫惜殷勤望，我已衰年半白头。

书扇示正宪

汝自冬春来，颇解学文义。吾心岂不喜，顾此枝叶事。如树不植根，暂荣终必瘁。植根可如何，愿汝且立志。

送萧子雍宪副之任

衰疾悟止足，闲居便静修。采芝深谷底，考槃南涧头。之子亦早见，枉帆经旧丘。幽寻意始结，公期已先遒。星途触来暑，拯焚能自由。黄鹄一高举，刚风翼难收。怀兹恋丘陇，回顾未忘忧。往志局千里，岂伊枋榆投。哲士营四海，细人聊自谋。圣作正思治，吾衰亮何酬！所望登才俊，济济扬鸿休。隐者嘉肥遁，仕者当谁俦？宁无寥寂念？宜急疮痍瘳。舍藏应有时，行矣毋淹留。

中秋

去年中秋阴复晴，今年中秋阴复阴。百年好景不多遇，况乃白发相侵寻。吾心自有光明月，千古团圆永无缺。山河大地拥清辉，赏心何必中秋节。

嘉靖丙戌十二月庚申始得子年已五十有五矣六月静齐二丈昔与先公同举于乡闻之而喜各以诗来贺蔼然世交之谊也次韵为谢二首

海鹤精神老益强，晚途诗价重圭璋。洗儿惠兆金钱贵，烂目光呈奎井祥。何物敢云绳祖武，他年只好共爷长。偶逢灯事开汤饼，庭树春风转岁阳。

自分秋禾后吐芒,敢云琢玉晚圭璋。漫凭先德余家庆,岂是生申降岳祥。携抱且堪娱老况,长成或可望书香。不辞岁岁临汤饼,还见吾家第几郎。

两广诗二十一首
嘉靖丁亥起,平思田之乱。

秋日饮月岩新构别王侍御
湖山久系念,块处限形迹。遥望一水间,十年靡由即。军旅起衰废,驱驰岂遑息!前旌道回冈,取捷上畸侧。新构郁层椒,石门转深寂。是时霜始降,风凄群卉拆。壑静响江声,窗虚函海色。夕阴下西岑,凉月穿东壁。观风此余情,抚景见高臆。匪从群公饯,何因得良觌?南徼方如毁,救焚敢辞亟!来归幸有期,终遂幽寻癖。

复过钓台
忆昔过钓台,驱驰正军旅。十午个始来,复以兵戈起。空山烟雾深,往迹如梦里。微雨林径滑,肺病双足胝。仰瞻台上云,俯濯台下水。人生何碌碌?高尚当如此。疮痍念同胞,至人匪为己。过门不遑入,忧劳岂得已!滔滔良自伤,果哉末难矣!

右正德己卯献俘行在,过钓台而弗及登。今兹复来,又以兵革之役,兼肺病足疮,徒顾瞻怅望而已。书此付桐庐尹沉元材刻置亭壁,聊以纪经行岁月云耳。嘉靖丁亥九月廿二日书,时从行进士钱德洪、王汝中、建德尹杨思臣及元材,凡四人。

方思道送西峰
西峰隐真境,微境临通衢。行役空屡屡,过眼被尘迷。青林外延望,中闷何由窥。方子岩廊器，兼已云霞姿。每逢泉石处，必刻棠陵诗。兹山秀常玉，之子囊中锥。群峰灏秋气，乔木含凉吹。此行非佳饯，谁为发幽奇。奈何眷清赏，局促牵至期。悠悠伤绝学，之子亦如斯。为君指周道，直往勿复疑！

西安雨中诸生出候因寄德洪汝中并示书院诸生

几度西安道，江声暮雨时。机关鸥鸟破，踪迹水云疑。仗钺非吾事，传经愧尔师。天真石泉秀，新有鹿门期。

德洪汝中方卜书院盛称天真之奇并寄及之

不踏天真路，依稀二十年。石门深竹径，苍峡泻云泉。泮壁环胥海，龟畴见宋田。文明原有象，卜筑岂无缘？

寄石潭二绝

仆兹行无所乐，乐与二公一会耳。得见闲斋，固已如见石潭矣。留不尽之兴于后期，岂谓乐不可极耶？闻尊恙已平复，必于不出见客，无乃太以界限自拘乎？奉次二绝，用发一笑，且以致不及请教之憾。

见说新居止隔山，肩舆晓出暮堪还。知公久已藩篱撤，何事深林尚闭关？

乘兴相寻涉万山，扁舟亦复及门还。莫将身病为心病，可是无关却有关。

长生

长生徒有慕，苦乏大药资。名山遍探历，悠悠鬓生丝。微躯一系念，去道日远而。中岁忽有觉，九还乃在兹。非炉亦非鼎，何坎复何离。本无终始究，宁有死生期？彼哉游方士，诡辞反增疑。纷然诸老翁，自传困多歧。乾坤由我在，安用他求为？千圣皆过影，良知乃吾师。

南浦道中

南浦重来梦里行，当年锋镝尚心惊。旌旗不动山河影，鼓角犹传草木声。已喜闾阎多复业，独怜饥馑未宽征。迂疏何有甘棠惠，惭愧香灯父老迎。

重登黄土脑

一上高原感慨重，千山落木正无穷。前途且与停西日，此地曾经拜北风。剑气晚横秋色净，兵声寒带暮江雄。水南多少流亡屋，尚诉征求杼轴空。

过新溪驿

犹记当年筑此城，广瑶湖寇正纵横。人今乐业皆安堵，我亦经过一驻兵。香火沿门惭老稚，壶浆远道及从行。峰山挈手疲劳甚，且放归农莫送迎。

梦中绝句

此予十五岁时梦中所作。今拜伏波祠下，宛如梦中。兹行殆有不偶然者，因识其事于此。

卷甲归来马伏波、早年兵法鬓毛皤；云埋铜柱雷轰折，六字题诗尚不磨。

谒伏波庙二首

四十年前梦里诗，此行天定岂人为！徂征敢倚风云阵，所过须同时雨师。尚喜远人知向望，却惭无术救疮痍。从来胜算归廊庙，耻说兵戈定四夷。

楼船金鼓宿乌蛮，鱼丽群舟夜上滩。月绕旌旗千嶂静，风传铃柝九溪寒。荒夷未必先声服，神武由来不杀难。想见虞廷新气象，两阶干羽五云端。

破断藤峡

绕看干羽格苗夷，忽见风雷起战旗。六月徂征非得已，一方流毒已多时。迁宾玉石分须早，聊庆云霓怨莫迟。嗟尔有司惩既往，好将恩信抚遗黎。

平八寨

见说韩公破此蛮，貔貅十万骑连山；而今止用三千卒，遂尔收功一月间。岂是人谋能妙算？偶逢天助及师还。穷搜极讨非长计，须有恩威化梗顽。

南宁二首

一驻南宁五月余，始因送远过僧庐。浮屠绝壁经残燹，井灶沿村见废墟。抚恤尚惭凋弊后，游观正及省耕初。近闻襁负归瑶僮，莫陋夷方不可居。

劳矣田人莫远迎，疮痍未定犬犹惊。燹余破屋须先缉，雨后荒畲莫废耕。归喜逃亡来负襁，贫怜襦绔缀旗旌。圣朝恩泽宽如海，瓯鲋盆鱼纵尔生。

往岁破桶冈宗舜祖世麟老宣慰实来督兵今兹思田之役乃随父致仕宣慰明辅来从事目击其父子孙三世皆以忠孝相承相尚也诗以嘉之

宣慰彭明辅，忠勤晚益敦。归师当五月，冒暑净蛮氛。九霄虽已老，报国意犹勤。五月冲炎暑，回军立战勋。爱尔彭宗舜，少年多战功。从亲心已孝，报国意尤忠。

题甘泉居

我闻甘泉居，近连菊坡麓。十年劳梦思，今来快心目。徘徊欲移家，山南尚堪屋。渴饮甘泉泉，饥食菊坡菊。行看罗浮云，此心聊复足。

书泉翁壁

　　我祖死国事,肇礼在增城。荒祠幸新复,适来奉初蒸。亦有兄弟好,念言思一寻。苍苍兼葭色,宛隔环瀛深。入门散图史,想见抱膝吟。贤郎敬父执,童仆意相亲。病躯不遑宿,留诗慰殷勤。落落千百载,人生几知音。道通著形迹,期无负初心。

卷二十一　外集三

书

答佟太守求雨 癸亥

　　昨杨、李二丞来，备传尊教，且询致雨之术，不胜惭悚。今早谌节推辱临，复申前请，尤为恳至，令人益增惶惧。天道幽远，岂凡庸所能测识？然执事忧勤为民之意真切如是，仆亦何可以无一言之复！

　　孔子云："丘之祷久矣。"盖君子之祷，不在于对越祈祝之际，而在于日用操存之先。执事之治吾越，几年于此矣。凡所以为民袪患除弊兴利而致福者，何莫而非先事之祷，而何俟于今日？然而暑旱尚存，而雨泽未应者，岂别有所以致此者欤？古者岁旱，则为之主者减膳撤乐，省狱薄赋，修祀典，问疾苦，引咎赈乏，为民遍请于山川社稷，故有叩天求雨之祭，有省咎自责之文，有归诚请改之祷。盖《史记》所载汤以六事自责，《礼》谓"大雩，帝用盛乐"，《春秋》书"秋九月，大雩"，皆此类也。仆之所闻于古如是，未闻有所谓书符咒水而可以得雨者也。唯后世方术之士或时有之。然彼皆有高洁不污之操，特立坚忍之心。虽其所为不必合于中道，而亦有以异于寻常，是以或能致此。然皆出小说而不见于经传，君子犹以为附会之谈，又况如今之方士之流，曾不少殊于市井嚚顽，而欲望之以挥斥雷电，呼吸风雨之事，岂不难哉！仆谓执事且宜出斋于厅事，罢不急之务，开省过之门，洗简冤滞，禁抑奢繁，淬诚涤虑，痛自悔责，以为八邑之民请于山川社稷。而彼方士之祈请者，听民间从便得自为之，但弗之禁而不专倚以为重轻。

夫以执事平日之所操存，苟诚无愧于神明，而又临事省惕，躬帅僚属，致恳乞诚，虽天道亢旱，亦自有数；使人事良修，旬日之内，自宜有应。仆虽不肖，无以自别于凡民，以诚使可有致雨之术，亦安忍坐视民患而恬不知顾，乃劳执事之仆，仆岂无人之心者耶？一二日内，仆亦将祷于南镇，以助执事之诚。执事其但为民悉心以请，毋惑于邪说，毋急于近名，天道虽远，至诚而不动者，未之有也！

答毛宪副 戊辰

昨承遣人喻以祸福利害，且令勉赴太府请谢，此非道谊深情，决不至此，感激之至，言无所容！但差人至龙场陵侮，此自差人挟势擅威，非太府使之也。龙场诸夷与之争斗，此自诸夷愤恨不平，亦非某使之也。然则太府固未尝辱某，某亦未尝傲太府，何所得罪而遽请谢乎？跪拜之礼，亦小官常分，不足以为辱，然亦不当无故而行之。不当行而行，与当行而不行，其为取辱一也。废逐小臣，所守以待死者，忠信礼义而已，又弃此而不守，祸莫大焉！凡祸福利害之说，某亦尝讲之。君子以忠信为利，礼义为福。苟忠信礼义之不存，虽禄之万钟，爵以侯王之贵，君子犹谓之祸与害。如其忠信礼义之所在，虽剖心碎首，君子利而行之，自以为福也，况于流离窜逐之微乎？某之居此，盖瘴疠蛊毒之与处，魑魅魍魉之与游，日有三死焉。然而居之泰然，未尝以动其中者，诚知生死之有命，不以一朝之患而忘其终身之忧也。太府苟欲加害，而在我诚有以取之，则不可谓无憾。使吾无有以取之而横罹焉，则亦瘴疠而已尔，蛊毒而已尔，魑魅魍魉而已尔，吾岂以是而动吾心哉？执事之喻，虽有所不敢承，然因是而益知所以自励，不敢苟有所隳堕，则某也受教多矣，敢不顿首以谢！

与安宣慰 戊辰

某得罪朝廷而来，惟窜伏阴崖幽谷之中以御魑魅，则其所宜。故虽夙闻使君之高谊，经旬月而不敢见，若甚简伉者。然省愆内讼，痛自削责，不敢比数于冠裳，则亦逐臣之礼也。使君不以为过，使廪人馈粟，庖人馈肉，园人代薪水之劳，亦宁不贵使君之义而谅其为情乎！自惟罪人，何可以辱守土之大夫，惧不敢当，辄以礼辞。使君复不以为罪，昨者又重之以金帛，副之以鞍马，礼益隆，情益至，某益用震悚。是重使君之辱而甚逐臣之罪也，愈有所不敢当矣。使者坚不可却，求其说而不得。无已其周之乎？周之亦可受也。敬受米二石，柴炭鸡鹅悉受如来数。其诸金帛鞍马，使君所以交于卿士大夫者，施之逐臣，殊骇观听，敢固以辞。伏惟使君处人以礼，恕物以情，不至再辱，则可矣。

二 戊辰

减驿事，非罪人所敢与闻，承使君厚爱，因使者至，闲问及之，不谓其遂达诸左右也。悚息悚息！然已承见询，则又不可默。

凡朝廷制度，定自祖宗，后世守之，不可以擅改，在朝廷且谓之变乱，况诸侯乎？纵朝廷不见罪，有司者将执法以绳之，使君必且无益，纵幸免于一时，或五六年，或八九年，虽远至二三十年矣，当事者犹得持典章而议其后。若是，则使君何利焉？使君之行先，自汉、唐以来千几百年，土地人民，未之或改，所以长久若此者，以能世守天子礼法，竭忠尽力，不敢分寸有所违。是故天子亦不得逾礼法，无故而加诸忠良之臣。不然，使君之土地人民富且盛矣，朝廷悉取而郡县之，其谁以为不可？夫驿可减也，亦可增也；驿可改也，宣慰司亦可革也。由此言之，殆甚有害，使君其未之思耶？

所云奏功升职事，意亦如此。夫划除寇盗，以抚绥平良，亦守土之常职，今缕举以要赏，则朝廷平日之恩宠禄位，顾将欲以何为？使君为参政，亦已非设官之旧，今又干进不已，是无抵极也，众必不堪。夫宣慰，守土之官，故得以世有其土地人民。若参政，则流官矣，东西南北，惟天子所使。朝廷下方尺之檄，委使君以一职，或闽或蜀，其敢弗行乎？则方命之诛，不旋踵而至，捧檄从事，千百年之土地人民，非复使君有矣。由此言之，虽今日之参政，使君将恐辞去之不速，其又可再乎？凡此以利害言，揆之于义，反之于心，使君必自有不安者。夫拂心违义而行，众所不与，鬼神所不嘉也。

承问及，不敢不以正对，幸亮察！

三 戊辰

阿贾、阿札等畔宋氏，为地方患，传者谓使君使之。此虽或出于妒妇之口，然阿贾等自言使君尝锡之以毡刀，遗之以弓弩。虽无其心，不幸乃有其迹矣。始三堂两司得是说，即欲闻之于朝，既而以使君平日忠实之故，未必有是，且信且疑，姑令使君讨贼。苟遂出军剿扑，则传闻皆妄，何可以滥及忠良。其或坐观逗遛，徐议可否，亦未为晚。故且隐忍其议，所以待使君者甚厚。既而文移三至，使君始出，众论纷纷，疑者将信。喧腾之际，适会左右来献阿麻之首，偏师出解洪边之围，群公又复徐徐。今又三月余矣。使君称疾归卧，诸军以次潜回，其间分屯寨堡者，不闻擒斩以宣国威，惟增剽掠以重民怨，众情愈益不平。而使君之民，罔所知识，方扬言于人，谓："宋氏之难，当使宋氏自平，安氏何与，而反为之役？我安氏连地千里，拥众四十八万，深坑绝坉，飞鸟不能越，猿猱不能攀。纵遂高坐，不为宋氏出一卒，人亦卒如我何？"斯言已稍稍传播，不知三堂两司已尝闻之否？使君诚久卧不出，安氏之祸必自斯言始矣。使君与宋氏同守土，而使君为之长。地方变乱，皆守土者之罪，使君能独委之宋氏乎？夫连地千里，孰与中土之一大郡？拥众四十八万，孰与中土之一都司？深坑绝坉，安氏有之，然如安氏者，环四面而居以百数也。今播州有杨爱，恺黎有杨友，酉阳、保靖有彭世麒等诸人，斯言苟闻于朝，朝廷下片纸于杨爱诸人，使各自为战，共分安氏之所有，盖朝令而夕无安氏矣。深坑绝埌，何所用其险。使君可无寒心乎？且安氏之职，四十八支更迭而为，今使君独传者三世，而群支莫敢争，以朝廷之命也，苟有可乘之衅，孰不欲起而代之乎？然则扬此言于外，以速安氏之祸者，殆渔人之计，萧墙之忧，未可测也。使君宜速出军，平定反侧，破众逸之口，息多端之议，弭方兴之变，绝难测之祸，补既往之愆，要将来之福。某非为人作说客者，使君幸熟思之！

答人问神仙 戊辰

询及神仙有无，兼请其事，三至而不答，非不欲答也，无可答耳。昨令弟来，必欲得之。仆诚生八岁而即好其说，今已余三十年矣，齿渐摇动，发已有一二茎变化成白，目光仅盈尺，声闻函丈之外，又常经月卧病不出，药量骤进，此殆其效也。而相知者犹妄谓之能得其道，足下又妄听之而以见询。不得已，姑为足下妄言之。

古有至人，淳德凝道，和于阴阳，调于四时，去世离俗，积精全神，游行天地之间，视听八远之外，若广成子之千五百岁而不衰，李伯阳历商、周之代，西度函谷，亦尝有之。若是而谓之曰无，疑于欺子矣。然则呼吸动静，与道为体，精骨完久，禀于受气之始，此殆天之所成，非人力可强也。若后世拔宅飞升，点化投夺之类，谲怪奇骇，是乃秘术曲技，尹文子所谓"幻"，释氏谓之"外道"者也。若是谓之曰有，亦疑于欺子矣，夫有无之间，非言语可况。存久而明，养深而自得之。未至而强喻，信亦未必能及也。盖吾儒亦自有神仙之道，颜子三十二而卒，至今未亡也。足下能信之乎？后世上阳子之流，盖方外技术之士，未可以为道。若达磨、慧能之徒，则庶几近之矣，然而未易言也。足下欲闻其说，须退处山林三十年，全耳目，一心志，胸中洒洒不挂一尘，而后可以言此，今去仙道尚远也。妄言不罪。

答徐成之 壬午

承以朱、陆同异见询，学术不明于世久矣，此正吾侪今日之所宜明辨者。细观来教，则舆庵之主象山既失，而吾兄之主晦庵，亦未为得也，是朱非陆，天下之论定久矣，久则难变也。虽微吾兄之争，舆庵亦岂能遽行其说乎？故仆以为二兄今日之论，正不必求胜。务求象山之所以非，晦庵之所以是，穷本极源，真有以见其几微得失于毫忽之间。若明者之听讼，其事之曲者，既有以辨其情之不得已，而辞之直者，复有以察其处之或未当。使受罪者得以伸其情，而获伸者亦有所不得辞其责，则有以尽夫事理之公，即夫人心之安，而可以俟圣人于百世矣。今二兄之论，乃若出于求胜者，求胜，则是动于气也，动于气，则于义理之正，何啻千里，而又何是非之论乎？凡论古人得失，决不可以意度而悬断之。今舆庵之论象山曰："虽其专以尊德性为主，未免堕于禅学之虚空，而其持守端实，终不失为圣人之徒。若晦庵之一于道问学，则支离决裂，非复圣门'诚意正心'之学矣"。吾兄之论晦庵曰："虽其专以道问学为主，未免失于俗学之支离，而其循序渐进，终不背于《大学》之训。若象山之一于尊德性，则虚无寂灭，非复《大学》'格物致知'之学矣"。夫既曰"尊德性"，则不可谓"堕于禅学之虚空"；"堕于禅学之虚空"，则不可谓之"尊德性"矣。既曰"道问学"，则不可谓"失于俗学之支离"；"失于俗学之支离"，则不可谓之"道问学"矣。二者之辩，间不容发。然则二兄之论，皆未免于意度也。昔者子思之论学，盖不下千百言，而括之以"尊德性而道问学"之一语。即如二兄之辩，一以"尊德性"为主，一以"道问学"为事，则是二者固皆未免于一偏，而是非之论，尚未有所定也，乌得各持一是而遽以相非为乎？故仆愿二兄置心于公平正大之地，无务求胜。夫论学而务以求胜，岂所谓"尊德性"乎？岂所谓"道问学"乎？以某所见，非独吾兄之非象山，舆庵之非晦庵，皆失之非，而吾兄之是晦庵，舆庵之是象山，亦皆未得其所以是也。稍暇当面悉，姑务养心息辩，毋遽。

二 壬午

昨所奉答,适有远客酬对,纷纭不暇细论。姑愿二兄息未定之争,各反究其所是者,必己所是已无丝发之憾,而后可以及人之非。早来承教,乃为仆漫为含胡两解之说,而细绎辞旨,若有以阴助舆庵而为之地者,读之不觉失笑。曾为吾兄而亦有是言耶?仆尝以为君子论事当先去其有我之私,一动于有我,则此心已陷于邪僻,虽所论尽合于理,既已亡其本矣。尝以是言于朋友之间,今吾兄乃云尔,敢不自反其殆陷于邪僻而弗觉也?求之反复,而昨者所论实未尝有是。则斯言也无乃吾兄之过欤?虽然,无是心而言之未尽于理,未得为无过也。仆敢自谓其言之已尽于理乎?请举二兄之所是者以求正。

舆庵是象山而谓其"专以尊德性为主",今观《象山文集》所载,未尝不教其徒读书穷理。而自谓"理会文字颇与人异"者,则其意实欲体之于身。其亟所称述以诲人者,曰"居处恭,执事敬,与人忠",曰"克己复礼",曰"万物皆备于我,反身而诚,乐莫大焉",曰"学问之道无他,求其放心而已",曰"先立乎其大者,而小者不能夺"。是数言者,孔子、孟轲之言也,乌在其为空虚者乎?独其"易简觉悟"之说,颇为当时所疑。然"易简"之说出于《系辞》,"觉悟"之说虽有同于释氏,然释氏之说亦自有同于吾儒,而不害其为异者,惟在于几微毫忽之间而已。亦何必讳于其同而遂不敢以言,狃于其异而遂不以察之乎?是舆庵之是象山,固犹未尽其所以是也。

吾兄是晦庵,而谓其"专以道问学为事"。然晦庵之言,曰"居敬穷理",曰"非存心无以致知",曰"君子之心,常存敬畏,虽不见闻,亦不敢忽,所以存天理之本然,而不使离于须臾之顷也"。是其为言虽未尽莹,亦何尝不以尊德性为事?而又乌在其为支离者乎?独其平日汲汲于训解,虽韩文、《楚辞》、《阴符》、《参同》之属,亦必与之注释考辩,而论者遂疑其玩物。又其心虑恐学者之躐等而或失之于妄作,使必先之以格致而无不明,然后有以实之于诚正而无所谬。世之学者,挂一漏万,求之愈繁，而失之愈远，至有敝力终身，苦其难而卒无所入，而遂议其支离。不知此乃后世学者之弊，而当时晦庵之自为，则亦岂至是乎？是吾兄之是晦庵，固犹未尽其所以是也。

夫二兄之所信而是者，既未尽其所以是，则其所疑而非者，亦岂必尽其所以非乎？然而二兄往复之辩，不能一反焉，此仆之所以疑其或出于求胜也。一有求胜之心，则已亡其学问之本，而又何以论学为哉？此仆之所以惟愿二兄之自反也，安有所谓"含胡两解而阴为舆庵之地"者哉！夫君子之论学，要在得之于心。众皆以为是，苟求之心而未会焉，未敢以为是也；众皆以为非，苟求之心而有契焉，未敢以为非也。心也者，吾所得于天之理也，无间于天人，无分于古今。苟尽吾心以求焉，则不中不远矣。学也者，求以尽吾心也。是故尊德性而道问学，尊者，尊此者也；道者，道此者也。不得于心而惟外信于人以为学，乌在其为学也已！仆尝以为晦庵之与象山，虽其所为学者若有不同，而要皆不失为圣人之徒。今晦庵之学，天下之人童而习之，既已入人之深，有不容于论辩者。而独惟象山之学，则以其尝兴晦庵之有言，而遂藩篱之。使若由、赐之殊科焉，则可矣，而遂摈放废斥，若砥砆之与美玉，则岂不过甚矣乎？夫晦庵折衷群儒之说，以发明《六经》、《语》、《孟》之旨于天下，其嘉惠后学之心，真有不可得而议者。而象山辩义利之分，立大本，求放心，以示后学笃实为己之道，其功亦宁可得而尽诬之！而世之儒者，附和雷同，不究其实，而概目之以禅学，则诚可冤也已！故仆尝欲冒天下之讥，以为象山一暴其说，虽以此得罪，无恨。仆于晦庵，亦有罔极之恩，岂欲操戈而入室者？顾晦庵之学，既已若日星之章明于天下；而象山独蒙无实之诬，于今且四百年，莫有为之一洗者。使晦庵有知，将亦不能一日安享于庙庑之间矣。此仆之至情，终亦必为吾兄一吐者，亦何肯漫为两解之说以阴助于舆庵？舆庵之说，仆犹恨其有未尽也。

夫学术者，今古圣贤之学术，天下之所公共，非吾三人者所私有也。天下之学术，当为天下公言之，而岂独为舆庵地哉！兄又举太极之辩，以为象山"于文义且有所未能通晓，而其强辩自信，曾何有于所养"。夫谓其文义之有未详，不害其为有未详也；谓其所养之未至，不害其为未至也。学未至于圣人，宁免太过不及之差乎！而论者遂欲以是而盖之，则吾恐晦庵禅学之讥，亦未免有激于不平也。夫一则不审于文义，一则有激于不平，是皆所养之未至。昔孔子，大圣也，而犹曰："假我数年以学《易》，可以无大过。"仲虺之赞成汤，亦惟曰"改过，不吝"而已。所养之未至，亦何伤于二先生之为贤乎？此正晦庵、象山之气象，所以未及于颜子、明道者在此。吾侪正当仰其所以不可及，而默识其所未至者，以为涵养规切之方，不当置偏私于其间，而有所附会增损之也。夫君子之过也，如日月之食，人皆见之；更也，人皆仰之。而小人之过也必文。世之学者以晦庵大儒，不宜复有所谓过者，而必曲为隐饰增加，务诋象山于禅学，以求伸其说；且自以为有助于晦庵，而更相倡引，谓之扶持正论。不知晦庵乃君子之过，而吾反以小人之见而文之。晦庵有闻过则喜之美，而吾乃非徒顺之，又从而为之辞也。晦庵之心，以圣贤君子之学期后代，而世之儒者，事之以事小人之礼，是何诬象山之厚而待晦庵之薄耶？

仆今者之论，非独为象山惜，实为晦庵惜也。兄视仆平日于晦庵何如哉？而乃有是论，是亦可以谅其为心矣。惟望兄去世俗之见，宏虚受之诚，勿求其必同，而察其所以异；勿以无过为圣贤之高，而以改过为圣贤之学；勿以其有所未至者为圣贤之讳，而以其常怀不满者为圣贤之心。则兄与舆庵之论，将有不待辩说而释然以自解者。孟子云："君子亦仁而已，何必同？"惟吾兄审择而正之！

答储柴墟 壬申

盛价来，适人事纷纭，不及细询比来事；既还，却殊怏怏。承示《刘生墓志》，此实友义所关，文亦缜密。独叙乃父侧室事，颇伤忠厚，未刻石，删去之为佳。子于父过，谏而过激，不可以为几；称子之美，而发其父之阴私，不可以为训。宜更详之！

喻及交际之难，此殆谬于私意。君子与人，惟义所在，厚薄轻重，已无所私焉，此所以为简易之道。世人之心，杂于计较，毁誉得丧交于中，而眩其当然之则，是以处之愈周，计之愈悉，而行之愈难。夫大贤吾师，次贤吾友，此天理自然之则，岂以是为炎凉之嫌哉？吾兄以仆于今之公卿，若某之贤者，则称谓以"友生"，若某与某之贤不及于某者，则称谓以"侍生"，岂以矫时俗炎凉之弊？非也。夫彼可以为吾友，而吾可以友之，彼又吾友也，吾安得而弗友之？彼不可以为吾友，而吾不可以友之，彼又不吾友也，吾安得而友之？夫友也者，以道也，以德也。天下莫大于道，莫贵于德。道德之所在，齿与位不得而于焉，仆与某之谓矣。彼其无道与德，而徒有其贵与齿也，则亦贵齿之而已。然若此者，与之见亦寡矣，非以事相临，不往见也若此者，与凡交游之随俗以侍生而来者，亦随俗而侍生之。所谓"事之无害于义者，从俗可也"。千乘之君，求与之友而不可得，非在我有所不屑乎？嗟乎！友未易言也。今之所谓友，或以艺同，或以事合，徇名逐势，非吾所谓辅仁之友矣。仁者，心之德，人而不仁，不可以为人。辅仁，求以全心德也，如是而后友。今特以技艺文辞之工，地势声翼之重，而骛然欲以友乎贤者，贤者弗与也。吾兄技艺炎凉之说，贵贱少长之论，殆皆有未尽欤？孟子曰："友也者，不可以有挟。"孟献子之友五人，无献子之家者也，曾以贵贱乎？仲由少颜路三岁，回由之赠处，盖友也。回与曾点同时，参曰"昔者吾友"，曾以少长乎？将矫时俗之炎凉而自畔于礼，其间不能以寸矣。吾兄又以仆于后进之来，其质美而才者，多以先后辈相处；其庸下者，反待以客礼，疑仆别有一道。是道也，奚有于别？凡后进之来，其才者，皆有意于斯道者也，吾安得不以斯道处之？其庸下者，不过世俗泛然一接，吾亦世俗泛然待之，如乡人而已。昔伊川初与吕希哲为同舍友，待之友也，既而希哲师事伊川，待之弟子也。谓敬于同舍而慢于弟子，可乎？孔子待阳货以大夫，待回、赐以弟子，谓待回、赐不若阳货，可乎？师友道废久，后进之中，有聪明特达者，颇知求道，往往又为先辈待之不诚，不谅其心而务假以虚礼，以取悦于后进，干待士之誉，此正所谓病于夏畦者也，以是师友之道日益沦没，无由复明。仆常以为世有周、程诸君子，则吾固得而执弟子之役，乃大幸矣，其次有周、程之高弟焉，吾犹得而私淑也。不幸世又无是人，有志之士，怅怅其将焉求乎？然则何能无忧也？忧之而不以责之己，责之己而不以求辅于人，求辅于人而待之不以诚，终亦必无所成而已耳。凡仆于今之后进，非敢以师道自处也，将求其聪明特达者，与之讲明，因以自辅也。彼自以后进求正于我，虽不师事我，固有先后辈之道焉。伊川瞑目而坐，游、杨侍立不敢去，重道也。今世习于旷肆，惮于检饰，不复知有此事。幸而有一二后进略知求道为事，是有复明之机；又不诚心直道与之发明，而徒阉然媚世，苟且阿俗，仆诚痛之惜之！传曰："师严然后道尊，道尊然后民知敬学。"夫人必有所严惮，然后言之，而听之也审；施之，而承之也肃。凡若此者，皆求以明道，皆循理而行，非有容私于其间也。伊尹曰："天之生斯民也，使先知觉后知，使先觉觉后觉。予天民之先觉也，非予觉之而谁也？"是故大知觉于小知，小知觉于无知；大觉觉于小觉，小觉觉于无觉。夫已大知大觉矣，而后以觉于天下，不亦善乎？然而未能也，遂自以小知小觉而不敢以觉于人，则终亦莫之觉矣。仁者固如是乎？夫仁者，己欲立而立人，己欲达而达人。仆之意以为，己有分寸之知，即欲同此分寸之知于人；己有分寸之觉，即欲同此分寸之觉于人。人之小知小觉者益众，则其相与为知觉也益易且明，如是，而后大知大觉可期也。仆于今之后进，尚不敢以小知小觉自处。譬之冻馁之人，知耕桑之可以足衣食，而又偶闻艺禾树桑之法，将试为之，百遂以告其凡冻馁者，使之共为之也，亦何嫌于己之未尝树艺，而遂不可以告之乎？虽然，君子有诸己而后求诸人，仆盖未尝有诸己也，而可以求诸人乎？夫亦谓其有意于仆而来者耳。

承相问，辄缕缕至此。有未当者，不惜往复。

二 壬申

昨者草率奉报，意在求正，不觉芜冗。承长笺批答，推许过盛，殊增悚汗也。来喻责仆不以师道自处，恐亦未为诚心直道。顾仆何人，而敢以师道自处哉？前书所谓"以前后辈处之"者，亦谓仆有一日之长，而彼又有求道之心者耳。若其年齿相若而无意于求道者，自当如常待以客礼，安得例以前后辈处之？是亦妄人矣。又况不揆其来意之如何，而抗颜以师道自居，世宁有是理耶？夫师法者，非可以自处得也，彼以是求我，而我以是应之耳。嗟乎！今之时，孰有所谓师云乎哉！今之习技艺者则有师，习举业求声利者则有师，彼诚知技艺之可以得衣食，举业之可以得声利，而希美官爵也。自非诚知己之性分，有急于衣食官爵者，孰肯从而求师哉！夫技艺之不习，不过乏衣食；举业之不习，不过无官爵。己之性分有所蔽悖，是不得为人矣。人顾明彼而暗此也，可不大哀乎！往时仆与王寅之、刘景素同游太学，每季考，寅之恒居景素前列，然寅之自以为讲贯不及景素，一旦执弟子礼师之。仆每叹服，以为如寅之者，真可为豪杰之士。使寅之易此心以求道，亦何圣贤之不可及！然而寅之能于彼不能于此也。曾子病革而易箦，子路临绝而结缨，横渠撤虎皮而使其子弟从讲于二程，惟天下之大勇无我者能之。今天下波颓风靡，为日已久，何异于病革临绝之时，然又人是己见，莫肯相下求正。故居今之世，非有豪杰独立之士，的见性分之不容已，毅然以圣贤之道自任者，莫之从而求师也。

吾兄又疑后进之来，其资禀向意虽不足以承教，若其齿之相远者，恐亦不当概以客礼相待。仆前书所及，盖与有意于斯道者相属而言，亦谓其可以客，可以无客者耳。若其齿数邈绝，则名分具存，有不待言矣。孔子使阙党童子将命，曰："吾见其居于位也，见其与先生并行也，非求益者也，欲速成者也。"亦未尝无诲焉。虽然，此皆以不若己者言也。若其德器之夙成，识见之超诣者，虽生于吾后数十年，其大者吾师，次者吾友也，得以齿序论之哉？

人归遽剧，极潦草。便间批复可否。不一一。

答何子元 壬申

来书云："《礼·曾子问》：'诸侯见天子，入门不得终礼，废者几？孔子曰：四。又问：诸侯相见，揖，入门不得终礼，废者几？孔子曰：六，而日食存焉。曾子曰：当祭而日食，太庙火，其祭也如之何？孔子曰：接祭而已矣。如牲至，未杀，则废。'孟春于此有疑焉，天子崩，太庙火，后夫人之丧，雨沾服失容，此事之不可期，或适相值。若日食则可预推也，诸侯行礼，独不容以少避乎？祭又何必专于是日而匆匆于接祭哉？牲未杀，则祭废，当杀牲之时，而不知日食之候者，何也？执事幸以见教，千万千万！"

承喻《曾子问》"日食接祭"之说，前此盖未尝有疑及此者，足见为学精察，深用叹服。如某浅昧，何足以辨此！

古者天子有日官，诸侯有日御。日官居卿以底日，日御不失日以授百官之朝，岂有当祭之日而尚未知有日食者？夫子答曾子之问，窃意春秋之时，日官多失其职，固有日食而弗之知者矣。尧命羲和，敬授人时，何重也！仲康之时，去尧未远，羲和已失其职，迷于天象，至日食罔闻知，故有胤之征。降及商、周，其职益轻。平王东迁，政教号令不及于天下。自是而后，官之失职，又可知矣。《春秋》所书日食三十有六，今以《左传》考之，其以鼓用牲币于社，及其他变常失礼书者三之一，其以官失其职书者四之二，凡日食而不书朔日者，杜预皆以为官失之，故其必有考也。《经》："桓公十七年冬十月朔，日有食之。"《传》曰："不书日，官失之也。""僖公十五年夏五月，日有食之。"《传》曰："不书朔与日，官失之也。"则《传》固已言之矣。襄公之二十七年冬十二月乙卯朔，日有食之，而《传》曰："辰在申，司历过也，再失闰矣。"夫推候之缪，至于再失闰，则日食之不知，殆其细者矣。古之祭者，七日戒，三日斋，致其诚敬，以交于神明，谓之"当祭而日食"，则固已行礼矣。如是而中辍之，不可也。

接者，疾速之义。其仪节固已简慢，接祭则可两全而无害矣。况此以天子尝禘郊社而言，是乃国之大祀。若其他小祭则或自有可废者，在权其轻重而处之。若祭于太庙，而太庙火，则亦似有不得不废者。然此皆无明文，窃意其然，不识高明且以为何如也？

上晋溪司马 戊寅

郴、衡诸处群孽，漏殄尚多，盖缘进剿之时，彼省土兵不甚用命，而广兵防夹，又复稍迟，是以致此。其在目今，若无凶荒之灾，兵革之衅，料亦未敢动作，但恐一二年后，则有所不能保耳。今大征甫息，势既未可轻举，而地方新遭土兵之扰，复不堪重困。将纾目前之患，不过添立屯堡。若欲稍为经久之图，亦不过建立县治。然此二端，彼省镇巡已尝会奏举行，生虽复往，岂能别有区划？但度其事势，屯堡之设，虽可以张布声威，然使守瞭日久，未免怠弛散归。无事则虚具名数，冒费粮饷；有急则张皇贼势，复须调兵。此其势之所必至者。惟建县一事颇为得策。又闻所设县分，乃瓜分两省三县之地，彼此各吝土地人民，岂肯安然割己所有以资异省别郡？必有纷争异同之论，未能归一。则立县之举，势亦未易克就。既承责委，亦已遣人再往询访，苟有利弊稍可裨益者，当复举请。但因闽事孔棘，遥闻庙堂之议亦欲缪以见责，故且未敢辄往郴、桂。然敕书又未见到，则闽中亦不敢遽往，旦夕咨访，其事颇悉颠末，大概闽中之变，亦由积渐所致。其始作于延平，继发于邵武，又继发于建宁，发于汀、漳，发于沿海诸卫所。其间惊哄虽小大不一，然亦皆因倡于前者略无惩创，遂敢效尤而兴。今省城渠魁虽已授首，人心尚尔惊惶未定，郡武诸处，尤不可测。急之必致变，纵而不问，将来之祸，尤有不可胜言者。盖福建之军，纵恣骄骜已非一日，既无漕运之劳，又无征戍之役，饱食安坐，徭赋不及，居则胺民之膏血以供其粮，有事返藉民之子弟而为之斗。有司豢养若骄子，百姓疾畏如虎狼。稍不如意，呼吸群聚而起，焚掠居民，绑笞官吏，气焰所加，帖然惟其所欲而后已。

今其势既盈，如将溃之堤，岌乎汹汹，匪朝伊夕。虽有智者，难善其后，固非迂劣如守仁者所能办此也。又况积弱之躯，百病侵剥，近日复闻祖母病危，日夜痛苦，方寸已乱，岂复堪任？临期败事，罪戮益重，辄敢先以情诉，伏望曲加矜悯，改授能者，使生得全首领，归延残息于田野，非生一人之幸，实一省数百万生灵之幸也！情蹙辞隘，忘其突冒，死罪死罪！

二 己卯

赍奏人回，每辱颁教，接引开慰，勤倦恳恻，不一而足。仁人君子爱物之诚，与人之厚，虽在木石，亦当感动激发，而况于人乎？无能报谢，铭诸心腑而已。

生始恳疏乞归，诚以祖母掬育之恩，思一面为诀。后竟牵滞兵戈，不及一见，卒抱终天之痛。今老父衰疾，又复日亟，而地方已幸无事，且蒙朝廷曾有"贼平来说"之旨，若再拘缚，使不获一申其情，后虽万死，无以赎其痛恨矣！老先生亦何惜一举手投足之劳，而不以曲全之乎？今生已移疾舟次，若复候命不至，断亦逃归，死无所憾，老先生亦何惜一举手投足之劳，而必欲置之有罪之地乎？情隘辞迫，渎冒威严，临纸涕泣，不知所云，死罪死罪！

上彭幸庵 壬午

不孝延祸先子，自惟罪逆深重，久摈绝于大贤君子之门矣，然犹强息忍死，未即殒灭，又复有所控吁者。痛惟先子平生孝友刚直，言行一出其心之诚然，而无所饰于其外。与人不为边幅，而至于当大义，临大节，则毅然奋卓而不可回夺。忝从大夫之后。逮事先朝，亦既荐被知遇。中遭逆瑾之变，退伏田野。忠贞之志，抑而不申。近幸中兴之会，圣君贤相方与振废起旧，以发舒幽枉，而先子则长已矣，德蕴壅阏而未宣，终将泯溷于俗，岂不痛哉！伏惟执事才德勋烈动一世，忠贞之节，刚大之气，屹然独峙，百撼不摇，真足以廉顽而立懦。天子求旧图新，复起以相，海内仰望其风采，凡天下之韬伏堙滞，窒而求通，曲而求直者，莫不延颈跂足，望下风而奔诉。况先子素辱知与，不肖孤亦尝受教于门下，近者又蒙为之刷垢雪秽，谬承推引之恩，盖不一而足者，反自疏外，不一以其情为请？是委先子于沟壑，而重弃于大贤君子也。不孝之罪，不滋为甚欤？先子之没，有司以赠谥乞，非执事之悯之也，而为之一表白焉。其敢觊觎于万一乎？荒迷恳迫，不自知其僭罔渎冒，死罪死罪！

寄杨邃庵阁老 壬午

孤闻之，昔古之君子之葬其亲也，必求名世大贤君子之言，以图其不朽。然而大贤君子之生，不数数于世，固有世有其人而不获同其时者矣，又有同其时而限于势分无由自通于门墙之下者矣，则夫图不朽于斯人者，不亦难乎？痛惟先君，宅心制行，庶亦无愧于古人。虽已忝在公卿之后，而遭时未久，志未大行，道未大明，取嫉权奸，敛德而归，今则复长已矣。不孝孤将以是岁之冬举葬事，图所以为不朽者，惟墓石之志为重。伏惟明公道德文章，师表一世，言论政烈，仪刑百辟。求之昔人，盖欧阳文忠、范文正、韩魏公其人也，所谓名世之大贤君子，非明公其谁欤？不幸而生不同时也，则亦已矣。幸而犹及。在后进之末，虽明公固所不屑，挥之门墙之外，犹将冒昧强颜而入焉，况先君素辱知与，不肖孤又尝在属吏之末，受教受恩，怀知己之感，有道谊骨肉之爱。迩者又尝辱使临吊，宠之以文词，恻然悯念其遗孤，而不忍遽弃遗之者，是以忘其不孝之罪，犯僭逾之戮，而辄敢以志为请。伏惟明公休休容物，笃厚旧故，甄陶一世之士，而各欲成其名，收录小大之才，而惟恐没其善。则如先君之素受知爱者，其忍靳一言之惠，而使之泯然无闻于世耶？不腆先人之币，敢以陆司业之状先于将命者。惟明公特垂哀矜，生死受赐，世世子孙捐躯殒命，未足以为报也！不胜惶悚颠越之至！荒迷无次。

二 癸未

前日尝奉启，计已上达。自明公进秉机密，天下士夫，忻忻然动颜相庆，皆为太平可立致矣。门下鄙生，独切生忧，以为犹甚难也。亨屯倾否，当今之时，舍明公无可以望者，则明公虽欲逃避乎此，将亦有所不能。然而万斛之舵，操之非一手，则缓急折旋，岂能尽如己意？临事不得专操舟之权，而偾事乃与同覆舟之罪，此鄙生之所谓难也。夫不专其权而漫同其罪，则莫若预逃其任。然在明公，亦既不能逃矣。逃之不能，专又不得，则莫若求避其罪，然在明公，亦终不得避矣。天下之事，果遂卒无所为欤？夫惟身任天下之祸，然后能操天下之权；操天下之权，然后能济天下之患。当其权之未得也，其致之甚难；而其归之也，则操之甚易。万斛之舵，平时从而争操之者，以利存焉。一旦风涛颠沛，变起不测，众方皇惑震丧，救死不遑，而谁复与争操乎？于是起而专之，众将恃以无恐，而事因以济。苟亦从而委靡焉，固沦胥以溺矣。故曰"其归之也，则操之甚易"者，此也。古之君子，洞物情之向背而握其机，察阴阳之消长以乘其运，是以动必有成，而吉无不利，伊、旦之于商、周是矣。其在汉、唐，盖亦庶几乎。此者虽其学术有所不逮，然亦足以定国本而安社稷，则亦断非后世偷生苟免者之所能也。夫权者，天下之大利大害也。小人窃之，以成其恶，君子用之，以济其善。固君子之不可一日去，小人之不可一日有者也。欲济天下之难，而不操之以权，是犹倒持太阿而授人以柄，希不割矣。故君子之致权也有道，本之至诚以立其德，植之善类以多其辅；示之以无不容之量，以安其情；扩之以无所竞之心，以平其气；昭之以不可夺之节，以端其向；神之以不可测之机，以摄其奸；形之以必可赖之智，以收其望。坦然为之，下以上之；退然为之，后以先之。是以功盖天下而莫之嫉，善利万物而莫与争。此皆明公之能事，素所蓄而有者，惟在仓卒之际，身任天下之祸，决起而操之耳。夫身任天下之祸，岂君子之得已哉？既当其任，知天下之祸将终不能免也，则身任之而已。身任之，而后可以免于天下之祸。小人不知祸之不可以幸免，而百诡以求脱，遂致酿成大祸，而已亦卒不能免。故任祸者，惟忠诚忧国之君子能之，而小人不能也。某受知门下，不能效一得之愚以为报，献其芹曝，伏惟鉴其忱悃而悯其所不逮，幸甚！

三 丁亥

某素辱爱下，然久不敢奉状者，非敢自外于门墙，实以地位悬绝，不欲以寒暄无益之谈尘渎左右。盖避嫌之事，贤者不为，然自叹其非贤也。非才多病，待罪闲散，犹惧不堪，乃今复蒙显擢，此固明公不遗下体之盛，某亦宁不知感激！但量能度分，自计已审，贪冒苟得，异时偾事，将为明公知人之累。此所以闻命惊惶而不敢当耳。谨具奏辞免，祈以原职致仕。伏惟明公因材而笃于所不能，特赐曲成，俾得归延病喘于林下，则未死余年，皆明公之赐，其为感激，宁有穷已乎！恳切至情，不觉渎冒，伏冀宥恕。不具。

四 丁亥

窃惟大臣报国之忠，莫大于进贤去谗，故前者两奉起居，皆尝僭及此意；亦其自信山林之志已坚，而又素受知己之爱，不当复避嫌疑，故率意言之若此。乃者忽蒙两广之命，则是前日之言，适以为己地也，悚惧何以自容乎！某以迂疏之才，口耳讲说之学耳，簿书案牍，已非其能，而况军旅之重乎？往岁江西之役，实亦侥幸偶成。近年以来，忧病积集，尫羸日盛，惟养疴丘园，为乡里子弟考订句读，使知向方，庶于保身及物亦稍得效其心力，不致为天地间一蠹，此其自处，亦既审矣。圣天子方励精求治，而又有老先生主张国是于上，苟有袜线之长者，不于此时出而自效，则亦无其所矣。老先生往岁方秉铨轴时，有以边警荐用彭司马者，老先生不可，曰："彭始成功，今或少挫，非所以完之矣。"老先生之爱惜人才而欲成就之也如此，至今相传以为美谈，今独不能以此意而推之某乎？恳辞疏上，望赐曲成，使得苟延喘息。俟病痊之后，老先生不忍终废，必欲强使一出，则如留都之散部，或南北太常国子之任，量其力之可能者，使之自效，则图报当有日也。不胜恃爱恳渎，幸赐矜察！

寄席元山 癸未

某不孝，延祸先子，罪逆之深，自分无复比数于人。仁人君子尚未之知，悯念其旧，远使存录，重以多仪，号恸拜辱，岂胜哀感！岂胜哀感！伏惟执事长才伟志，上追古人，进德勇义，罕与俦匹。向见《鸣冤录》及承所寄《道山书院记》，盖信道之笃，任道之劲，海内同志，莫敢有望下风者矣，何幸何幸！不肖方在苦毒中，意所欲请者千万，荒迷割裂，莫得其端绪。使还遽，临疏昏塞，不尽所云。

答王霱庵中丞 甲申

往岁旌节临越，猥蒙枉顾。其时忧病懵懵，不及少申款曲。自后林居，懒僻成性，平生故旧，不敢通音问。企慕之怀虽日以积，竟未能一奉起居，其为倾渴，如何可言！使来，远辱问惠，登拜感作。舍亲宋孔瞻亦以书来，备道执事勤勤下问之盛。不肖奚以得此！

近世士夫之相与，类多虚文弥缝，而实意衰薄，外和中妒，徇私败公，是以风俗日恶，而世道愈降。执事忠信高明，克勤小物，长才伟识，翘然海内之望。而自视欿然，远念不遗，若古之君子，有而若无，以能问于不能者也。仆诚喜闻而乐道，自顾何德以承之？仆已无所可用于世，顾其心痛圣学之不明，是以人心陷溺至此，思守先圣之遗训，与海内之同志者讲求切劘之，庶亦少资于后学，不徒生于圣明之朝。然蔽惑既久，人是其非，其能虚心以相听者鲜矣。若执事之德盛礼恭而与人为善，此诚仆所愿效其愚者，然又邑里隔绝，无因握手一叙，其为倾渴，又如何可言耶？虽然，目击而道存，仆见执事之书，既已知执事之心，虽在千万里外，当有不言而信者。谨以新刻小书二册奉求教正。盖鄙心之所欲效者，亦略具于其中矣。便间幸示。

与陆清伯 甲申

惟乾之事,将申遂没,痛哉冤乎!不如是,无以明区区罪恶之重至于贻累朋友,不如是,无以彰诸君之笃于友道。痛哉冤乎!不有诸君在,则其身没之后,将莫知所在矣,况有为之衣衾棺殓者乎?是则犹可以见惟乾平日为善之报,于大不幸之中而尚有可幸者存也。呜呼痛哉!即欲为之一洗,自度事势未能遽脱,或必须进京,候到京日再与诸君商议而行之。苟遂归休,终须一举,庶可少泄此痛耳。其归丧一事,托王邦相为之经理。倘有不便,须仆到京图之未晚也。行李倥偬中,未暇悉欲所言,千万心照!

与黄诚甫 甲申

近得宗贤寄示《礼疏》,明甚。诚甫之议,当无不同矣。古之君子,恭敬撙节,退让以明礼,仆之所望于二兄者,则在此而不彼也。果若是,以为斯道之计,进于议礼矣。先妻不幸于前日奄逝,方在悲悼中。适陈子文往,草草存间阔。

二 甲申

别久,极渴一语,子莘来,备道诸公进修,亦殊慰。大抵吾人习染已久,须得朋友相夹持。离群索居,即未免隳惰。诸公既同在留都,当时时讲习为佳也。

三 乙酉

盛价来,领手札,知有贵恙,且喜渐平复矣。贱躯自六月暑病,然两目蒙蒙,两耳蓬蓬,几成废人,仅存微息。旬日前,元忠、宗贤过此,留数日北去。山庐卧病,期少谢人事,而应接亦多。今复归卧小阁,省愆自讼而已。闻有鼓枻之兴,果尔,良慰渴望。切磋砥砺之益,彼此诚不无也。

与黄勉之 乙酉

承欲刻王信伯遗言，中间极有独得之见，非余儒所及。惜其零落既久，后学莫有传之者。因勉之寄此，又知程门有此人也，幸甚幸甚！中间如论明道、伊川处，似未免尚有执著，然就其所到，已甚高明特远，不在游、杨诸公之下矣。中间可省略者，删去之为佳。凡刻古人文字，要在发明此学，惟简明切实之为贵。若支辞蔓说，徒乱人耳目者，不传可也。高明以为何如？

复童克刚 乙酉

春初枉顾时，承以八策见示，鄙意甚不为然。既而思之，皆学术不明之故，姑且与克刚讲学，未暇细论策之是非。旬日之后，学术渐明，克刚知见豁然，如白日之开云雾，遂翻然悔其初志，即欲焚弃八策，以为自此以后誓不复萌此等好高务外之念矣。当时同志诸友，无不叹服克刚，以为不惮改过而勇于从善若此，人人皆自以为莫及也。盛价远来，忽寻长笺巨册，谆谆恳恳，意求删改前策，将图复上，与临别丁宁意大相矛盾。岂间阔之久，切磋无力，遂尔迷误至此耶？《易》曰"君子思不出其位"，若克刚斯举，乃所谓"思出其位"矣。又曰："不易乎世，不成乎名，遁世无闷，忧则违之。"若克刚斯举，是易乎世而成乎名，非"遁世无闷，忧则违之"之谓矣。克刚向处山林，未尝知有朝廷事体。今日群司之中，缙绅士夫之列，其间高明剀切之论，经略康济之谟，何所不有？如八策中所陈，盖已不知几十百人几十百上矣，宁复有俟于克刚耶？克刚此举，虽亦仁人志士之心，然夜光之璧无因而投，人亦且按剑而怒，况此八策者，特克刚之敝帚耳，亦何保啬之深而必以投人为哉？若此策遂上，亦非独不见施行，且将有指摘非訾者，其为克刚之累不小小也。克刚亦何苦而汲汲于为是哉？八策之中，类皆老生常谈，惟第五策于地方利害颇有相关，然亦不过诉状之词，一有司听之足矣。而克刚乃以为致治垂统之一策，得无以身家之故，遂为利害所蔽，而未暇深思之耶？

明者一览，如见肺肝，但克刚不自知耳。昔者颜子在陋巷箪瓢，孔子贤之。夫陋巷单瓢，岂遂至于人不堪忧？其间盖亦必有患害屈抑，常情所不能当，如克刚今日之所遭际者矣。若其时遂以控之于时君世主，谆谆屑屑，求白于人，岂得复谓之贤乎？禹、稷昌言于朝，过门不入，以有大臣之责也，今克刚居颜子陋巷之地，而乃冒任禹、稷之忧，是宗祝而代庖人之割，希不伤手矣。

册末"授受"之说，似未端的，此则姑留于此，俟后日再讲。至于八策，断断不宜复留，遂会同志诸友，共付丙丁，为克刚焚此魔障。克刚自此但宜收敛精神，日以忠信进德为务，默而成之，不言而信，不见是而无闷可也。

与郑启范侍御丁亥

某愚不自量，痛此学之不讲，而窃有志于发明之。自以劣弱，思得天下之豪杰相与扶持砥砺，庶几其能有成，故每闻海内之高明特达，忠信而刚毅者，即欣慕爱乐，不啻骨肉之亲。以是于吾启范，虽未及一面之识，而心孚神契，已如白首之道交者，亦数年矣。每得封事读之，其间乃有齿及不肖者，则又为之赧颜汗背，促踖不安。古之君子，耻有其名而无其实。吾于启范，惟切磋之是望，乃不考其实，而过情以誉于朝，异时苟有不称，将使启范为失言矣，如之何而可！不肖志虽切于求学，而质本迂狂疏谬，招尤速谤，自其所宜。近者复闻二三君子以不肖之故，相与愤争力辩于铄金销骨之地，至于冲锋冒刃而弗顾，仆何以当此哉！二三君子之心，岂不如青天白日，谁得而瑕滓之者！顾仆自反，亦何敢自谓无愧！则不肖之躯，将不免为轻云薄雾于二三君子矣，如之何而可！病躯懒放日久，已成废人；尚可勉强者，惟宜山林之下读书讲学而已。两广之任，断非所堪，已具疏恳辞。必不得请，恐异日终为知己之忧也。言不能谢，惟自鞭策，以期无负相知，庶以为报耳。

答方叔贤 丁亥

久不奉状，非敢自外，实以忧疾频仍，平生故旧，类不敢通问。在吾兄诚不当以此例视，然广士之来游者相踵，山中启处，时时闻之。简札虚文，似有不必然者，吾兄当能亮之也。

圣主聪明不世出，诸公既蒙知遇若此，安可不一出图报！今日所急，惟在培养君德，端其志向。于此有立，政不足间，人不足谪，是谓"一正君而国定"。然此非有忠君报国之诚，其心断断休休者，亦只好议论粉饰于其外而已矣。仆积衰之余，病废日甚，岂复更堪兵甲驱驰之劳？况谗构未息，又可复出而冒为之乎？恳辞疏下，望与扶持，得具养疴林下。稍俟痊复，出而图报，非晚也。

二 丁亥

昨见邸报，知西樵、兀崖皆有举贤之疏，此诚士君子立朝之盛节，若干年无此事矣，深用叹服！但与名其间，却有一二未晓者，此恐鄙人浅陋，未能知人之故。然此乃天下治乱盛衰所系，君子小人进退存亡之机，不可以不慎也。此事譬之养蚕，但杂一烂蚕于其中，则一筐好蚕尽为所坏矣。凡荐贤于朝，与自己用人又自不同。自己用人，权度在我，故虽小人而有才者，亦可以器使。若以贤才荐之于朝，则评品一定，便如白黑，其间舍短录长之意，若非明言，谁复知之？小人之才，岂无可用？如砒硫芒硝，皆有攻毒破壅之功，但混于参苓耆术之间而进之，养生之人万一用之不精，鲜有不误者矣。仆非不乐二公有此盛举，正恐异日或为此举之累，故辄叨叨，当不以为罪也。

思、田事，贵乡往来人当能道其详。俗谚所谓生事事生，此类是矣。今其事体既已坏，尽欲以无事处之，要已不能，只求减省一分，则地方亦可减省一分劳攘耳。鄙见略具奏内，深知大拂喜事者之心，然欲杀数千无罪之人，以求成一己之功，仁者之所不忍也！赍奏人去，凡百望指示之，舟次草草，未尽鄙怀，千万鉴恕！

与黄宗贤丁亥

仆多病积衰，潮热痰嗽，日甚一日，皆吾兄所自知，岂复能堪戎马之役者？况谗构未息，而往年江西从义将士，至今查勘未已，往往废业倾家，身死牢狱，言之实为痛心，又何面目见之。今若不量可否，冒昧轻出，非独精力决不能支，极其事势，正如无舵之舟，乘飘风而泛海，终将何所止泊乎？在诸公亦不得不为多病之人一虑此也。恳辞疏下，望相扶持，终得养疴林下是幸。

席元山丧已还蜀否？前者奠辞想已转达。天不慭遗，此痛何极！数日间，唐生自黄岩归，知宅上安好。世恭书来，备道佳子弟悉知向方。可喜，间附知之。

二 丁亥

得书，知别后动定，且知世事之难为，人情之难测有若此者，徒增慨叹而已！朽才病废，百念俱息，忽承重寄，岂复能堪？若恳辞不获，自此将为知己之忧矣，奈何奈何！江西功次固不足道，但已八年余矣，尚尔查勘未息，致使效忠赴义之士，废产失业，身死道途。纵使江西之功尽出冒滥，独不可比于留都、湖、浙之赏乎？此事终须一白。但今日言之，又若有挟而要者。奈何奈何！

木翁旬日间亦且启行矣。此老慎默简重，当出流辈，但精力则向衰。若如兀崖之论，欲使之破长格以用财，不顾天下之毁誉荣辱，以力主国议，则恐势有所未能尽行耳。因论偶及，幸自知之。

东南小蠢，特疥癣之疾。群僚百司，各怀谗嫉党比之心，此则腹心之祸，大为可忧者。近见二三士夫之论，始知前此诸公之心尚未平贴，姑待衅耳。一二当事之老，亦未见有同寅协恭之诚，间闻有口从面谀者，退省其私，多若雠仇。病废之人，爱莫为助，窃为诸公危之，不知若何而可以善其后，此亦不可不早虑也。

兵部差官还，病笔草草附此。西樵、兀崖，皆不及别简，望同致意。

近闻诸公似有德色傲容者，果尔，将重失天下善类之心矣。相见间可隐言及之。

三 丁亥

近得邸报及亲友书，闻知石龙之于区区，乃无所不用其极若此。而西樵、兀崖诸公，爱厚勤拳，亦复有加无已，深用悚惧。嗟乎！今求朝廷之上，信其有事君之忠、忧世之切、当事之勇、用心之公若诸公者，复何人哉！若之何而不足悲也！诸公既为此一大事出世，则其事亦不得不然。但于不肖则似犹有溺爱过情者，异日恐终不免为诸公知人之累耳。悚惧悚惧！

思、田之事，本亦无大紧要，只为从前张皇太过，后来遂不可轻易收拾。所谓天下本无事，在人自扰之耳。其略已具奏词，今往一通，必得朝廷如奏中所请，则地方庶可以图久安。不然，反复未可知也。贱躯患咳，原自南、赣蒸暑中得来，今地益南，气类感触，咳发益甚，恐竟成痼疾，不复可药。地方之事，苟幸塞责，山林田野，则惟其宜矣，他尚何说哉？

西樵、兀崖家事，极为时辈所挤排，殊可骇叹！此亦皆由学术不明，近来士大夫，专以客气相尚，凡所毁誉，不惟其是，惟其多，且胜者是附是和，是以至此。近日来接见者，略已一讲，已觉豁然有省发处，自后等意思亦当渐消除。

京师近来事体如何？君子道长，则小人道消；疾病既除，则元气亦当自复。但欲除疾病而攻治太厉，则亦足以耗其元气。药石之施，亦不可不以渐也。木翁、邃老相与如何？能不孤海内之望否？亦在诸公相与调和。此如行舟，若把舵不定而东撑西曳，亦何以致远涉险？今日之事，正须同舟共济耳。赍本人去，凡百望指示。

四 戊子

两广大势，罢敝已极，非得诚于为国为民，强力有为者，为之数年，未可以责效也。思、田之患则幸已平靖，其间三五大巢，久为广西诸贼之根株渊薮者，亦已用计剿平。就今日久困积冤之民言之，亦可谓之太平无事矣。病躯咳患日增，平生极畏炎暑，今又深入炎毒之乡，遍身皆发肿毒，且夕动履，且有不能。若巡抚官再候旬月不至，亦只得且为归休之图，待罪于南、赣之间耳。圣天子在上，贤公卿在朝，真所谓明良相遇，千载一时。鄙人世受国恩，从大臣之末，固非果于忘世者，平生亦不喜为尚节求名之事，何忍遽言归乎？自度病势，非还故土就旧医，决将日甚一日，难复疗治，不得不然耳。

静庵、东罗、见山、西樵、兀崖诸公，闻京中方严书禁，故不敢奉启。诸公既当事，且须持之以镇定久远。今一旦名位俱极，固非诸公之得已，是乃圣天子崇德任贤，更化善治，非常之举，诸公当之，亦诚无愧。但贵不期骄，满不期溢。贤者充养有素，何俟人言？更须警惕朝夕，谦虚自居。其所以感恩报德者，不必务速效，求近功，要在诚心实意，为久远之图，庶不负圣天子今日之举，而亦不负诸公今日之出矣。仆于诸公，诚有道义骨肉之爱，故不觉及此，会间幸转致之。

五 戊子

前赍奏去，曾具白，区区心事，不审已能逐所愿否？自入广来，精神顿衰。虽因病患侵凌，水土不服，要亦中年以后之人，其势亦自然至此，以是怀归之念日切。诚恐坐废日月，上无益于国家，下无以发明此学，竟成虚度此生耳，奈何奈何！

春初思、田之议，悉蒙朝廷裁允，遂活数万生灵。近者八寨、断藤之役，实以一方涂炭既极，不得已而为救焚之举，乃不意遂获平靖。此非有诸公相与协赞，力主于内，何由而致是乎？书去，各致此感谢之私，相见时，更望一申其恳恳。

巡抚官久未见推，仆非厌外而希内者，实欲早还乡里耳。恐病势日深，归之不及，一生未了心事，石龙其能为我恝然乎？身在而后道可弘，皮之不存，毛将焉附？诸公不敢辄以此意奉告。至于西樵，当亦能谅于是矣，曷亦相与曲成之？地方处置数事附进，自度已不能了此。倘遂允行，亦所谓尽心焉耳已。舟次伏枕草草，不尽所怀。

答见山冢宰 丁亥

向赍本人去，曾奉短札，计已达左右矣。朽才病废，宁堪重托？恳辞之疏，必须朝廷怜准。与其他日蒙颠覆之戮，孰若今日以是获罪乎？东南小夷，何足以动烦朝廷若此！致有今日，皆由愤激所成。以主上圣明，德威所被，指日自将平定。但庙堂之上，至今未有同寅协恭之风，此则殊为可忧者耳。不知诸公竟何以感化而斡旋之？大抵谗邪不远，则贤士君子，断不能安其位以有为于时。自昔当事诸公，亦岂尽不知进贤而去不肖之为美？顾其平日本无忠君爱国之诚，不免阿时附俗，以苟目前之誉，卒之悦谀信谗，终于蔽贤病国而已矣。来官守催，力遣数四，始肯还。病笔草草，未尽倾企。

与霍兀崖宫端 丁亥

往岁曾辱《大礼议》见示，时方在哀疚，心善其说，而不敢奉复。既而元山亦有示，使者必求复书，草草作答。意以所论良是，而典礼已成，当事者未必能改，言之徒益纷争，不若姑相与讲明于下，俟信从者众，然后图之。其后议论既兴，身居有言不信之地，不敢公言于朝。然士夫之问及者，亦时时为之辩析，期在委曲调停，渐求挽复，卒亦不能有益也。后来赖诸公明目张胆已申其义。然如倒仓涤胃，积于宿痰，虽亦快然一去，而病势亦甚危矣。今日急务，惟在扶养元气，诸公必有回阳夺化之妙矣。仆衰病陋劣，何足以与于斯耶！数年来，频罹疾构，痰嗽潮热，日益尪羸，仅存喘息，无复人间意矣。乃者忽承两广之推，岂独任非其才，是盖责以其力之所必不能支，将以用之而实以毙之也。恳辞疏下，望相与扶持曲成，使得就医林下。幸而痊复，量力图报，尚有时也。

答潘直卿 丁亥

远承遗问，情意蔼切，兼复奖与过分，仆何以得此哉！仆何以当此哉！愧悚愧悚！病废日久，习成懒放，虽问水寻山渐亦倦兴，况兹军旅之役，岂其精力所复能堪？已具疏恳辞，必须得请，始可免于后悔。不然，将不免为知己之忧矣，奈何奈何！

宁藩之役，湖、浙及留都之有功者皆已升赏，独江西功次，今已六七年矣，尚尔查勘未息。今复欲使之荷戈从役，仆将何辞以出号令？亦何面目见之？赏罚，国之大典，今乃用之以快恩仇若此，仆一人不足惜，其如国事何！连年久分废弃，此等事不复挂之齿牙。今疼痛切身，不觉呻吟之发，不知毕竟何如而可耳。知子文道长尚未至，且不作书，见时望致意。

寄翟石门阁老 戊子

思、田之议，悉蒙裁允，遂活一方数万之生灵。近者八寨、断藤之役，实以生民涂炭既极，不得已而为之救焚之举，乃不意遂获平靖。此非有魏公力主于朝，则金城之议无因而定；非有裴公赞决于内，则淮、蔡之绩何由而成？今日之事，敢忘其所由来乎？赍奏人去，辄申感谢之诚，并附起居之敬。但惟六月徂征，冲冒瘴疫，将士危险，颇异他时。稍得沾濡，亦少慰其勤苦耳。处置地方数事附进，得蒙赞允，尤为万幸。舟中伏枕，莫既下怀，伏祈鉴亮！

寄何燕泉 戊子

某久卧山中，习成懒僻，平生故旧，音问皆疏。遥闻执事养高归郴，越东楚西，何因一话？烟水之涯，徒切瞻望而已！去岁复以兵革之役，扶病强出，殊乖始愿。正如野麋入市，投足摇首，皆成骇触。忽枉笺教，兼辱佳章，捧诵洒然。盖安石东出之高，靖节柴桑之兴，执事兼而有之矣，仰叹可知！地方事苟幸平靖，伏枕已逾月，旬日后亦且具疏乞还。果遂所图，虽不获握手林泉，然郴岭之下，稽山之麓，聊复同此悠悠之怀也。使来，值湖兵正还，兼有计处地方之奏，冗冗乃尔，久稽又未能细请，临纸惘然，伏冀照亮。不具。

卷二十二　外集四

序

罗履素诗集序 壬戌

　　履素先生诗一帙，为篇二百有奇，浙大参罗公某以授阳明子某而告之曰："是吾祖之作也。今诗文之传，皆其崇高显赫者也。吾祖隐于草野，其所存要无愧于古人，然世未有知之者，而所为诗文，又皆沦落止是，某将梓而传焉。惧人之以我为僭也，吾子以为奚若？"某曰："无伤也。孝子仁孙之于其父祖，虽其服玩嗜好之微，犹将谨守而弗忍废，况乎诗文，其精神心术之所寓，有足以发闻于后者哉！夫先祖有美而弗传，是弗仁也，夫孰得而议之！盖昔者夫子之取于诗也，非必其皆有闻于天下，彰彰然明著者而后取之。《沧浪之歌》采之孺子，《萍实》之谣得诸儿童，夫固若是其宽博也。然至于今，其传者不过数语而止，则亦岂必其多之贵哉？今诗文之传则诚富矣，使有删述者而去取之，其合于道也能几？履素之作，吾诚不足以知之，顾亦岂无一言之合于道乎？夫有一言之合于道，是于其世也亦有一言之训矣，又况其不止于是也，而又奚为其不可以传哉？吾观大参公之治吾浙，宽而不纵，仁而有勇，温文蕴藉，居然稠众之中，固疑其先必有以开之者。乃今观履素之作，而后知其所从来者之远也。世之君子，苟未知大参公之所自，吾请观于履素之作；苟未知履素之贤，吾请观于大参公之贤，无疑矣。然则是集也，固罗氏之文献系焉，其又可以无传乎哉？"大参公起拜曰："某固将以为罗氏之书也，请遂以吾子之言序之。"

大参公名鉴，字某，由进士累今官。有厚德长才，向用未艾。大参之父某，亦起家进士而以文学政事显。罗氏之文献，于此益为有证云。

两浙观风诗序 壬戌

《两浙观风诗》者，浙之士夫为佥宪陈公而作也。古者天子巡狩而至诸侯之国，则命太师陈诗，以观民风。其后巡狩废而陈诗亡。春秋之时，列国之君大夫相与盟会问遗，犹各赋诗以言己志而相祝颂。今观风之作，盖亦祝颂意也。王者之巡狩，不独陈诗观风而已。其始至方岳之下，则望秩于山川，朝见兹土之诸侯，同律历礼乐制度衣服纳价，以观民之好恶。就见百年者而问得失，赏有功，罚有罪。盖所以布王政而兴治功，其事亦大矣哉！汉之直指、循行，唐、宋之观察、廉访、采访之属，及今之按察，虽皆谓之观风，而其实代天子以行巡狩之事。故观风，王者事也。

陈公起家名进士，自秋官郎擢佥浙臬，执操纵予夺生死荣辱之柄，而代天子观风于一方，其亦荣且重哉！吁，亦难矣！公之始至吾浙，适岁之旱，民不聊生。饥者仰而待哺，悬者呼而望解；病者呻，郁者怨；不得其平者鸣；弱者、强者，蹶者、啮者，梗而孽者、狡而窃者，乘间投隙，沓至而环起。当是之时，而公无以处之，吾见其危且殆也。赖公之才，明知神武，不震不激，抚柔摩剔，以克有济。期月之间，而饥者饱，悬者解，呻者歌，怨者乐，不平者申；蹶者起，啮者驯，孽者顺，窃者靖；涤荡剖刷而率以无事。于是乎修废举坠，问民之疾苦而休息之，劳农劝学，以兴教化。然后上会稽，登天姥，入雁荡，陟金峨，览观江山之形胜，慨然太息！吊子胥之忠谊，礼严光之高节，希遐躅于隆庞，挹流风于仿佛，固亦大丈夫得志行道之一乐哉！然公之始，其忧民之忧也，亦既无所不至矣。公唯忧民之忧，是以民亦乐公之乐，而相与欢欣鼓舞以颂公德。然则今日观风之作，岂独见吾人之厚公，抑以见公之厚于吾人也。虽然，公之忧民之忧，其惠泽则既无日而可忘矣；民之乐公之乐，其爱慕亦既与日而俱深矣。以公之才器，天子其能久容于外乎？则公固有时而去也。然则其可乐者能几？而可忧者终谁任之？则夫今日观风之作，又不徒以颂公之厚于吾人，将遂因公而致望于继公者亦如公焉。则公虽去，而所以忧其民者，尚亦永有所托而因以不坠也。

山东乡试录序 甲子

　　山东，古齐、鲁、宋、卫之地，而吾夫子之乡也。尝读夫子《家语》，其门人高弟，大抵皆出于齐、鲁、宋、卫之叶，固愿一至其地，以观其山川之灵秀奇特，将必有如古人者生其间，而吾无从得之也。今年为弘治甲子，天下当复大比。山东巡按监察御史陆偁辈，以礼与币，来请守仁为考试官。故事，司考校者，惟务得人，初不限以职任。其后三四十年来，始皆一用学职，遂致应名取具，事归外帘，而糊名易书之意微。自顷言者颇以为不便，大臣上其议。天子曰："然，其如故事。"于是聘礼考校，尽如国初之旧，而守仁得以部属来典试事于兹土，虽非其人，宁不自庆其遭际！又况夫子之乡，固其平日所愿一至焉者，而乃得以尽观其所谓贤士者之文而考校之，岂非平生之大幸欤？虽然，亦窃有大惧焉。夫委重于考校，将以求才也。求才而心有不尽，是不忠也；心之尽矣，而真才之弗得，是弗明也。不忠之责，吾知尽吾心尔矣；不明之罪，吾终且奈何哉！盖昔者夫子之时，及门之士，尝三千矣，身通六艺者，七十余人；其尤卓然而显者，德行言语，则有颜、闵、予、赐之徒，政事文学，则有由、求、游、夏之属。今所取士，其始拔自提学副使陈某者，盖三千有奇，而得千有四百，既而试之，得七十有五人焉。呜呼！是三千有奇者，皆其夫子乡人之后进而获游于门墙者乎？是七十有五人者，其皆身通六艺者乎？夫今之山东，犹古之山东也，虽今之不逮于古，顾亦宁无一二人如昔贤者？而今之所取，苟不与焉，岂非司考校者不明之罪欤？虽然，某于诸士亦愿有言者。夫有其人而弗取，是诚司考校者不明之罪矣。司考校者，以是求之，以是取之，而诸士之中，苟无其人焉以应其求，以不负其所取，是亦诸士者之耻也。虽然，予岂敢谓果无其人哉？夫子尝曰："鲁无君子者，斯焉取斯！"颜渊曰："舜何？人也。予何？人也。有为者亦若是。"夫为夫子之乡人，苟未能如昔人焉，而不耻不若，又不知所以自勉，是自暴自弃也，其名曰不肖。夫不肖之与不明，其相去何远乎。然则司考校者之与诸士，亦均有责焉耳矣。嗟夫！司考校者之责，自今不能以无惧，而不可以有为矣。若夫诸士之责，其不能者犹可以自勉，而又惧其或以自画也。诸士无亦曰吾其勖哉，无使司考校者终不免于不明也。斯无愧于是举，无愧于夫子之乡人也矣。

是举也，某某同事于考校，而御史俱实司监临，某某司提调，某某司监试，某某某又相与翊赞防范于外，皆与有劳焉，不可以不书。自余百执事，则已具列于录矣。

气候图序 戊辰

天地一元之运为十二万九千六百年，分而为十二会；会分而为三十运；运分而为十二世；世分而为三十年；年分而为十二月；月分而为二气；气分而为三候；候分为五日；日分为十二时。积四千三百二十时三百六十日而为七十二候。会者，元之候也；世者，运之候也；月者，岁之候也；候者，月之候也。天地之运，日月之明，寒暑之代谢，气化人物之生息终始，尽于此矣。月，证于月者也；气，证于气者也；候，证于物者也。若孟春之月，其气为立春，为雨水，其候为东风解冻，为蛰虫始振，为鱼负冰，獭祭鱼之类，《月令》诸书可考也。气候之运行，虽出于天时，而实有关于人事。是以古之君臣，必谨修其政令以奉，若夫天道；致察乎气运，以警惕夫人为。故至治之世，天无疾风盲雨之愆，而地无昆虫草木之孽。孔子之作《春秋》也，大雨、震电、大雨雪则书，大水则书，无冰则书，无麦苗则书，多麋则书，螟蜮雨、螽螣生则书，六鹢退飞则书，陨霜不杀草、李梅实则书，春无水则书，鸜鹆来巢则书。凡以见气候之愆变失常，而世道之兴衰治乱，人事之汙隆得失，皆于是乎有证焉。所以示世之君臣者，恐惧修省之道也。

　　大总兵怀柔伯施公，命绘工为《七十二候图》，遣使以币走龙场，属守仁叙一言于其间。守仁谓使者曰："此公临政之本也，善端之发也，戒心之萌也。"使者曰："何以知之？"守仁曰："人之情，必有所不敢忽也，而后著于其念；必有所不敢忘也，而后存于其心。著于其念，存于其心，而后见之于颜色言论，志之于弓矢几杖盘盂剑席，绘之于图画，而日省之其心。是故思驰骋者，爱观夫射猎游田之物；甘逸乐者，喜亲夫博局燕饮之具。公之见于图绘者，不于彼而于此，吾是以知其为善端之发也；吾是以知其为戒心之萌也。其殆警惕夫人为，而谨修其政今也欤！其殆致察乎气运，而奉若夫天道也欤！夫警惕者，万善之本，而众美之基也。公克念于是，其可以为贤乎！由是因人事以达于天道，因一月之候以观夫世运会元，以探万物之幽赜，而穷天地之始终，皆于是乎始。吾是以喜闻而乐道之，为之叙而不辞也。"

送毛宪副致仕归桐江书院序 戊辰

　　正德己巳夏四月，贵州按察司副使毛公承上之命，得致其仕而归。先是，公尝卜桐江书院于子陵钓台之侧者几年矣，至是将归老焉，谓其志之始获遂也，甚喜。而同僚之良惜公之去，乃相与咨嗟不忍，集而饯之南门之外。酒既行，有起而言于公者曰："君子之道，出与处而已。其出也有所为，其处也有所乐。公始以名进士从政南部，理繁治剧，颀然已有公辅之望。及为方面于云贵之间者十余年，内厘其军民，外抚诸戎蛮夷，政务举而德威著。虽或以是召嫉取谤，而名称亦用是益显建立，暴于天下。斯不谓之有为乎？今兹之归，脱屣声利，垂竿读书，乐泉石之清幽，就烟霞而屏迹，宠辱无所与，而世累无所加。斯不谓之有所乐乎？公于出处之际，其亦无憾焉耳已！"公起拜谢。复有言者曰："虽然，公之出而仕也，太夫人老矣，先大夫忠襄公又遗未尽之志，欲仕则违其母，欲养则违其父，不得已权二者之轻重，出而自奋于功业。人徒见公之忧劳为国而忘其家，不知凡以成忠襄公之志，而未尝一日不在于太夫人之养也。今而归，告成于忠襄之庙，拜太夫人于膝下，旦夕承欢，伸色养之孝，公之愿遂矣。而其劳国勤民，拳拳不舍之念，又何能释然而忘之！则公虽欲一日遂归休之乐，盖亦有所未能也。"公复起拜谢。又有言者曰："虽然，君子之道，用之则行，舍之则藏。用之而不行者，往而不返者也；舍之而不藏者，溺而不止者也。公之用也，既有以行之，其舍之也，有弗能藏者乎？吾未见夫有其用而无其体者也。"公又起拜，遂行。

阳明山人闻其言而论之曰："始之言，道其事也，而未及于其心。次之言者，得公之心矣，而未尽于道。终之言者，尽于道矣，不可以有加矣。斯公之所允蹈者乎！"诸大夫皆曰："然。子盍书之以赠从者？"

恩寿双庆诗后序 戊辰

正德丙寅，丹徒沙隐王公寿七十，配孺人严六十有九。其年，天子以厥子侍御君贵，封公监察御史，配为孺人。在朝之彦，咸为歌诗，侈上之德，以祝公寿，美侍御君之贤。又明年，侍御君奉命巡按贵阳，以王事之靡盐，将厥父母之弗逭也，载是册以俱。每陟屺岵，望飞云，徘徊瞻恋，喟然而兴欢，黯然而长思，辄取是册而披之，而微讽之，而长歌咏叹之，以舒其怀，见其志。虽身在万里，固若称觞膝下，闻《诗》、《礼》而趋于庭也。大夫士之有事于贵阳者，自都宪王公而下，复相与歌而和之，联为巨帙，属守仁叙于其后。

夫孝子之于亲，固有不必捧觞戏彩以为寿，不必柔滑旨甘以为养，不必候起居奔走扶携以为劳者。非子之心谓不必如是也，子之心愿如是，而亲以为不必如是，必如彼而后吾之心始乐也。子必为是不为彼以拂其情，而曰："吾以为孝，其得为养志乎？孝莫大乎养志。"亲之愿于其子者曰："弘乃德，远乃犹。嘻嘻旦夕，孰与名垂简册，以显我于无尽？饮食口体，孰与泽被生民，以张我之能施？服劳奔走，孰与比迹夔、皋，以明我之能教？"非必亲之愿于其子者咸若是也，亲以是愿其子，而子弗能焉，弗可得而愿也。子能之，而亲弗以愿其子焉，弗可得而能也。以是愿其子者，贤父母也；以是承于其父母者，贤子也。二者恒百不一遇焉，其庸可冀乎？侍御君之在朝，则忠爱达于上；其巡按于兹也，则德威敷于下。凡其宣布恩惠，摩赤子，起其疾而乳哺之者，孰非公与孺人之慈？凡其慑大奸使不得肆，祛大弊使不复作，爬梳调服，抚诸夷而纳之夏，以免天子一方之顾虑者，孰非待御君之孝？而凡若此者，亦孰非侍御君之所以寿于公与孺人之寿哉！公孺人之贤，靳太史之《序》详矣。其所以修其身，教其家，诚可谓有是父有是子。是诗之作，不为虚与谀，故为序之云尔。

重刊文章轨范序 戊辰

宋谢枋得氏取古文之有资于场屋者，自汉迄宋，凡六十有九篇，标揭其篇章句字之法，名之曰《文章轨范》。盖古文之奥不止于是，是独为举业者设耳。世之学者传习已久，而贵阳之士独未之多见。侍御王君汝楫于按历之暇，手录其所记忆，求善本而校是之；谋诸方伯郭公辈，相与捐俸廪之资，锓之梓，将以嘉惠贵阳之士。曰："枋得为宋忠臣，固以举业进者，是吾微有训焉。"属守仁叙一言于简首。

夫自百家之言兴，而后有《六经》；自举业之习起，而后有所谓古文。古文之去《六经》远矣，由古文而举业，又加远焉。士君子有志圣贤之学，而专求之于举业，何啻千里！然中世以是取士，士虽有圣贤之学，尧舜其君之志，不以是进，终不大行于天下。盖士之始相见也，必以贽，故举业者，士君子求见于君之羔雉耳。羔雉之弗饰，是谓无礼。无礼，无所庸于交际矣。故夫求工于举业而不事于古，作弗可工也；弗工于举业而求于幸进，是伪饰羔雉以罔其君也。虽然，羔雉饰矣，而无恭敬之实焉，其如羔雉何哉！是故饰羔雉者，非以求媚于主，致吾诚焉耳；工举业者，非以要利于君，致吾诚焉耳。世徒见夫由科第而进者，类多徇私媒利，无事君之实，而遂归咎于举业。不知方其业举之时，惟欲钓声利，弋身家之腴，以苟一旦之得，而初未尝有其诚也。邹孟氏曰："恭敬者，币之未将者也。"伊川曰："自洒扫应对，可以至圣人。"夫知恭敬之实在于饰羔雉之前，则知尧舜其君之心，不在于习举业之后矣；知洒扫应对之可以进于圣人，则知举业之可以达于伊、傅、周、召矣。吾惧贵阳之士，谓二公之为是举，徒以资其希宠禄之筌蹄也，则二公之志荒矣，于是乎言。

五经臆说序 戊辰

得鱼而忘筌，醪尽而糟粕弃之。鱼醪之未得，而曰是筌与糟粕也，鱼与醪终不可得矣。《五经》，圣人之学具焉。然自其已闻者而言之，其于道也，亦筌与糟粕耳。窃尝怪夫世之儒者求鱼于筌，而谓糟粕之为醪也。夫谓糟粕之为醪，犹近也，糟粕之中而醪存。求鱼于筌，则筌与鱼远矣。

龙场居南夷万山中，书卷不可携，日坐石穴，默记旧所读书而录之意。有所得，辄为之训释。期有七月，而《五经》之旨略遍，名之曰《臆说》。盖不必尽合于先贤，聊写其胸臆之见，而因以娱情养性焉耳。则吾之为是，固又忘鱼而钓，寄兴于曲糵，而非诚旨于味者矣。呜呼！观吾之说而不得其心，以为是亦筌与糟粕也，从而求鱼与醪焉，则失之矣。

夫说凡四十六卷，《经》各十，而《礼》之说尚多缺，仅六卷云。

潘氏四封录序 辛未

歙潘氏之仕于朝者，户部主事君选、大理寺副君珍、户部员外君旦、南大理评事君鉴，凡四人。正德五年冬，珍、旦以上三载最，选、鉴以两宫徽号，旬月之间，皆得推恩，封其亲如其官焉。于是叙八制为录，侈上之赐以光其族裔。而来谓某曰："德下宠浮，若之何其可？请一言以永我潘氏。"某曰："一族而四显，来者相望也，其盛哉！夫一月之间而均被荣渥，则又何难也！盖吾闻之，大山之木千仞而四干垂，而四峰之巅，飞鸟之鸣声不相及也。春气至而四干之杪花叶若一，则其所出之根同，有不期致焉。潘氏之在婺，闻望自宋、元而来，其培本则厚。四子者，固亦潘氏之四干矣。是惟否塞闭晦，苟际明期而谐景会，其轩竦条达孰御！则夫宠命之沾，暨不约而同也，其又足异哉？虽然，木之生，风霆之鼓舞，炎暑之酷烈，阴寒冰雪之严沍剥落，俾坚其质而完其气，非独雨露之沾濡生成之也。夫恩宠爵禄，雨露也；号令宣播，风霆也；法度政事之苛密烦困，炎暑也；时之险厄患难颠沛，阴寒冰雪之严沍剥落也。何莫而非生成？四子盖亦略尝历之。其材中楹柱而任梁栋矣，吾愿潘氏之益培其根也。"四子拜而起曰："吾其益培之以忠孝乎！溉之以诚敬乎！植之以义而防之以礼乎！"某曰："然则潘氏之轩竦条达，其益无穷尔已矣。"

某不为应酬诗文余四年矣。寺副君之为暨阳也，予尝许之文，未及为而有南北之别。今兹复见于京师，而以是责偿焉，故不得而辞也。

送章达德归东雁序 辛未

章达德将归东雁，石龙山人为之请，于是甘泉子托以《考槃》，阳明子为之赋《衡门》。客有在坐者，哑然曰："异哉！二夫子之言，吾不能知之。夫闷尔形，无莹尔精也，其可矣。今兹将惟职业之弗遑，而顾雁荡之怀乎？彼章子者，雁荡之产矣，则又可以居而弗居，依依于京师者数年而未返，是二者交相慕乎其外也。夫苟游心恬淡，而栖神于流俗尘嚣之外，环堵之间，其无屏霞天柱乎？雁荡又奚必造而后至？不然，托踪泉石，而利禄羾其中，虽庐常云之顶，其得而居诸？"于是阳明子仰而喟，俯而默，卒无以应之也。志其言以遗章子曰："客见吾杜权焉，行矣。子毋忘客之言，亦无以客之言而忘甘泉子之托！"

寿汤云谷序 甲戌

弘治壬戌春，某西寻句曲，与丹阳汤云谷偕。当是时，云谷方为行人，留意神仙之学，为予谈呼吸屈伸之术，凝神化气之道，盖无所不至。及与之登三茅之巅，下探叶阳，休玉宸，感陶隐君之遗迹，慨叹秽浊，飘然有脱屣人间之志。予时皆未之许也，云谷意不然之，曰："子岂有见于吾乎？"予曰："然。子之眉间，惨然犹有怛世之色。是道也，迟之十年，庶几矣。"云谷曰："子见吾之貌，而吾信吾之心。"既别，云谷寻入为给事中，又迁为右给事。殚心职务，驱逐瘵劳，竟以直道抵权奸斥外。而予亦以言事得罪，奔走谪乡，不相见者十余年。

至是正德癸酉某月，予自吏部徙官南太仆。再过丹阳，而云谷已家居三年矣。访之，迎谓予曰："尚忆'眉间'之说乎？吾信吾之心，而不若子之见吾貌，何也？今果十年而始出于泥涂，是则信矣。然谓古之庶几也，则貌益衰，年益逝，去道益远。独是若未之尽然耳。"予曰："乃今则几矣。今吾又闻子之言，见子之貌矣，又见子之庐矣，又见子之乡人矣。"云谷曰："异哉！言貌既远矣，庐与乡人亦可以见我乎？"曰："古之有道之士，外槁而中泽，处隘而心广。累释而无所挠其精，机忘而无所忤于俗。是故其色愉愉，其居于于。其所遭若清风之披物，而莫知其所从往也。今子之步徐发改，而貌若益惫，然而其精藏矣；言下意恳，而气若益衰，然而其神守矣；室庐无所增益于旧，而志意扩然，其累释矣；乡之人相忘于贤愚贵贱，且以为慈母，且以为婴儿，其机忘矣。夫精藏则太和流，神守则天光发，累释则怡愉而静，机忘则心纯而一。四者道之证也。夫道无在而神无方，安常处顺，其至矣。而又何人问之脱屣乎？"云谷曰："有是哉！吾信吾之心，乃不若子之见吾庐与吾乡人也。"

于是云谷年七十矣。是月，值其悬弧，乡人方谋所以祝寿者，闻予至，皆来请言。予曰："嘻，子之乡先生既几于道，而尚以寿为贺乎？夫寿不足以为子之乡先生贺。子之乡而有有道之士若子之乡先生者，使尔乡人之子弟皆有所矜式视效，出而事君，则师其道以用世；入而家居，则师其道以善身，若射之有的，各中乃所向，则是先生之寿，乃于尔乡之人，复有足贺也已。"明年三月，予再官鸿胪，而乡之人复以书来请，遂追书之。

文山别集序 甲戌

《文山别集》者，宋丞相文山先生自述其勤王之所经历，后人因而采集之以成者也。其间所值，险阻艰难，颠沛万状，非先生之述，固无从而尽知者。先生忠节盖宇宙，皆于是而有据。后之人因词考迹，感先生之大义，油然兴起其忠君爱国之心，固有泫然泣下，裂眦扼腕，思丧元首之无地者。是集之有益于臣道，岂小小哉！

古之君子之忠于其君，求尽吾心焉以自慊而已，亦岂屑屑言之，以蕲知于世？然而仁人之心忠于其君，亦欲夫人之忠于其君也。忠于其君，则尽心焉已。欲夫人忠于其君，而思以吾之忠于其君者启其良心，固有人弗及知之者，非自言之，何由以及人乎？斯先生之所为自述，将以教世之忠也。当其时，仗节死义之士，无不备载，亦因是以有传，是又与人为善者也。是集也，在先生之自尽，若嫌于蕲世之知；以先生之教人，则吾惟恐其知之不尽也！在先生之自尽，若可以无传；以先生之与人为善，则吾惟恐其传之不远也！

先生之裔孙，今太仆少卿公宗岩，复刻是集而属某为之序。某之为庐陵也，公之族弟某尝以序谋，兹故不可得而辞。呜呼！当颠沛之心而不忘乎与人为善者，节之裕也；致自尽之心而欲人同归于善者，忠之推也；不以蕲知为嫌而行其教人之诚者，仁之笃也。象贤崇德以章其先世之美，之谓孝；明训述事以广其及人之教，之谓义。吾于是集之序，无愧辞耳矣！

金坛县志序 乙亥

麻城刘君天和之尹金坛也，三月而政成。考邑之故而创志焉，曰：

"于乎艰哉！吾欲观风气之所宜，民俗之所向，而无所证也，以诹于乡老，有遗听焉。吾欲观往昔之得失，民俗之急缓弛张，先后之无所稽也，以询于闾野，有遁情焉。吾欲观山川之条理，疆域之所际，道路井邑之往来聚散，制其经，适其变，而无所裁也，则以之辟荒秽，入林麓，有遗历焉。亦惟文献之未足也而尔已矣。呜呼！古君子之忠也，旧政以告于新尹，吾何以尽吾心哉？夫政，有时而或息焉；告，有时而或穷焉。书之册而世守之，斯其为告也，不亦远乎！"志成，使来请序。

吾观之，秩然其有伦也，错然其有章也。天也，物之祖也；地也，物之妣也。故先之以天文，而次之以地理。地必有所产，故次之以食货；物产而事兴，故次之以官政；政行而齐之以礼，则教立，故次之以学校；学以兴贤，故次之以选举；贤兴而后才可论也，故次之以人物；人物必有所居，故次之以宫室；居必有所事，事穷则变，变则通，故次之以杂志终焉。呜呼！此岂独以志其邑之故，君子可以观政矣。

夫经之天文，所以立其本也；纪之地理，所以顺其利也；参之食货，所以遂其养也；综之官政，所以均其施也；节之典礼，所以成其俗也；达之学校，所以新其德也；作之选举，所以用其才也；考之人物，所以辨其等也；修之宫室，所以安其居也；通之杂志，所以尽其变也。故本立而天道可睹矣，利顺而地道可因矣，养遂而民生可厚矣，施均而民政可平矣，俗成而民志可立矣，德新而民性可复矣，才用等辨而民治可久矣，居安尽变而民义不匮矣。修此十者以治，达之邦国天下可也，而况于邑乎？故曰君子可以观政矣。

送南元善人觐序 乙酉

渭南南侯之守越也，越之敝数十年矣。巨奸元憨，窟据根盘，良牧相寻，未之能去；政积事隳，俗因隳靡。至是乃斩然剪剔而一新之，凶恶贪残，禁不得行。而狡伪淫侈，游惰苟安之徒，亦皆拂戾失常，有所不便。相与斐斐缉缉，构谗腾诽，城狐社鼠之奸，又从而党比翕张之，谤遂大行。士夫之为元善危者沮之，曰："谤甚矣，盍已诸？"元善如不闻也，而持之弥坚，行之弥决。且曰："民亦非无是非之心，而蔽昧若是，固学之不讲而教之不明也。吾宁无责而独以咎归于民？"则日至学宫，进诸生而作之以圣贤之志，启之以身心之学。士亦蔽于习染，哄然疑怪以骇，曰："是迂阔之谈，将废吾事！"则又相与斐斐缉缉，訾毁而诋议之。士夫之为元善危者沮之，曰："民之谤若火之始炎，士又从而膏之，孰能以无烬乎？盍遂已诸？"元善如不闻也，而持之弥坚，行之弥决。则及缉稽山书院，萃其秀颖，而日与之谆谆焉，亹亹焉，越月逾时，诚感而意孚。三学泊各邑之士亦渐以动，日有所觉而月有所悟矣。于是争相奋曰："吾乃今知圣贤之必可为矣！非侯之至，吾其已夫！侯真吾师也！"于是民之谤者亦渐消沮。其始犹曰："侯之于我利害半；我之于侯恩爱半。"至是惠洽泽流而政益便，相与悔曰："吾始不知侯之爱我也，而反以为殃我也；吾始不知侯之拯我也，而反以为劳我也，我其无人之心乎！侯真吾之严父也，慈母也！"于是侯且入觐，百姓皇皇请留不得，相与谋之多士曰："吾去慈母，吾将安哺乎？吾去严父，吾将安恃乎？"士曰："吁嗟！维父与母，则生尔身；维侯我师，实生我心。吾宁可以一日而无吾师之临乎！"则相与假重于阳明子而乞留焉。阳明子曰："三年之觐，大典也。侯焉可留乎？虽然，此在尔士尔民之心。夫承志而无违，子之善养也；离师友而不背，弟子之善学也。不然，虽居膝下而侍几杖，犹为不善养而操戈入室者也。奚必以留侯为哉！"众皆默然良久，曰："公之言是也。"相顾逡巡而退。明日，复师生相率而来请曰："无以输吾之情，愿以公言致之于侯。庶侯之遄其来旋，而有以速诸生之化，慰吾民之延颈也。"

送闻人邦允序

闻人言邦允者，阳明子之表弟也，将之官闽之苍峡而请言。阳明子谓之曰："重矣，勿以进非科第而自轻；荣矣，勿以官卑而自慢。夫进非科第，则人之待之也易以轻，从而自轻者有矣；官卑，则人之待之也易以慢，从而自慢者有矣。夫科第以致身，而恃以为暴，是厉阶也；高位以行道，而遽以媒利，是盗资也，于吾何有哉？吾所谓重，吾有良贵焉耳，非矜与敖之谓也；吾所谓荣，吾职易举焉耳，非显与耀之谓也。夫以良贵为重，举职为荣，则夫人之轻与慢之也，亦于吾何有哉！行矣，吾何言。"

送别省吾林都宪序 戊子

嘉靖丁亥冬，守仁奉命视师思、田，省吾林君以广西右辖，实与有司。既思、田来格，谋所以缉绥之道，咸以为非得宽厚仁恕，德威素为诸夷所信服者，父临而母鞠之，殆未可以强力诡计劫制于一时，而能久于无变者也，则莫有逾于省吾者。遂以省吾之名上请，乞加宪职，委之重权，以留抚于兹土，盖一年二年而化洽心革，朝廷永可以无一方顾也乎！则又以为圣天子方侧席励精，求卓越之才，须更化善治，则如省吾之成德凤望，大臣且交章论荐，或者请未及上，而先已有隆委峻擢，恐未肯为区区两府之遗黎，淹岁月而借之以重也。疏去未逾月，而巡抚郧阳之命果下矣。当是时，八寨之瑶，积祸千里且数十年，方议进兵讨罪。省吾将率思、田报效之民以先之。报闻，众咸为省吾贺，且谓得免兵革驱驰之劳也。省吾曰："不然。当事而中辍之，仁者忍之乎？遇难而苟避之，义者为之乎？吾既身任其责，幸有改命，而亟去之，以为吾心，吾能如是哉？"遂弗停，驱而往。冒暑雨，犯瘴毒，乘危破险，竟成八寨之伐而出。

嗟乎！今世士夫，计逐功名甚于市井刀锥之较，稍有患害可相连及，辄设机阱，立党援，以巧脱幸免。一不遂其私，瞋目攘臂以相抵捍钩摘，公然为之，曾不以为耻，而人亦莫有非之者。盖士风之衰薄至于此而亦极矣！而省吾所存，独与时俗相反若是。古所谓托孤寄命，临大节而不可夺者，省吾有焉。

正德初，某以武选郎抵逆瑾，逮锦衣狱，而省吾亦以大理评触时讳在系，相与讲《易》于桎梏之间者弥月，盖昼夜不怠，忘其身之为拘囚也。至是别已余二十年，而始复会于此。省吾貌益充，气益粹，议论益平实。而其孜孜讲学之心，则固如昔加恳切焉。公事之余，相与订旧闻而考新得。予自近年偶有见于良知之学，遂具以告于省吾，而省吾闻之，沛然若决江河，可谓平生之一快，无负于二十年之别也矣！今夫天下之不治，由于士风之衰薄；而士风之衰薄，由于学术之不明；学术之不明，由于无豪杰之士者为之倡焉耳。省吾忠信仁厚之质，得之于天者既与人殊，而其好学之心，又能老而不倦若此，其德之日以新而业之日以广也。何疑乎！自此而明学术，变士风，以成天下治，将不自省吾为之倡也乎！于省吾之别，庸书此以致切劘之意。若夫期望于声位之间，而系情于去留之际，是系足为省吾道之哉！